Willi Lambert

Beten im Pulsschlag des Lebens

Willi Lambert

Beten im Pulsschlag des Lebens

*Gottsuche
mit Ignatius von Loyola*

Herder

Freiburg · Basel · Wien

Umschlaggestaltung: Finken & Bumiller, Stuttgart
Umschlagmotive: Tony Stone, München

Alle Rechte vorbehalten – Printed in Germany
© Verlag Herder Freiburg im Breisgau 1997
Herstellung: Freiburger Graphische Betriebe 1997
ISBN 3-451-26166-9

Inhalt

Einführung 11
Beten im Pulsschlag des Lebens

Hinweise zum persönlichen Gebrauch 14

Vom Sinn des Übens 16

Beten findet man ... – eine Tagebucheintragung . . . 16
„Weise" – ein Brückenwort 18
Drei Dimensionen geistlichen Übens 20
Geistliches Üben = Leben „ausüben" und „einüben" 22
Der Sinn geistlichen Übens nach Ignatius 24

**Vom Sinn des Schweigens: Weg zum Hören und
Antworten** 31

Ort und Sinn des Schweigens bei Ignatius 31
Vom Sinn des Schweigens: Einübung ins Hören . . . 36
(1) Umkehr von der Schwerhörigkeit tut not
(2) Der Sinn des Schweigens wird greifbar
    in seinen Wirkungen

Weisen der Einübung ins schweigende Hinhören . . 47
(1) Hinhören auf Laute
(2) Auf das gesungene Wort hören
(3) Auf das Leiseste in sich horchen
(4) Aufmerksamkeit auf den eigenen Leib
(5) Hinhören auf den Klang der Schöpfung
(6) Hinhören auf das Wort der Geschichte
(7) „Vor dem lieben Gott stricken" –
    Das Daseinsgebet

(8) Zum Umgang mit Zerstreuungen

Der Weg einer Gebetszeit nach Ignatius   62

Der Rahmen geistlichen Tuns   63
(1) Kleine „Philosophie des Rahmens"
(2) Hinführung durch Gebetshinweise
(3) Hinweise zur Einstimmung

Der Gang durch die Gebetszeit   70
(1) Vergegenwärtigung des eigenen Lebens
     im Angesicht Gottes
(2) Eine hilfreiche Haltung einnehmen
(3) Das Vorbereitungsgebet
(4) Erinnerung an die Gestalt der Geschichte
(5) Die Vorstellung des Ortes
(6) Das Gebet der Sehnsucht
(7) Die verschiedenen Weisen geistlicher Übungen
(8) Der Abschluß

Umgang mit der Heiligen Schrift   98

Die Heilige Schrift als Ort der Christusbegegnung
im Leben des Ignatius   98

Weisen des Umgangs mit der Heiligen Schrift   103
(1) Die Stufe des „mehr äußeren Verstehens"
(2) Die Heilige Schrift *lesen* – einen Wortweg gehen
(3) Die Heilige Schrift *laut* im eigenen *Dialekt* und in
     einem Zug lesen
(4) „To learn by heart" – einen Text auswendig lernen
(5) Lesen mit einer bestimmten Fragestellung
(6) Spielerischer Umgang mit der Heiligen Schrift

Die Stufe des „mehr inneren Verstehens"   118
(1) Die benediktinische Methode: lectio –
     meditatio – oratio
(2) Die Västerås-Methode
(3) Die psychographische Lektüre

(4) Die Heilige Schrift als Textbuch für ein
    Rollenspiel
(5) Die Suche nach dem Wort, das „sich heute
    erfüllt hat" an mir
(6) Inneres Verstehen durch Vergleichen
(7) Das Wort *tun*, um es zu verstehen

Die Stufe des „innersten Mitfühlens"   134

„Drei Weisen zu beten"   138

Die „erste Weise zu beten" (EB 238–248)   138
Die „zweite Weise zu beten – Das Beten
‚Wort für Wort'   139
Die „dritte Weise zu beten" – nach dem ‚Zeitmaß' .   142
(1) Das Beten nach dem Atemrhythmus
(2) Sich den Atemwogen überlassen
(3) Das Lebenswort im Atemstrom
(4) Herzmeditation (Übung)

Die Weise der Besinnung (meditación)   162

Der Sinn der „Besinnung" nach Ignatius   162
Hilfen zur Besinnung auf das eigene Leben   169
(1) Ein eigenes „Prinzip und Fundament" verfassen
(2) Sein eigenes, individuelles Altes Testament
    schreiben
(3) Der Lebensbaum – Möglichkeit zu einer bildhaf-
    ten Besinnung auf das eigene Leben

Die Weise der Betrachtung (contemplación)   177

Die Weise der Anwendung der Sinne   181

Vom Sinn dieser Weise zu beten   181
(1) Kennzeichnendes

(2) Sich-vertraut-machen

Weisen der Einübung 186

Das Zwiegespräch 188

Der Vorgang des Zwiegesprächs 189
Möglichkeiten der Einübung 190

Die geistlichen Übungen für die Zeit der Wahl . . 192

Worum es geht 192

Modell einer „Entscheidung in Beziehung" 192
(1) Zum Kontrast: Robinson-Modell
(2) Das Gemeinschafts-Modell
(3) Das Emmaus-Modell als biblische Illustration

Das ignatianische Modell und seine Gebetsweisen . 197
(1) Schwerpunkte dieses Modells
(2) Die Vorbereitung auf eine Entscheidung
(3) Der Sinn der „Zweiten Woche"

Die Weisen des Betens in den drei Zeiten der Wahl . 200
(1) Die Entscheidung in der ersten Zeit
(2) Die Entscheidung in der zweiten Zeit
(3) Die Entscheidung in der dritten Zeit

Mystisches Beten: „Gott in allen Dingen finden" . 206

**Die Gewissenserforschung – Das Gebet der lieben-
den Aufmerksamkeit** 212

Die Gewissenserforschung bei Ignatius –
Der „Sitz im Leben" 212

Ansatzpunkte für die Gewissenserforschung
bei Ignatius 218
(1) Übungen für jeden – EB 18

(2) Gezielte Aufmerksamkeit – EB 24–31
(3) Der Blick aufs Ganze – EB 32–44
(4) Die erste Weise zu beten – EB 238–248
(5) Unterscheidung der Geister

Vom Sinn des Gebetes der liebenden
Aufmerksamkeit 225
(1) Schwierigkeiten mit der Gewissenserforschung
(2) Verschiedene Namen – verschiedene Akzente
(3) Bilder, die in die Sinnrichtung weisen
(4) Der Sinn vom Bewußtseinsvollzug her
(5) Verwandte Vollzüge im täglichen Leben
(6) Drei Lebens-Ebenen: Halt – Haltung – Verhalten

Grundübungen 238
(1) Besinnung auf die Weisen der eigenen Wachheit
(2) Die einfache, allseitige Aufmerksamkeit
(3) Den „Grundtrost" in der eigenen Lebensentwick-
lung entdecken
(4) Den Tagesfilm anschauen
(5) Den Gefühlsfilm anschauen
(6) Ein Tagebuch führen
(7) Zum Rahmen der Grundübungen

Übungen in der Dimension des „Haltes" 249
(1) „Eine Zeit, um du zu sagen"
(2) Die persönliche Berufung und das Partikularexamen
(3) Sich der verwandelnden Gegenwart Gottes
aussetzen

Übungen in der Dimension der „Haltung" 261
(1) „Das Herz ausschütten"
(2) Gären lassen
(3) Psycho-Bildbetrachtung
(4) Sich umentscheiden
(5) Sich vom Leibgewissen führen lassen
(6) Der Blick auf Heilige

(7) Aufmerksamkeit auf die Grundirrtümer
     des Lebens
(8) Blick auf die Drehpunkte des Lebens
(9) Metaphermeditation
(10) Blick auf das Zentrum: Gottesliebe – Nächsten-
     liebe – Selbstliebe
(11) Das imaginäre Gespräch mit sich selber
     und anderen
(12) Den Grundformen der eigenen Angst begegnen

Übungen in der Dimension des „Verhaltens" 295
(1) Die Arbeit an der Sprache
(2) Die eigene Vorsehung spielen
(3) Ein Fragesieb machen für die „dicken Fische"
(4) Differenzierte Gewissensspiegel: z. B. die Ab-
     wehrmechanismen

Literatur zum Thema 312

Einführung

Beten im Pulsschlag des Lebens

Vor Jahren fuhr ich mit dem Zug von Rom in Richtung Deutschland und kam dabei mit einer jungen Journalistin ins Gespräch. Sie erzählte von ihrer Zeit in Indien, die für ihr Leben, für Beten und Glauben wichtig geworden sei. Irgendwann begann ich, ein wenig vom Weg des Betens im Sinne der ignatianischen Exerzitien zu erzählen. Sie hörte aufmerksam zu und antwortete schließlich mit spürbarem Erstaunen: „Ja, dann hätte ich gar nicht unbedingt nach Indien müssen, wenn es so etwas bei uns auch gibt!" Nun, vielleicht „mußte" sie nach Indien. Es passiert ja nicht so selten, daß man irgendwo anders entdeckt, was daheim an Schätzen längst bereit lag oder was man unbemerkt in sich selbst herumträgt.

Das Erlebnis mit der Journalistin scheint mir kennzeichnend zu sein für unsere Zeit. Wir sind dabei, Lebensweisheiten bei anderen und auch in der eigenen Tradition wiederzuentdecken, nachdem manches Lebenswissen verloren war. Nicht wenige halten dieses Wiederfinden geradezu für eine Frage des Überlebens und all das, was es wiederzufinden gilt, für jenen „Schatz im Acker", von dem Jesus sprach (vgl. Mt 13, 44).

Es gibt viele und immer noch mehr Kursangebote für Meditation, meditative Bewegung, kontemplatives Beten usw. Es gibt ein beachtliches Angebot an Büchern, die Hilfe und Klärung für den Weg des Betens, des Meditierens und des ganzen Lebens versprechen. Warum nun noch ein Buch? Oder anders gefragt: Worin liegt die Eigenart dieses Buches?

Zunächst einmal kann das Buch als eine Einladung verstanden werden, auf einen „Meister der geistlichen Tradition", *Ignatius von Loyola* (1491–1556), zu hören. Seit über 400 Jahren prägt er in einer einzigartigen Weise den Weg der Exerzitien, des Gebetes, der Meditation. In den letzten Jahrzehnten gab es zwar einige Veröffentlichungen über Ignatius, aber keine, die seine reichhaltigen und lebensnahen Anleitungen zum Beten als ihr Hauptthema gewählt hätten. Die Intention, seine reiche Gebetserfahrung für heute fruchtbar und nachvollziehbar zu machen, steht im Zentrum dieses Buches. Dabei will ich in erster Linie nicht eine historisch-kritische Untersuchung vorlegen noch eine Auseinandersetzung mit anderen nicht-ignatianischen Gebetswegen. Mein Ziel ist es, den ignatianischen Hintergrund – wo sinnvoll und empfehlenswert – immer wieder zu nennen, aber dann in der Sprache unserer Zeit Hinweise zu geben, die für den eigenen Weg des Betens und betenden Lebensweges inspirierend sein können, – inspirierend nicht nur für sich selbst, sondern auch für die Begleitung anderer, beispielsweise bei Exerzitien, Exerzitien im Alltag, Seminaren und Kursen, die anleiten wollen, den großen Atem des Lebens, das Beten, zu erlernen und zu erleben.

Mit dem Titel des Buches verbindet sich auch eine Hoffnung für die gegenwärtige Begegnung bzw. Auseinandersetzung mit östlich- und westlich-esoterischen Weisen der Meditation und des Gebetes. Die ignatianischen Gebetsweisen sind sehr umfassend und offen; sie laden ein, mit allem, was den Menschen ausmacht, zu beten: mit Leib, Geist, Seele, mit dem Herzen, den Gefühlen und Gedanken, – beten im Pulsschlag des Lebens. Dieser große Atem betenden Lebens ist sehnsuchtsvoll, rufend, hörend, leiselauschend, schweigend, ausgetrocknet, klagend, jubelnd, fragend, erinnernd, lebensgeschichtlich, gefühlsreich, phantasierend, dialogisch, liegend, sitzend, stehend, arm und unendlich beschenkt. Für Ignatius gibt es nur die eine Regel: „Was je mehr hilft!" Das heißt: Was einem Menschen auf dem Weg zu Gott hilft, das ist die jeweils richtige Weise des Betens. Er wird sie finden, wenn er sich einläßt und sucht. Eine erfahrene geistliche Begleitung kann dabei eine wesentliche Stütze sein.

Gleichsam als Vorzeichen, als Notenschlüssel für alles weitere darf und muß darauf aufmerksam gemacht werden: Ignatius geht es nicht um bestimmte Gebets*weisen*, ja, in gewissem Sinn nicht einmal um das Gebet als solches. Mitte von all dem und zentrale Sehnsucht seines Herzens sind: „Gott in allem suchen und finden" wollen. Dies ist seine spirituelle Grundbotschaft. Für ihn ist entscheidend die – wie er damals sagte – „Andacht in allem", d. h. die liebe- und vertrauensvolle Aufmerksamkeit in allem und jederzeit. Gott bediene „sich nicht nur dann des Menschen, wenn er betet. Denn wenn es so wäre, dann wären die Gebete zu kurz, wenn sie weniger als vierundzwanzig Stunden am Tag dauerten." Die liebevolle Hingabe im Tun und Lassen, im Wachen und Schlafen, bei den Schulaufgaben, im Studium oder beim Spiel, beim Predigen wie beim Kochen, in der Aktion wie in der Kontemplation – Hingabe ist das „immerwährende Gebet" des Menschen.

31. Juli 1996   *Willi Lambert*

Hinweise zum persönlichen Gebrauch

Wer vor einer Fülle von Hinweisen und Anregungen steht, für den mag es sinnvoll sein, zu Beginn eine Ermutigung zum Auswählen und zur Langsamkeit zu bekommen. Es ist Ignatius selber, der dazu ermutigt, wenn er in seinem Exerzitienbuch schreibt: „Nicht das Vielwissen sättigt und befriedigt die Seele, sondern das Verspüren und Verkosten der Dinge von innen her." Darum:

Weil Beten „einfach" ist und diese Anregungen „vielfach" …,

fragen Sie sich 1., was augenblicklich ihr wichtigstes Anliegen im Zusammenhang mit dem Beten ist und was Sie eigentlich suchen – und dann wählen Sie aus! Das Buch ist kein Kurs, den man von Anfang bis zum Ende durchmachen muß.

2. Wenn Sie etwas ausgesucht haben und etwas entdekken möchten, dann bleiben Sie eine lange Zeit dabei (einige Wochen), sonst werden Sie keine echten Erfahrungen machen. Wachstum braucht Zeit und führt durch Krisen und Durststrecken hindurch.

3. Wo Sie anfangen, ist nicht so entscheidend. Wichtiger ist, auf dem Weg zu bleiben. Er wird mit der Zeit schon an den wichtigen Orten vorbeiführen.

4. Vielleicht entdecken Sie, was Sie suchen, wenn Sie zunächst einmal alles durchlesen und überfliegen und Sie dabei etwas besonders anspricht.

5. Vielleicht ist es im Augenblick sogar hilfreicher, zuerst das „Gebetbuch des eigenen Lebens" durchzublättern und

die eigenen Bewußtseinsvorgänge und die Beziehungen, die sich in Ihnen zeigen, zu entdecken.

6. Was auf die Dauer (!) die tiefere (!) Freude, Ruhe, Freiheit, Hoffnung, Liebe bringt (= Grundregel der Unterscheidung der Geister), wird auch bei der Auswahl und dem Dabeibleiben helfen.

7. Glauben Sie nicht, daß Sie „das Eigentliche" hier finden werden. Auch hier gilt: „Wenn ihr betet" – nach der rechten Weise des Betens sucht – „glaubt, daß ihr schon empfangen habt!"

8. Es ist der Geist, der in Ihnen betet und der Sie spüren läßt, welche Weise ein echter Ausdruck ihrer gläubigen Beziehung ist und was eine Entfremdung wäre.

9. Methoden sind Hilfen. Wenn „Hilfen" keine Hilfen sind, werfen Sie sie weg.

10. Es wird eine große Hilfe sein, wenn Sie jemanden haben, mit dem Sie sich über Ihre Gebetserfahrungen austauschen können.

Vom Sinn des Übens

Beten findet man ... – eine Tagebucheintragung

27. Januar: Mir scheint, daß heute abend die Zeit gekommen ist, mit der Einleitung für das Buch über die ignatianischen Gebetsweisen zu beginnen. Warum? Weil ich ein Unbehagen, das ich mit mir herumtrage, seit ich mich mit den Gedanken um diese Gebetsweisen beschäftige, jetzt deutlicher formulieren kann. Dieses ungute Empfinden kann sich klarer ausdrücken, weil ich in einem Erlebnis von heute das ganze Unwohlsein zusammengebündelt fühle. Es kam jemand zu mir und sagte: „Ich glaube, ich habe gefunden, was ich gesucht habe, durch Zufall. Ein Büchlein über das Jesusgebet fiel mir in die Hand. Seither bete ich den Namen Jesus. Das genügt. Vielleicht ist das meine Weise des Betens. Das wird sich zeigen. Jedenfalls ist sie einfach. Und dieses Einfache habe ich gesucht. Wirklich, Pater, die Hinweise zum Beten, die verschiedenen Gebetsweisen, die Sie uns gaben, ich fand die gut und interessant und auch irgendwie hilfreich; aber Beten ist einfacher, irgendwann kam ich doch nie so ganz damit zurecht. Ich habe gespürt, nein, das ist es nicht."

So ist es wohl und muß es auch wohl sein, daß „Beten einfacher ist" – trotz aller Schwierigkeiten. Und jetzt soll ich ein ganzes Buch über „Gebetsweisen" schreiben? Sollte das Erlebnis von heute nicht eher entmutigend sein? Wozu über ignatianische Methoden des Betens viele Worte machen? Verstellen sie womöglich den Zugang zum Einfachen, zum Notwendigen? Sind all die Gebetsweisen nicht fast so etwas wie „das Gesetz", von dem die Bibel spricht? Gibt's hier nicht ebenso wie im alten Judentum Hunderte von Gesetzen, Hunderte von Methoden und Gebetsweisen?

Wozu? Wenn man womöglich all die Prinzipien klar hat, nach denen man verschiedenste Gebetsmethoden geradezu produzieren könnte? Wenn man die verschiedenen Bewußtseinsstufen – rational-diskursiv, intuitiv, Tiefenbewußtsein – mit den verschiedenen leib-seelisch-geistigen Dimensionen des Menschen – Haltung, Bewegung, Gefühl, Begehren, Wollen, Wahrnehmen, Erkennen etc. – und sonstigen Gesichtspunkten – individuell/gemeinsam, spontan/gebunden vorformuliert – kombiniert und dann noch die verschiedensten Objekte bzw. Medien dazunimmt – Natur, Musik, Bild, Wort etc. –, ja, kann man dann nicht wie an einem Computer alle möglichen Kombinationen durchspielen und Gebetsmethoden geradezu erfinden?

Erfinden! Das ist das Wort, an dem die ganze Fragwürdigkeit eines solchen Unternehmens zum Ausdruck kommt. Gebetsweisen kann man vielleicht erfinden – aber das Beten selbst, das findet man. Das findet man in sich vor. Im Beten findet man sich vor wie ein Fisch im Wasser, oder man findet es nicht. Man findet es wie die ungeheuerlichste Überraschung, oder man hat etwas anderes als Beten gefunden. So wie man die Welt vorfindet und nicht erfindet, so findet man sich betend, findet man sich „im Geist" vor. Der Heilige Geist ist die Welt des betenden Menschen. Er ist die geistige Atmosphäre, von der der Mensch als Mensch lebt, der Atemhauch, der geistig-seelische Sauerstoff. Und so ist das Beten immer schon gesehen und erlebt worden als „das Atmen der Seele".

Sicher: Man kann nicht einfach sagen, das Beten sei dem Menschen ebenso natürlich wie das Atmen, es bedürfe ebensowenig der Vermittlung und des Lernens wie das Atmen bei einem Säugling. Und doch: Die Vorstellung, Beten käme nur durch Einüben, mittels Methoden zustande, hat etwas Beängstigendes, Einengendes, ja Perverses an sich. Über Gebet zu schreiben im Sinne einer Hinführung ist ein ähnlich gewagtes Unterfangen wie das gewisser Aufklärungsbücher über eheliche Liebe. Wenn die Freude und das

Abenteuer des Entdeckens durch Aufklärung vorenthalten wird, dann geschieht im Grunde mehr Verdunkelung als Erhellung.

Vielleicht sollte man über Wege des Betens nur erzählen: erzählen von Wegen und Umwegen und Abwegen, die betende Menschen gegangen sind. Vielleicht, daß aus solchen Geschichten genug Inspiration für den eigenen Weg erwachsen würde. Ist nicht die normale Erfahrung die, daß man irgendwann einen Anstoß bekommt, der einen weiterführt? Einen Satz so nebenbei liest, der plötzlich leuchtet und zur Weisung wird? Zur Weise des Betens, zur Gebetsweise auch?

Mit diesem „Vorbehalt" darf ich es dann vielleicht auch wagen, über manch verschiedene Weisen nachzudenken und von ihnen zu schreiben, die Menschen zu *ihrem* Beten, zum Dialog *ihres* Lebens mit ihrem Schöpfer verholfen haben – in der Hoffnung, daß sie auch anderen Inspiration, Start-Hilfe, Durchhalte-Hilfe, Weg-Hilfe sein können.

„Weise" – ein Brückenwort

Vielleicht bietet sich das soeben genannte Wort von der „Weise" des Betens als eine Art „Brückenwort" an, das die Kluft zwischen dem Unbehagen am Methodischen und dem Sinn des Übens und der Hilfe zum und beim Üben überbrückt.

„Weise" – das bedeutet in unserer Sprache doch auch Melodie. Es gibt verträumte Weisen. Weisen für Verliebte. – Wie kommt es zu einer Weise? Was geschieht und muß geschehen, daß eine Weise geschaffen und in der künstlerischen Wiedergabe neu wiedergegeben wird?

Am Ursprung steht die künstlerische *Inspiration* – wenn es nicht bei einem bloß konventionellen Stück bleiben soll, dem man die Dutzendware anmerkt. Am Beginn steht das innere Drängen, das sich einen Ausdruck, seinen eigenen und wahrhaftigen Ausdruck schaffen will. Ohne diese Inspiration bleibt das Ganze seelenlos.

Die Inspiration allein macht jedoch noch nicht die Gestalt des Werkes aus. Zur Gestalt kommt es nur durch Wirken, Gewerke und Gewirke. Durch die künstlerische Arbeit, das künstlerische Geschick, das sich seine eigenen Weisen des Ausdruckes schafft und vorgegebene mitaufnimmt. Der Inspiration, könnte man sagen, folgt die *Transpiration*, der Schweiß der Arbeit; der Schweiß einer Arbeit, die noch nicht mechanisch ist; einer Arbeit, die selber noch als schöpferisch erlebt wird; als Können und Bemühung um Können.

Schließlich vollendet sich ein Werk in der *Kleinarbeit*, im „Polieren", im genauen Nachprüfen, ob alles im Einklang steht mit der großen Konzeption und ob nicht Versehen und Unbedachtsamkeiten dem Ganzen seinen Glanz und seine Ausstrahlung nehmen könnten. Es ist die Sorge, daß nicht nur das Klangbild, sondern auch der Rahmen stimmt.

So ist es bei den Melodie-Weisen. Ist es so nicht auch irgendwie bei den Gebetsweisen? Gibt es nicht auch hier die Ur-Inspiration durch den Heiligen Geist? Die Inspiration durch den Geist, der Ordnung im Chaos schafft, den Geist, der unser Beten trägt als Anfang aller Anfänge? Ist ohne ihn nicht alles Beten geistlos? Ist alles Beten nicht von vornherein unmöglich, so wie die Empfängnis der Liebe Gottes in Maria, Jesus, ohne den überschattenden Geist unmöglich wäre? Wir wissen nicht, wie und worum wir in rechter Weise beten sollen – war eine Gebetserfahrung von Paulus (vgl. Röm 8, 26). Niemand kann betend Jesus als Herrn und Christus bekennen – außer im Geist (vgl. 1 Kor 12,3).

Auch dieser Zeugung, dieser Inspiration, folgt die Ausgestaltung, das Wachsen, die Enthüllung der inneren Gestalt, die Fruchtwerdung, – und schließlich auch das Brechen einer Frucht, das Ernten von Gewachsenem. Wenn Beten so mehr als organischer Prozeß verstanden wird und geistliches Üben somit als ein Pflegen und Hegen, als eine Weise sorgsamen, täglichen Umganges mit wachsendem Leben, dann ist dem Unbehagen am Methodischen vielleicht die Spitze gebrochen.

Drei Dimensionen geistlichen Übens

Vor Jahren sah ich einmal ein Bild, das die Überschrift „Meditation" trug. Das Bild zeigte eine Mutter, die ihr Kind anschaut. Dieses Bild zusammen mit der deutenden Überschrift hat mir viel über das Wesen des Meditierens gesagt.

Am einfachsten läßt sich die Dreidimensionalität menschlichen Betens, menschlicher Begegnung, ja menschlichen Seins überhaupt wohl verdeutlichen an der Beziehung einer werdenden Mutter zu ihrem Kind.

Am Anfang steht die Erkenntnis, das innere frauliche Verspüren und Wissen, daß die Zeugung fruchtbar geworden ist. Was bedeutet dieses Wahrnehmen für eine Frau? Das Wahrnehmen, daß sie eine werdende Mutter ist! Das Wissen um das keimende neue Leben in sich! Was für eine Meditation, wenn eine junge Frau, die um ihr Mutterwerden weiß, einfach dasitzt und sich in das wachsende Geheimnis hineinspürt! In jenes Geheimnis, das anfangs nur gewußt oder geahnt ist und erst nach Monaten sich durch Bewegungen bemerkbar macht. Was für ein Hineinspüren in einer stillen Stunde auf einer Gartenbank oder daheim im Bett. Staunen über das Heranwachsen von kindlichem Leben in mütterlichem Leben, Verwunderung über das Wunder des Daseins überhaupt. Entzückung und vielleicht auch Sorge über dieses Kaum-Leben, das in einer bedrohten dunklen Welt das „Licht der Welt" erblicken wird.

Neben diesem Urstaunen über ein neues Leben gibt es auch noch eine andere, zweite Ebene geistiger Vollzüge in der werdenden Mutter: Es wird die Sorge sein, wie das kommende Kind wohl zurechtkommen wird mit seinen Geschwisterchen und vor allem diese mit dem Neuankömmling; die Frage: „Werde ich dem Kind gerecht werden, ihm die Liebe, die es zum Leben braucht, schenken können und ihm eine gute Erziehung geben?" – die Überlegung, wie sich dieses Kind zurechtfinden wird in der Welt von heute.

Und es gibt schließlich eine dritte Weise und Dimension der Beziehung, die sehr konkret ist, sehr handfest: der

Gymnastikkurs für werdende Mütter; die Überlegung, wo denn wohl das Bettchen am besten hinkommt; die Frage, in welchem Krankenhaus die Frau entbinden läßt; der Kauf eines passenden Umstandskleides und, und, und …

Im Raum dieser drei Dimensionen bewegt sich die Beziehung zum Kind und zu sich: die *Stellung* überhaupt, in der sich das Ja oder das Nein zu einem Kind entscheidet; die Dimension der *Einstellungen*, die darüber entscheidet, in was für einen Raum von Menschlichkeit das Kind hineingeboren wird; und die Dimension des *„Gestells"* sozusagen, die fast technische Ebene.

Diese Dreidimensionalität macht auch den Raum des Betens aus, und die Überlegungen, zu denen das Mutterbild „Meditation" anregen kann, stellen auch die Dimensionen des Gebetsereignisses vor: (1) die innerste Mitte der Beziehung, wo der Mensch, wo Jesus „Abba, lieber Vater" sagt und zu sagen wagt, weil er sich als Kind, als Sohn, als Tochter angenommen weiß. Hier gibt es nichts zu machen und zu manipulieren, sondern die Empfängnis seiner selbst anzunehmen. Dann (2) jene Ebene, die Ignatius mit den Einstellungen der Großmut, der Freiherzigkeit, der Ehrfurcht, der Demut, des Hinhörens, des Gehorsams, der Freiheit, der Indifferenz usw. bezeichnet. Und schließlich (3) jene Ebene der Übungen, für die es bei Ignatius im konkretesten Fall ein Blatt Papier mit 21 Linien gibt (drei für jeden Tag) und den Hinweis, man möge mit einer Anzahl von Punkten vermerken, wie oft man in einen bestimmten Fehler verfallen ist.

Aus dem Gesagten ergibt sich: Die drei Dimensionen gehören alle zusammen, aber entscheidend ist ihre Reihenfolge. Alles kann Ausdruck von Liebe sein, wenn es von der Mitte der Liebe her lebt; aber alles kann auch leer sein, wenn diese Mitte fehlt. Ein Kind physisch gut zu ernähren, das ist jedem möglich; dazu braucht es weder Zartheit noch das volle Ja zu diesem heranwachsenden Leben; das ist auch noch möglich, wenn man das Kind nur recht widerwillig „ausgetragen" hat. Ja, selbst eine Art von Wohlwollen und Fürsorge ist noch möglich, die aber doch in sich fragwürdig ist, wenn man etwa in einem Kind nur „den Stolz der Familie" sieht, den Nachfolger fürs Geschäft usw.

Und so ist es auch beim Beten: Sich alle möglichen äußeren *Stellungen* beizubringen, Ablaßgebete zu sammeln und die Erlösungslage zusammenzuzählen, Sonderandachten zu pflegen und, und, und ... – dies alles kann einer Haltung der Selbstgerechtigkeit, der Werkgerechtigkeit, der Selbstabsicherung entspringen. Und auch innere *Einstellungen* können noch fragwürdig sein, wenn sie nicht auf ein letztes Ziel hingerichtet sind: innere Ruhe, Ausgeglichenheit, Harmonie – das kann noch einmal in den Dienst des eigenen Ichs gestellt sein: Man ist durchsetzungsfähiger, überlegener, reaktionsfähiger, das Leben lebt sich leichter. Der Friede, „den die Welt nicht geben kann" (Joh 14,27), ist dagegen etwas anderes. Er ist ausgerichtet an der Verwirlichung des Reiches Gottes; er kann noch unter Spott leben. Es ist dies jener Friede, den Jesus schließlich in seinem Einverständnis am Ölberg gefunden hat und der den Tod überlebte: „Vater, in deine Hände ..." Diese Stellungnahme Jesu, des Stellvertreters Gottes und der verlorenen Menschen, ist nicht mehr eine bloße äußere Stellung oder eine Einstellung, sondern Stellvertretung als Liebe: „So sehr hat Gott die Welt geliebt, daß er seinen einzigen Sohn hingab, damit jeder, der an ihn glaubt, nicht verlorengeht, sondern das ewige Leben hat" (Joh 3,17).

Geistliches Üben = Leben „ausüben" und „einüben"

Und was bedeutet nun all das Gesagte für das anfängliche Unbehagen über Gebetsmethoden und Gebetsweisen?

Wohl dies: Es ist gefährlich, die Dinge auf den Kopf zu stellen. Am Anfang allen Betens steht der Atem des Geistes; die raffinierteste Atemtechnik nützt nichts – ohne Luft. „Im Anfang war das Wort" (Joh 1,1) und ist immer das Wort, das jemanden zum Leben erweckt, das Beziehung schafft – und nicht die Sprachschule. Am Anfang steht die Faszination einer Gipfelbesteigung – und nicht der Klettergarten und die Klettertechnik.

Am besten wäre es wohl, eine Gebetsweise nicht als Übung vorzustellen, sondern zu zeigen als ein Wegstück auf dem geistlichen Weg eines Menschen. Die erste Blickrichtung wäre also eigentlich: Wie kam jemand bei der Gottsuche dazu, „Regeln, um sich künftig im Essen zu ordnen" (Ignatius von Loyola, Exerzitienbuch [EB] 210–217; vgl. *Literatur zum Thema* am Schluß des Buches), zu geben? Welchem inneren Bedürfnis hat es entsprochen, Wort für Wort besinnlich zu betrachten? Was ist die ursprüngliche Willensrichtung zur Lebensumgestaltung, die eines Tages die Gewissenserforschung für sich entdeckt, findet?

Um es noch mehr zu verdeutlichen: Die Frage ist nicht: Meditiere ich? sondern: Bin ich ein Mensch, in dessen Leben das Staunen einen Raum, eine Zeit hat? Und wie sieht dieser Raum aus? Wie kann ich mir diesen Zeitraum schaffen? – Oder bin ich jemand, für den alles selbstverständlich ist? Jemand, der den Sinn für die Einmaligkeit der Welt und des Lebens verloren hat?

Die Frage ist nicht: Hat die Übung der Gewissenserforschung einen Platz in meinem Leben? sondern: Wird mein Leben nur gelebt? Bin ich fast bewußtlos in mein Leben hineinverloren? Oder gewinne ich eine bewußte Beziehung zu ihm? Steht mein Leben unter dem Anspruch einer Verantwortlichkeit – oder weist es die Frage: „Wo ist dein Bruder Abel?" grundsätzlich als unberechtigt ab?

Die Frage ist nicht: Beherrsche ich einige Stilleübungen, sondern: Bin ich ein Mensch, der hören kann, aufnehmen kann, – oder der unter einem ständigen Zwang und Anspruch steht, Worte zu produzieren, sich zu produzieren ...

Die Frage ist nicht: Mache ich Übungen zum Ausschalten des Denkens? sondern: Bin ich ein Mensch, der sich rationalistisch von den Tiefen seiner selbst und der Wirklichkeit abkapselt – oder bin ich einer, der offen ist für das, was aus dem „Weltraum" seines Unbewußten, seiner Tiefe aufsteigt?

Die Frage ist nicht: Kenne ich Weisen des wiederholenden Betens wie den Rosenkranz, das Jesusgebet, das Rezitieren eines Mantras? sondern: Bin ich ein Mensch, der sich zum Bleiben anhält, zur Vertiefung, der sich der raumschaffenden Wirkung des „steten Tropfens" aussetzt?

Die Frage ist schließlich nicht: Übe ich? sondern: Bin ich ein Mensch, der weiß, daß er immer wieder neu anfangen, es immer wieder neu versuchen muß? Bin ich ein Mensch, der weiß, daß zum „Glücken" des Lebens nicht nur das große Los gehört, der Zufallstreffer, sondern das beharrliche Suchen und Warten, bis man jemanden trifft und findet?

Die Frage ist nicht: Kenne ich Methoden? sondern: Bin ich ein Mensch auf dem Weg?

Wenn in all diesen Fragen die *wahre* Fragestellung erkannt ist, dann wird auch klar, daß alles Üben „nur" den Sinn hat, „Leben einzuüben", um „Leben ausüben" zu können. Wenn klar wird, daß das Leben selber ein Üben ist, weil der Mensch kein fertiges Wesen ist, dann ist der wahre Sinn geistlichen Übens erkannt. Dann ist auch eine echte Abgrenzung von einer unlebendigen Methodengläubigkeit und – in der Folge – ein sinnvolles und fruchtbares „Sich einer Methode (oder mehrerer) bedienen" möglich.

Der Sinn geistlichen Übens nach Ignatius

Welchen Sinn Ignatius selbst dem Üben gibt, geht aus der ersten Anmerkung des Exerzitienbuches und aus dem einleitenden Salz vom „Prinzip und Fundament" hervor:

„Unter dem Namen geistliche Übungen versteht man jene Art, das Gewissen zu erforschen, sich zu besinnen (*meditar*), zu betrachten (*contemplar*), mündlich und rein geistig (*mental*) zu beten und andere geistliche Tätigkeiten, wie später noch erklärt wird. Denn so wie Spazierengehen, Marschieren und Laufen körperliche Übungen sind, gleicherweise nennt man geistliche Übungen jede Art, die Seele vorzubereiten und dazu bereit zu machen (*disponer*), alle ungeordneten Neigungen (*affecciones*) von sich zu entfernen, und nachdem sie abgelegt sind, den göttlichen Willen zu suchen und zu finden in der Ordnung (*disposición*) des eigenen Lebens zum Heil der Seele" (EB 1).

Was ist das Bemerkenswerte an diesen Worten für die Aufschlüsselung, welchen Sinn das rechte Üben hat? Ich meine folgendes: (1) Erstens einmal die *Weite der Aussage:* Geistliche Übungen sind „jede Art ...". Diese Definition von geistlichen Übungen erfolgt vom Blick auf das Ziel, nicht in erster Linie vom Blick auf bestimmte Methoden. *Alles,* was zum geistlichen Ziel hin hilft, ist geistliche Übung. Damit ist die Freiheit im Üben und in der Auswahl der Übungen gewährt. Ohne diese Freiheit wird die Übung von vornherein zum Krampf. So sehr Ignatius auf der Genauigkeit und der Treue beim Üben besteht, wenn man in freier Weise sich dafür entschieden hat, so sehr achtet er auf die Freiheit bei der Suche nach dem eigenen geistlichen Weg. Franz Borja gegenüber erklärt er einmal: „Gott sieht und weiß, was für uns am besten paßt, und da er alles weiß, zeigt er uns den Weg, dem wir folgen sollen. Um ihn aber zu finden, müssen wir mit seiner Gnade viel suchen und mehrere Wege probieren, bevor wir den gehen, der sich klar als der unsrige erweist."[1]

(2) Zweitens wird ausdrücklich ein *mechanisch-automatischer* Zusammenhang von Ursache und Wirkung *durchbrochen.* Die Übung wird nicht als etwas gesehen, was die Erreichung des Ziels einfachhin bewirkt, sondern ausdrücklich als Vorbereitung darauf verstanden. Hierin spiegelt sich die unaufhebbare Spannung von eigenem Mittun und göttlichem, gnadenhaftem Wirken. Daher läßt sich auf die geistlichen Übungen hin etwas abgewandelt sagen, was Ignatius auch sonst sagt: Übe, als hinge alles von dir ab, und überlasse gleichzeitig alles vertrauensvoll Gott, als hinge alles nur von seiner Gnade ab! Mag im einzelnen Fall der Mensch immer wieder vergewaltigend, manipulierend mit sich und Gott umgehen wollen – das Grundbewußtsein von Ignatius her betont jedenfalls, daß es um eine freilas-

[1] Zit. in Alexander Brou/Otto Pies: Gebetsschule des heiligen Ignatius, Kevelaer 1952, 59.

sende Vorbereitung geht. Es ist sinnvoll, Vorbereitungen zu treffen für das Kommen eines Gastes, der sich angesagt hat, aber weder das Herrichten des Bettes noch das Backen des Kuchens noch das Warten unter der Haustür können den Gast herbeizwingen. Es ist sinnvoll, wenn ein Bettler die Hände nach Almosen ausstreckt – erzwingen kann er die freie Gabe nicht.

(3) Ein drittes Wesentliches wird von Ignatius im angeführten Text über das Üben und die Übungen gesagt: Es geht hier *niemals* um einen sich verselbständigenden *Methodismus*, es geht nie um die Übungen als bloße Übungen, sondern um ein Tun, um ein Ereignis, das Hilfe sein soll, daß das eigene Leben sich auf Gott hinordnet. Die Übungen sollen darauf vorbereiten, daß die Liebe Gottes immer mehr im Menschen wirklich und wirksam werden kann. Daher existieren für Ignatius auch nicht die beliebten, sich gegenseitig ausspielenden Positionen „Selbstverwirklichung – Gottesbezug!", „Horizontalismus – Vertikalismus" usw. Es geht immer um das eine, daß „Gott und die Seele", daß die wirkliche Existenz mit dem Ursprung allen Lebens in immer vollkommenere Gemeinschaft kommt.

(4) Ein Viertes gilt für das ignatianische Üben, und dies ist die *Treue und Genauigkeit*. Ignatius hält nichts davon, Übungen vorzeitig abzubrechen. Er fürchtet, man könne dabei zu sehr und zu schnell ausweichen. Es würde ja auch nur einer menschlichen Reflexbewegung entsprechen, genau in dem Augenblick auszuweichen, wo etwas unangenehm wird. So geht das ja im ganz alltäglichen Leben: Wenn ich unbequem sitze, ändere ich spontan meine Haltung; wenn mir jemand unsympathisch ist, meide ich ihn leicht; wenn ich an den Rand meiner selbst komme und dort vielleicht Brüchiges und Abgründiges erahne, neige ich dazu abzuschalten. Und diesem Ausweichverhalten schiebt Ignatius einen Riegel vor: Halte aus! Mach sogar lieber ein wenig länger! Vielleicht bist du gerade an einem entscheidenden Punkt, denn dort, wo du am meisten Angst hast, dort ist am meisten Leben gebunden! Wo du sehr um etwas fürchtest, da scheint etwas Wertvolles gefährdet zu sein.

Gerade weil die Exerzitien als eine Art existentielles Experiment verstanden werden können, gilt es, den Experimentbedingungen zu gehorchen. Es hat keinen Wert, das Wetter nur zu beobachten, wenn es schön ist; es gibt keine echten Meßwerte, wenn ich ein Flugzeug nur unter Normalbedingungen und nicht auch unter extremen Belastungen auf seine Flugtauglichkeit, auf seine innere Brüchigkeit teste. So auch beim Üben. Der ganze Mensch soll auf den „Prüfstand". Gerade wenn jemand sich dabei seiner Brüchigkeit bewußt wird, „Trostlosigkeit" erlebt, kann dies ein entscheidender Schritt sein. Der alte Mönchsvater Abt Moses antwortete einmal auf die Frage, welchen Sinn denn Übungen wie Nachtwachen und Fasten hätten: „Sie sollen den Mönch entmutigen!" – dann nämlich könne das Wunder Gottes leichter in den Menschen einbrechen.

Dies mag ein wenig zugespitzt ausgedrückt sein, aber die bleibende Wahrheit daran ist doch, daß die Übungen kein Selbstzweck sind oder sich in einem „befriedigenden" Ergebnis, im eigenen Wohlgefühl erschöpfen, daß sie vielmehr helfen sollen, den Menschen mehr für Gott zu öffnen, davon ist Ignatius überzeugt. Er erwartet – aus Erfahrung –, daß beim Exerzitanten etwas in Bewegung kommt:

„Wenn derjenige, der die Exerzitien gibt, spürt, daß beim Übenden keinerlei geistliche Bewegungen, wie z. B. Tröstungen oder Trostlosigkeiten, in seiner Seele eintreten noch daß er von verschiedenen Geistern in Bewegung versetzt wird, dann muß er ihn eindringlich (*mucho*) über die Übungen befragen, ob er sie zu den festgesetzten Zeiten mache und auf welche Weise; ebenso über die Zusätze (*addiciones*), ob er sie mit Sorgfalt (*diligencia*) beachte; über alle diese Dinge soll er im einzelnen Rechenschaft verlangen" (EB 6).

So sehr Ignatius sonst zur Zurückhaltung mahnt und den Begleiter vor dem neugierigen, indiskreten Ausfragen warnt, so sehr ermutigt er zur Nachfrage nach den Bewegungen und der Weise der Übung. Treue und Genauigkeit sind wichtig. Die Übungen sind keine bloß beliebigen Vorgänge, sondern können „hochwirksam" sein. Daß bei Ignatius selber gelegentlich Exerzitanten in Ohnmacht fielen, mag dafür ein Zeugnis sein (wenn auch ein etwas zwiespältiges).

Von daher kann verständlich werden, warum es gut ist, einen *Begleiter* auf dem Weg der Übungen zu haben. Es gibt viele Wege und Umwege und Abwege, auf denen eine Hilfe gut tut. Dabei ist der Exerzitienbegleiter keineswegs dazu da, jemandem Ängste zu ersparen, sondern dazu, ihm zu helfen, daß „er sich ängstigen lerne nach Gebühr", wie Kierkegaard einmal sagt. Wer „gefährliche" Übungen macht – und ist gewagtes Leben nicht immer auch gefährdetes Leben? – tut gut, dabei eine Hilfestellung zu haben.

Im bisher Gesagten mag sich auch schon etwas die Wahrheit zeigen: So unscheinbar manches Üben ist, so viel kann doch in ihm geschehen, weil und wenn es *Ausdruck von Grundhaltungen,* d. h. von Beziehungsweisen ist, die erlöst sind oder zur Erlösung unterwegs sind: Wenn einer „übt", kann heißen, daß er *demütig* ist, weil er durch sein Üben bekundet, daß er unterwegs ist und nicht schon vollkommen. „Das war jetzt ein Verkehrsunfall", hat mir einmal ein Dreijähriger, der mit seinem kleinen Rad umgekippt war, auf 30 Meter Entfernung zugerufen und sich dann von neuem auf sein Rad gesetzt und mir im Wegfahren über die Schulter noch nachgerufen: „Ich muß noch viel üben!" Was für ein Realismus! Was für ein selbstverständliches demütiges Wissen darum, daß unser Gehen oft ein Aufstehen vom Fallen ist!

Üben kann heißen, daß jemand (1) ein Mensch der *Hoffnung* ist: einer, der nicht aufgegeben hat, sondern weiter hofft; einer, der es nicht bei einem „Es ist ja doch nichts zu machen" bewenden läßt, – selbst dann nicht, wenn er auf einer langen Durststrecke keinen Erfolg, kein Weiterkommen wahrnehmen kann. In einer Wüste, wo alles gleich zu sein scheint, ist der Fortschritt nur schwer zu sehen – auch wenn man sich in Wirklichkeit Schritt für Schritt auf eine Oase, auf den Brunnen in der Wüste zubewegt.

Üben kann heißen, daß jemand (2) sich einübt in die *Geduld,* die sich am Konkreten bewährt, während die Ungeduld sich ins Utopische flüchtet. „Die Ungeduld will das Unmögliche, das Ziel ohne die Mittel!", sagt Hegel einmal. Der wirklich Übende versucht, geduldig zu sein und nicht durch Ungeduld seine Zeit zu vergeuden. Er weiß sich als ein Mensch auf dem Weg, als einer, der lernt durch „Versuch und Irrtum".

Üben kann heißen, daß jemand (3) *ganzheitlich zu leben* versucht, d. h. wirklich verstanden hat, daß die bloße rationale Erkenntnis zur Gestaltung des Lebens nicht genügt. Es heißt: „Vom Kennen zum Können führt nur eines: die Übung." So führt auch vom bloßen Wissen von Glaubenswahrheiten zum Verstehen nur das innerliche, meditative „Verkosten" und „Schmecken" aller Bitterkeit und aller Süßigkeit des eigenen Lebens.

Üben kann heißen, daß jemandem (4) bewußt ist, daß es seiner *eigenen Mitwirkung* bedarf auf dem Weg des Lebens: daß wir mit den gegebenen Talenten „wirtschaften" dürfen und müssen.

Bei all diesem Üben ist zu sehen, daß Entscheidendes an äußerlich Kleinem geschehen kann. Geduld und Vertrauen auf die Wirksamkeit von Zartem, Behutsamem läßt sich etwa einüben bei den äußerst sparsamen Bewegungen in Eutonie-Übungen. Wenn einer während eines 1000-Meter-Laufs bei 800 Metern langsamer wird, dann mag das nach außen hin als Kleinigkeit, als bloße Tempoverringerung erscheinen, innerlich ist aber vielleicht gerade die Entscheidung gegen einen maßlosen Ehrgeiz zugunsten der Freude an Bewegung und einem vernünftigen Lebensstil gefallen.

Ja, selbst bei einem „harmlosen" Spaziergang können geistige Entscheidungen fallen. Ein Beispiel aus eigener Erfahrung: Als ich neu nach Rom gekommen war, ging ich verschiedene Male mit den Studenten unseres Kollegs zum Petersdom. Wir brauchten für den Weg jedesmal etwa 35 Minuten. Mir war das immer gerade etwas zu schnell. Um all das Neue sehen und in Ruhe gehen zu können, brauchte ich einfach fünf Minuten mehr Zeit. Und da fiel mir auf: Was können fünf Minuten für einen Unterschied ausmachen! Das eine Mal war der ganze Weg für mich 35 Minuten lang ein Gerenne, das andere Mal 40 Minuten lang ein Genuß. Die Entscheidung für die fünf Minuten Unterschied war die Entscheidung zwischen Hetze und Freiheit.

Dieses Beispiel kann abschließend noch etwas Bedeutsames für das Üben deutlich machen: Üben soll immer *anstrengungsfrei*, nicht anstrengungslos sein. Kein Krampf, kein Hetzen, keine Überanstrengung beim Üben! Das wäre nur Ausdruck von Gewalttätigkeit und Unfreiheit. Dies nicht zuzulassen bedeutet aber keineswegs, sich für faule Bequemlichkeit zu entscheiden – so wie es ja auch Kraft braucht, den Weg in 40 Minuten zu gehen. Anstrengungsfrei zu üben heißt anzuerkennen, daß es das eigene Mühen braucht, daß dieses Mühen aber nichts sein will als der Ausdruck der Sehnsucht, daß man Gottes Gnadenkraft in sich einströmen lassen will. Alles Üben ist wie das Schleifen eines Kristalls, den man in die Sonne hält, damit das Licht sich in ihm siebenfarbig brechen kann.

Vom Sinn des Schweigens:
Weg zum Hören und Antworten

Ort und Sinn des Schweigens bei Ignatius

Der Grundtext des Exerzitienbuchs, von dem her sich das Verständnis des Schweigens erschließt, findet sich in EB 20:

„Wer mehr von Hindernissen frei ist und ersehnt, in allem den größten Fortschritt zu machen, dem gebe man die ganzen geistlichen Übungen in der gleichen Ordnung, in der sie (hier) folgen. Für gewöhnlich wird er dabei um so mehr vorankommen, je mehr er sich von allen Freunden und Bekannten und von aller irdischen Sorge absondert; zu diesem Zweck kann er das Haus wechseln, in dem er bisher wohnte, und sich ein anderes Haus oder Zimmer nehmen, um in ihm um so mehr in der größtmöglichen Verborgenheit zu leben; und zwar auf eine Weise, daß es nur von seinem Willen abhängt, täglich zur Messe und zur Vesper zu gehen, ohne befürchten zu müssen, daß ihm seine Bekannten ein Hindernis bereiten. Aus dieser Abgeschiedenheit ergeben sich, neben vielen andern, drei wesentliche (hauptsächliche) Vorteile:

Der erste ist: Der Mensch, der sich von vielen Freunden und Bekannten und ebenso von vielen nicht gutgeordneten Geschäften absondert, um Gott unserm Herrn zu dienen und ihn zu lobpreisen, erwirbt sich ein nicht geringes Verdienst vor seiner göttlichen Majestät.

Der zweite: Wenn er so in der Abgeschiedenheit verweilt und seine Verstandeseinsicht nicht aufgespalten auf viele Dinge richtet, sondern mehr seine ganze Aufmerksamkeit auf eine einzige Sache verlegt, nämlich seinem Schöpfer zu dienen und in seiner eigenen Seele voranzukommen, so gebraucht er seine natürlichen Fähigkeiten mit mehr Freiheit, um das mit Eifer zu suchen, was er so sehr ersehnt.

Der dritte: Je mehr sich unsere Seele allein und abgeschieden befindet, um so mehr macht sie sich geeignet, ihrem Schöpfer und Herrn sich zu nahen und bei ihm anzukommen; und je mehr sie sich auf diese Weise bindet, um so mehr macht sie sich bereit, Gnaden und Gaben von Seiner göttlichen und höchsten Güte zu empfangen."

Der *Sinn des Schweigens, der Abgesondertheit,* kann nach diesem Text auf eine vielfache Weise umschrieben werden. Gehen wir dem etwas nach: Was soll das Schweigen geben? Wovon soll es Ausdruck sein?

Es geht im Schweigen, zunächst (1) um die *Ent-sorgung* des Menschen. Wer in den Sorgen des Alltags fast unterzugehen droht, braucht einen Raum der „Entsorgung". Wer „durch ein öffentliches Amt oder durch Berufsgeschäfte in Anspruch genommen" ist (EB 19), ist so sehr eingespannt in ein Netz von Verpflichtungen, Besorgungen, Sorgen, Planungen, Bestellungen, Vorbestellungen, Terminabsprachen, gesellschaftlichen Verpflichtungen, Konferenzen, Problemen, Entscheidungsfindungen ..., daß die Gefahr besteht, daß die „Sachzwänge" ihn menschlich unfrei machen, sich seelischer Giftmüll ansammelt, keine Zeit zur geistlichen Verdauung gegeben ist, daß er im Vielerlei der Notwendigkeiten „das eine Notwendige" übersieht.

Es ist für Ignatius ein Erfahrungswert, daß es sich „für gewöhnlich" zeigt, daß ein geistlicher Fortschritt um so weiter führt, „je mehr sich einer von allen Freunden und Bekannten und von jeder irdischen Sorge absondert" (EB 20).

Um so aufdringlicher und gefährlicher sind die Sorgen dann, wenn es sich nicht nur um berechtigte Sorgen handelt, sondern wenn sich einer von „nicht gut geordneten Geschäften" (EB 20) absondert, also aus einem Gewirr von Fehlentscheidungen, Unklarheiten und Halbheiten lösen muß.

Solche „Entsorgung" ist nicht Selbstzweck, sondern Voraussetzung und zugleich Ausdruck für die (2) *ganze Zuwendung zum „einen Notwendigen".* Wie das Ignatius sieht, zeigt sich in einem Brief, den er an Pier Contarini schreibt: „Für euch heißt es eigentlich, dafür zu sorgen, daß ihr nicht von dem, was ihr besitzt, besessen seid, daß euch kein irdisch Gut gefangenhalte. Lenkt alles auf ihn zurück, von dem ihr alles empfangen habt. Wer sich nicht ganz und ungeteilt jenem ‚einen Notwendigen' hingeben kann, muß wenigstens dafür sorgen, daß all sein Tun und Trachten wohlgeordnet sei."[2]

Sich auf geistliche Übungen einzulassen bedeutet, sichtbar und spürbar dem Ausdruck zu geben, daß man (3) *ungeteilt*, ganz und frei für Gott da ist. Schon der Schritt zu einer solchen Einkehr kann Ausdruck einer inneren Umkehr sein: War das ängstliche Besorgtsein bisher Ausdruck davon, Dinge und eigene Pläne vor das Reich Gottes zu stellen, so kann die betende Einkehr, der Freiraum des Betens im eigenen Leben bedeuten, „zuerst" das Reich Gottes suchen zu wollen. Im schon zitierten Brief erzählt Ignatius, welcher Reichtum daraus entspringt, wenn man das Reich Gottes zuerst sucht:

„Bis heute ist es uns mit Gottes Güte immer gut gegangen. Jeden Tag erfahren wir mehr, wie wahr jenes Wort ist: ‚nichts habend besitzen wir alles' (2 Kor 6, 10). Alles, sage ich, was Gott denen versprochen hat, die zuerst sein Reich suchen und dessen Gerechtigkeit. Und wenn dies schon denen verheißen wird, die ‚zuerst, das Gottesreich und seine Gerechtigkeit suchen – was kann dann denen noch mangeln, die einzig und allein die Gerechtigkeit des Reiches, ja das Reich selbst suchen? Deren Segnung nicht im ‚Tau des Himmels und im Fett der Erde, besteht, sondern einzig im Tau des Himmels? Denen, sage ich, die innerlich ungeteilt sind? Denen, sage ich, die mit beiden Augen nur auf das Himmlische blicken?"[3]

In gewissem Sinn wird im Ablassen von den Besorgtheiten (4) die *Armutsbewegung* Gottes nachvollzogen, der seinen Reichtum gelassen und sich der Macht des Menschen unterworfen hat (vgl. Phil 2,6–8). „Diese Gnade gebe uns jener, der, obwohl Er reich war an allem, sich aller Dinge entäußerte zum Vorbild für uns. Der in einer solchen Glorie

---

[2] Ignatius von Loyola: Geistliche Briefe. Eingeführt von Hugo Rahner, Einsiedeln 1966, 93.

[3] Ebd., 92.

von Macht und Weisheit und Güte war, und sich dennoch der Macht, dem Urteil und dem Willen des grenzenlos geringen Menschen unterwarf."[4]

Der Rückzug in die Einsamkeit, die Absonderung ist der Wechsel des Herrn, dem man dient: Aus der Fremdbestimmtheit von Dingen, Abläufen und Sachzwängen läßt der Mensch sich ein auf den Willen Gottes, macht sich arm, um sich beschenken zu lassen, befreit sich von Ketten, um sich von der Liebe allein binden zu lassen.

Mit dem Gesagten deutet sich auch schon an, daß die Stille und Einsamkeit helfen sollen, (5) im Finden des Willens Gottes echte, selbständige *Entscheidungen* zu treffen. Es geht also um eine Sammlung der Kräfte, um so „mit mehr Freiheit" und Eifer zu suchen, „was er so sehr ersehnt" (EB 20). Die Zersplitterung ist ja weder Fülle noch Ausfaltung von Seinsmöglichkeiten noch Lebensreichtum, sondern Verlust an gesammelter Kraft, sie ist nicht freie Weite, sondern Diaspora, Zerstreuung. Die Einsamkeit ist ein Raum, in dem die Freiheit ihre zersplitterten Kräfte wieder sammeln kann.

Daß Einsamkeit helfen soll, selbständige Entscheidungen treffen zu können, wird an der Stelle in den Konstitutionen der Gesellschaft Jesu deutlich, wo im Zusammenhang mit der Wahl des Generaloberen vom Stillschweigen die Rede ist: „Alle sollen während der Einschließung Stillschweigen halten, so daß keiner mit einem anderen über etwas spricht, was die Wahl betrifft, außer wenn etwas notwendig erscheint und im Angesicht aller, bis der General gewählt ist."[5] Echte, authentische Entscheidungen können nur getroffen werden im Raum größter Freiheit und Diskretion. Sicher braucht es die gegenseitige Information, das Gespräch, aber ebenso die unvertretbare Gewissensentscheidung des einzelnen.

Die Einsamkeit der geistlichen Übungen ist die Entscheidung dafür, man selber sein zu wollen: nicht von anderen

---

[4] Ebd., 93.
[5] Konstitutionen der Gesellschaft Jesu, Nr. 702.

für sich denken und entscheiden zu lassen, das eigene Ich nicht zu delegieren, sondern sich auf die Wirklichkeit der eigenen, unverwechselbaren Existenz einzulassen.

Daß es Ignatius beim Schweigen *nicht um das Schweigen als solches* geht, sondern um das, was darin und dadurch geschehen kann und wovon es Ausdruck sein kann, zeigt eine zweite Stelle der Konstitutionen, die vom Stillschweigen spricht – im Rahmen der Ausbildung der Novizen:

„Alle sollen in besonderer Weise darauf bedacht sein, mit großer Sorgfalt die Tore ihrer Sinne – insbesondere die Augen und Ohren und die Zunge – vor jeder Unordnung zu bewahren und sich im Frieden und der wahren Demut ihrer Seele zu erhalten und dies zu zeigen durch das Stillschweigen, wann es zu halten angebracht ist, und wann zu sprechen ist, durch die Überlegenheit und Erbauung ihrer Worte, und durch ihren bescheidenen Gesichtsausdruck, ihren beherrschten Gang und alle ihre Bewegungen ohne Anzeichen von Ungeduld und Hochmut. Sie sollen sich in allem darum bemühen und wünschen, den anderen den Vorrang zu geben, indem sie in ihrer Seele alle schätzen, als stünden sie über ihnen, und ihnen im Äußeren in religiöser Einfachheit und Schlichtheit die Ehrfurcht und Ehrerbietung erweisen, die der Stand eines jeden zuläßt, so daß sie, indem sie einander ansehen, in der Frömmigkeit wachsen und Gott unseren Herrn lobpreisen, den jeder im anderen als in seinem Bild wiederzuerkennen sich bemühen soll. '⁶

Das Stillschweigen wird hier ganz von der Hauptabsicht der Exerzitien her gesehen: „Vor jeder Unordung zu bewahren", d. h. die ungeordneten Neigungen ordnen zu lassen durch die Ausrichtung auf Gott. Diese innere Ruhe – der „Friede", die „Einfachheit", „Schlichtheit", „Ehrfurcht", „Ehrerbietung", „Geduld", „Überlegtheit", „Erbauung" – kann dann im Schweigen oder im Reden ihren Ausdruck finden; in einer bestimmten Art zu schweigen und einer bestimmten Art zu reden. Schweigen als bloßes Stummsein oder Reden als Geschwätz sind Zeichen dafür,

---

⁶ Ebd., Nr. 250.

daß nicht schon das bloße Nicht-Reden oder das bloße Reden das Entscheidende sind. Das Eigentliche ist in *und* über seinen Formen. Daher geht es in den Exerzitien darum, zum *Geist* des Schweigens hinzuhelfen, nicht zum Einhalten einer Form.

Dieser Geist des Schweigens drückt sich im dritten „wesentlichen Vorteil" der Einsamkeit aus, den das Exerzitienbuch ausführt:

„Je mehr sich unsere Seele allein und abgeschieden findet, um so mehr macht sie sich geeignet, ihrem Schöpfer und Herrn sich zu nahen und bei ihm anzukommen; und je mehr sie sich auf diese Art bindet, um so mehr macht sie sich bereit, Gnaden und Gaben von Seiner göttlichen höchsten Güte zu empfangen" (EB 20).

Beim Herrn und Schöpfer zu sein – *seine Nähe suchen* – dies ist (6) der Sinn aller schweigenden Einsamkeit. Stille soll dazu vorbereiten, diese Nähe auf sich zukommen zu lassen. Die Armut des Schweigens soll bereit machen, sich von Gottes Geschenken überschütten zu lassen.

Das Gesagte zeigt: Der Schritt aufs Alleinsein hin, in die Einsamkeit, ins Schweigen ist alles andere als eine bloße Äußerlichkeit. Er ist – in dem Maß, in dem er ernst gemeint ist – ein Schritt zur Umkehr, zur Nachfolge, zum ‚Beim-Herrn-sein‚. Hinhören ist die Entscheidung, nicht ‚Martha, zu sein, die sich im Vielerlei zersplittert, sondern ‚Maria‚, die bei Jesus ist und auf sein Wort, auf ihn hört und schaut (vgl. Lk 10, 38–42).

Vom Sinn des Schweigens: Einübung ins Hören

(1) Umkehr von der Schwerhörigkeit tut not

Franz Xaver sagt einmal, es helfe wenig so viel für den geistlichen Fortschritt, als sich von Zeit zu Zeit auf den Weg und die Weise seines Betens zurückzubesinnen. Bei diesem Zurückbesinnen kann es besonders hilfreich sein, von der alten Katechismusdefinition auszugehen, daß Beten Reden mit Gott sei.

Geht man von dieser Beschreibung dessen, was Beten ist, aus, so gilt es die Frage zu stellen: Wieviel in diesem „Gespräch" rede ich selbst und wieviel schweige ich, wieviel höre ich? Nicht selten stellt sich beim Nachdenken über diese Frage ein leises Erschrecken ein, weil man feststellt: Ich rede fast ununterbrochen, oder genauer: „Es" redet in mir ununterbrochen: Gedanken, Bilder, Worte, Bitten, Vorschläge, Lob, Dank – all dies wird Gott sozusagen entgegengeschleudert. Aber hören, sich bereithalten für einen Anruf, schweigend und aufmerksam da sein, und das Schweigen Gottes aushalten – wie oft und auf welche Weise kommt dies vor? Gleichen wir nicht einem, der das Gespräch ganz an sich gerissen hat und den anderen gar nicht richtig zu Wort kommen läßt, ihn totredet? Ist vielleicht deshalb Gott so tot?

Solche *Schwerhörigkeit* ist zu einer Zivilisationskrankheit geworden. Dies gilt inzwischen bereits auf der körperlichen Ebene, weil die akustische Umweltverschmutzung so weit fortgeschritten ist, daß der peinigende Lärm in immer höherem Maß körperliche und seelische Schädigung hervorruft: der Lärm am Arbeitsplatz, in den Straßen, Diskotheken, Wohnzimmern ist fast allgegenwärtig und aufdringlich. Man kann sich ihm kaum entziehen. Und noch in stillen Wäldern kann es passieren, daß einem der Lärm in Konservendosen, in tragbaren Radios nachgeschleppt wird. Solches Überschwemmtwerden von Lärm ist allerdings keine ununterbrochene Einübung ins Hören; eher erschlägt sie die eigene Hör- und Wortfähigkeit. Das eigene Wort ist in Gefahr, nur noch eine mechanische Gegenreaktion auf Gerede und Einreden und nicht mehr eine organische, lebendige, aus der hörenden Stille geborene Antwort zu sein.

Aber es ist nicht nur die rein physikalische Lautstärke und die kaum unterbrochene aggressive Beschallung, die das wahre Hören so schwer macht. Mehr noch sind es die egoistischen Selbstdarstellungsversuche, die das Trommelfell des Herzens einzudrücken und das sensible, hörende Schwingen zu zerfetzen drohen. Wie diese egoistische Inbesitznahme des freien Hörraums und Sprachraumes geschieht, zeigt das noch sensible Empfinden eines kleinen Mädchens; die kleine Tanja liebt Sprüche. Sehr. Die Oma liest ihr einen vom Kalender vor. „Gott klopft bei jedem an, aber aufmachen mußt du selbst!" – Die Kleine hört aufmerksam zu. Nach einer kurzen Weile sagt sie: „So ganz stimmt das nicht. Gott haut nicht mit der Faust an die Tür wie manche wilden Leute. Er ist immer hauchfein; er weht herein, ist um mich und durch mich durch; – aber nicht wie Luft. Anders. Viel mehr. Er ist im Zimmer. Jetzt. Hier und immer. Grüß dich, lieber Gott. – Aber er sitzt nicht so dick da wie manche Leute. So fest. Auf jedem Stuhl der gleiche Mensch, daß keiner mehr Platz hat im Zimmer. Es gibt Menschen, die sind so fest und so laut, die füllen alles aus, da wo sie sind. Gott ist zarter, ganz lieb und zart."

Was spiegelt sich an spontaner, innerer, naiver Wahrnehmung und Empfindung in diesen Worten wider? – Es ist die Erfahrung, daß das Wort einem nicht Lebensraum gibt, sondern die Luft zum Atmen wegnimmt; daß der Mensch in Gefahr ist, das Wort als ungebührliche Weise der Selbsterweiterung, Selbstaufblähung zu nehmen. Und diese Erfahrung, durch Worte an die Wand gedrückt zu werden, macht freilich wiederum nicht hörfähiger, sondern bringt eher einen Nachholbedarf hervor, der dazu führt, sich seinerseits wieder auszubreiten, sobald ihm Raum fürs eigene Reden gegeben ist.

Diese kleinen und wenigen Beobachtungen ließen sich fast beliebig erweitern, genau belegen und in ihrer Bedrohlichkeit für Körper, Seele und Geist des Menschen erkennbar machen. Weiter führen mag aber, den Sinn des Schweigens ein wenig darzustellen.

(2) *Der Sinn des Schweigens wird greifbar in seinen Wirkungen*

Vorbereitung zum Hören

Der tiefste Sinn des Schweigens ist, daß es *für das Hören vorbereitet*. Vielleicht kann diese Einsicht der Diskussion um das Schweigen in der Meditation etwas die schädliche

Spitze nehmen. In dieser Diskussion, die immer wieder unter der Überschrift „west-östliches Meditieren" geführt wird, wird das Schweigen, das Leerwerden, oft fast dem Nihilismusverdacht ausgesetzt: Leere um der Leere willen. Vielleicht ist dieser Verdacht notwendig und sogar berechtigt, weil es nichts gibt, das nicht seine Gefahren hat. Entscheidender aber ist wohl die Einsicht, daß es nicht um ein Leerwerden um des Leerwerdens willen, nicht um ein Schweigen um des bloßen Schweigens willen geht. Leerwerden und Schweigen sind Voraussetzungen, um erfüllt und hörend werden zu können. Wenn die Ohren nur das eigene Wort hören – wie können sie ein anderes hören? Wenn die eigenen Hände voll sind und nicht Bettlerhände – wie können sie gefüllt werden? Dies ist also der Sinn christlichen Schweigens: Es ist die notwendige Vorstufe, um antworten zu können.

Entdeckung von Zugedecktem

Ein anderer Sinn des Schweigens liegt darin zu helfen, *verdeckte* Wirklichkeiten und Ängste des eigenen Lebens *sehen* und *annehmen* zu können. Dies bedeutet aber, daß die Stille auch etwas Beängstigendes an sich haben kann. Man weiß ja nicht, was sich hinter dem Lärm verborgen hält. Es ist mir mehr als einmal passiert, daß ich jemanden in einem Beichtgespräch fragte, ob er nicht als kleines Zeichen der Umkehr sich ein paarmal zehn Minuten Zeit fürs Stillewerden und schweigende Hinhören nehmen wolle, – und die Antwort war: „Bitte nicht, Herr Pater. Nur das nicht. Das habe ich schon einmal probiert. Ich halte das nicht aus." Es gibt genügend Menschen, die ehrlich genug sind zu sehen, daß die geringste Ruhe und Stille ihnen ihr wahres Leben vor Augen führen und sie vor Entscheidungen stellen würde, die sie fürchten.

Der Psychologe Carl Gustav Jung beschreibt in einem seiner Briefe, wie und warum Menschen dem Schweigen zu entkommen suchen: „Wer sich fürchtet, sucht laute Gesellschaft und tosenden Lärm, der die Dämonen verscheucht. (Die entsprechenden primitiven Mittel sind Ge-

schrei, Musik, Trommeln, knallendes Feuerwerk, Glocken-
läuten und so weiter.) Der Lärm gibt ein Sicherheitsgefühl,
wie die Volksmenge; er schützt uns vor peinlichem Nachdenken, er zerstreut ängstliche Träume, er versichert uns,
daß wir ja alle zusammen seien und ein solches Getöse veranlassen, daß niemand es wagt, uns anzugreifen. Der Lärm
ist so unmittelbar, so überwältigend wirklich, daß alles andere zum blassen Phantom wird. Er enthebt uns aller Anstrengung, etwas zu sagen oder zu tun, denn sogar die Luft
zittert vor der Gewalt unserer unüberwindlichen Lebens-
äußerung.

In der Stille würde die Angst den Menschen zum Nachdenken veranlassen, und es ist gar nicht abzusehen, was
einem dann alles zum Bewußtsein käme. Die meisten
Menschen fürchten die Stille, darum muß immer, wenn
das beständige Geräusch, z. B. einer Unterhaltung, aufhört,
etwas getan, gesagt, gepfiffen, gesungen, gehustet oder
gemurmelt werden. Das Bedürfnis nach Geräusch ist bei-
nahe unersättlich, wenn schon bisweilen der Lärm uner-
träglich wird. Es ist aber doch immerhin besser als gar
nichts. In der bezeichnenderweise sogenannten ,Totenstil-
le' wird es unheimlich. Warum? Gehen etwa Gespenster
um? Dies wohl kaum. Das, was in Wirklichkeit gefürchtet
wird, ist das, was vom eigenen Innern kommen könnte,
nämlich all das, was man sich durch Lärm vom Halse gehalten hat."

Nur wer die klärende und läuternde Stille wagt, setzt
sich als ganzer Mensch der Wirklichkeit – der eigenen und
der Gottes – aus. Nur so ist er auch mit seinen Schattensei-
ten vor Gott. Nur wenn die Finsternis sich nicht in sich selber verschließt, kann das Licht in sie kommen. Nur wer
schweigt, kann hören.

Eine neue Dimension tut sich auf
Das schweigende Hinhören kann auch dazu helfen, in den
Raum der Warum-Freiheit zu kommen. Was ist damit ge-
meint? Es ist ein natürliches und gesundes Bedürfnis des
Menschen zu fragen. Die Kinder fragen dauernd – beson-

ders im sogenannten „Fragealter" – „warum?" und „was ist das?", und in der Schule wird das Fragen, Zergliedern, Untersuchen usw. gefördert und gefordert. Nur so wird der Mensch tauglich für den Umgang mit der Wirklichkeit. Gelobt, mit der Achtung seiner Umwelt „belohnt" wird jemand nicht für schweigendes Staunen, sondern für worthafte Untersuchung. Ohne die Frage nach dem Warum würde unsere Wirklichkeit und unsere Wirksamkeit schlagartig zusammenschrumpfen. Und doch: Es gibt noch eine andere Dimension, die vom hinterfragenden „Warum?" nicht erfaßt, ja durch die analysierend hinterfragende „Zer-forschung" geradezu verstellt wird.

Je mehr etwas ein echter Anfang ist, ein Ursprung, um so weniger ist ein Hinterfragen möglich: Warum verzeiht jemand? Was ist der Grund dafür? Der Grund liegt nur darin: Es ist gut, sich zu versöhnen! – Warum liebt jemand? Warum diesen Menschen? Deshalb, deshalb …? Liebe ist ein Anfang aus sich heraus. Im Sinne der Alltagsrationalität gibt es keine „Rechtfertigung" für die Liebe. Sie braucht und sucht diese Rechtfertigung auch nicht. Fände sie eine, es wäre nicht Liebe, sondern etwas anderes. Auch für Jesus kam eine Situation – vor Pilatus –, wo er die Wahrheit und seine Liebe zu den Menschen nicht mehr durch das Wort, sondern nur noch durch das Schweigen bekunden wollte und konnte. – „Warum gibt es Gott?" „Was war vor Gott?" Schüler fragen so etwas schon gelegentlich. Ist es da eine Antwort im üblichen Sinn, wenn der Lehrer erklärt, Gott sei das „ens necessarium", das notwendige Sein? Darin ist Wahres ausgesagt, aber eine normale, kausale Begründung oder Erklärung ist dies nicht.

Nun ist es gerade das Schweigen – auch das Schweigen in den Worten selbst, das in ihnen sein kann wie die Stille im Auge eines Hurrikans –, das die Dimension freigeben kann, die über das Warumfragen hinausführt. Das Schweigen kann hinführen, die Gegenwart, die sich gibt und gewährt, warumfrei, staunend anzunehmen.

Ein neues Schauen und Hören beginnt

Ein weiterer Sinn des Schweigens liegt darin, daß in ihm die Kraft des intuitiv-synthetischen Schauens als Ergänzung zum rational-analysierenden Blicken zur Wirkung kommen kann: Es gibt den analysierenden Blick, der ein Mosaik nach all seinen Details hin befragt, und das einfache Schauen, das eine Gesamtgestalt wahrnimmt. Beides ist sinnvoll, aber verschieden!

Wie sehr solche und andere Blick- oder Schaugewohnheiten unser Wahrnehmen prägen, zeigt ein *Experiment,* das vor einigen Jahren in Amerika vorgenommen wurde. Ausgangspunkt war die Tatsache, daß eine Hirnhälfte mehr bei rationalen Prozessen reagiert und die andere mehr bei emotionalen. Nun wurde zuerst Musikstudenten eine Sinfonie vorgeführt – mit dem Ergebnis, daß bei ihnen die „rationale Hirnhälfte" ansprach. Danach wurde einer Kontrollgruppe von Leuten, die nicht Musik studiert hatten, die Sinfonie vorgeführt, – und bei ihnen sprach die Hirnhälfte an, die mehr auf emotionale Vorgänge reagiert. Verwunderlich und doch nicht verwunderlich: Wer Musik studiert hat, dem kann es passieren, daß er zwar genauer, aber auch indirekter hört, weil er vieles mithört: Ah, von Beethoven, das und das Motiv ..., frühe Schaffenszeit ..., Anklänge an ..., bewußt die und die Instrumentation gewählt ..., musikhistorisch interessant, weil ... usw. Der unbefangene Zuhörer kann vielleicht weniger differenziert, aber auch hingegebener lauschen. Um dieses hingegebene Lauschen geht es beim Schweigen. Es soll helfen, in den Raum der schlichten Offenheit hineinzuführen.

Um die Unterschiedlichkeit der verschiedenen Erkenntnisweisen, die für die Meditation so wichtig sind, noch deutlicher werden zu lassen, sei ein einfaches *Beispiel* gewählt: Stellen wir uns vor, ein Erzieher möchte im musischen Unterricht die Kinder zum Umgang mit und zur Bedeutung von Farben hinführen. Man könnte sich dafür zwei verschiedene Weisen vorstellen.

Die erste Weise könnte so aussehen: „Jetzt setzt euch einfach mal eine halbe Stunde hin und schaut auf die große rote Fläche vor euch hin! Das ist alles. Versucht, nicht an das letzte Fußballspiel oder sonst etwas zu denken, sondern nehmt nur die Farbe wahr und schreibt dann, wie dieses Erlebnis auf euch gewirkt hat!" Die andere Weise wäre etwa: Schreibt einen Besinnungsaufsatz, in dem alles drinstehen soll, was die Farbe Rot für euch bedeutet, was euch dabei einfällt, was ihr davon wißt!"

Das Ergebnis wird im zweiten Fall sicher anders aussehen als im ersten. Bei der zweiten Weise werden sich Redewendungen finden wie z. B. „rot wie Blut"; die Bedeutung von roten Rosen, die man einer Dame schenkt, wird genannt werden; vielleicht kommt der historische Hinweis, daß früher mit dem Rot der Purpurschnecken kostbare Gewänder gefärbt wurden und daß das Rot Farbe der Königsmäntel war; vielleicht kommt einer auch darauf, daß man einen solchen Mantel Jesus umhing; unter Umständen hat jemand etwas zu sagen aus dem Bereich der Farbpsychologie oder weist hin auf die Bedeutung der Farbe als politisches Symbol, auf „die Roten", die „Roten Brigaden" usw. Beides sind sinnvolle Weisen des Umgangs und Zugangs – und doch sehr verschieden.

So ist es auch mit den geistigen Vorgängen bei geistlichen Übungen: Es gibt einen mehr rational-analytischen und einen mehr intuitiv-synthetischen Zugang zur einen Wirklichkeit. Der eine entspricht mehr der Besinnung, der Erwägung und der andere mehr einer Anwendung der – geistlichen – Sinne, der Sinne, die konkret erfassen, was es z. B. heißt, frei zu sein; „die Freiheit", geistig zu erfassen, – ohne einen Besinnungsaufsatz darüber zu schreiben; den Apfel zu verkosten, – ohne ihn nach Kalorien, Sorte, Marktwert usw. zu hinterfragen (was für die Hausfrau recht wichtig ist. Soll man sagen „für Martha"?).

Mit dem Geheimnis leben lernen
Schließlich findet das Schweigen seinen Sinn auch darin, den Sinn für das Geheimnis, für das Unsichtbare zu entwickeln. Die Heilige Schrift ist voll von der Spannung zwischen Sichtbarem und Unsichtbarem, die eben das Ge-

heimnis ausmacht: Die Unsichtbarkeit Gottes wird an seinen Werken wahrgenommen (vgl. Röm 1,20); Paulus versteht die Christen als Menschen, die „nicht auf das Sichtbare starren, sondern nach dem Unsichtbaren ausblikken; denn das Sichtbare ist vergänglich, das Unsichtbare ewig" (2 Kor 4,18); Christus ist das Ebenbild des „unsichtbaren Gottes" (Kol 1,15), und durch ihn ist alles Sichtbare und Unsichtbare geschaffen. Die Offenbarung ist Enthüllung dessen, „was kein Auge gesehen und kein Ohr gehört hat, was keinem Menschen in den Sinn gekommen ist: wie Großes Gott denen bereitet hat, die ihn lieben" (1 Kor 2,9); oder – nach den Aussagen des Johannesbriefes: „Niemand hat Gott je geschaut; aber wenn wir einander lieben, bleibt Gott in uns; ... wer seinen Bruder, den er sieht, nicht liebt, kann Gott nicht lieben, den er nicht sieht" (1 Joh 4,12.20).

Glaubendes Schauen heißt also, sich immer auf der Brücke von Sichtbarem und Unsichtbarem zu bewegen. Leben aus dem Glauben ist ein Leben mit dem Geheimnis.

Dies gilt nicht nur für den ausdrücklich religiösen Glauben, sondern für alle Wirklichkeitsbeziehungen: Alles Sichtbare wurzelt im Unsichtbaren. Jeder Farbklecks hat physikalisch-chemische Substrukturen, die nur dem mikroskopischen Auge sichtbar sind; jeder Baum wurzelt nicht nur in einem bestimmten Stückchen Erde, das ihm eine spezifische Färbung ermöglicht (wie etwa bei Bergblumen besonders deutlich wahrnehmbar), sondern auch in der Entwicklungsgeschichte der ganzen Pflanzenwelt; jeder würzige Geruch, den ein Wind vorbeiweht, hat seinen Weg hinter sich; jede Runzel, jede zarte Linie auf einem Gesicht, kann eine unsichtbare Geschichte erzählen.

Auch in der Erfahrung des eigenen Ich zeigt sich: Ich bin mehr als meine Gedanken, mehr als meine Bilder, mehr als meine Vorstellungen von mir selber, mehr als mein Bewußtes, mehr als meine Gefühle. Ich kann also zu mir selber als Ganzem, als Selbst nur eine echte Beziehung bekommen, wenn ich mich auf eine andere Beziehungsweise einlasse. Sicher kann man immer mehr weiße Flecken der Landkarte der eigenen Wirklichkeit verschwinden lassen. Tauchen aber dabei nicht, wie in der Wissenschaft, immer neue Fragen, immer neue Horizonte auf, und verschwinden nicht andere wieder im Dämmer des Unbewußten?

Es gibt eine indische Fabel, die den Unterschied zwischen einer erkenntnismäßigen und einer seinshaften Beziehung kennzeichnet. Sie lautet ungefähr so: Ein Wanderer stieg einen hohen Berg empor. Oben angelangt, spricht er zu dem Berg: „Ach, was bist du doch für ein armes Ding. Du weißt nichts von dir. Du kennst nicht die Schluchten auf dir, die ich gesehen habe. Du weißt nichts um die Bäume und Sträucher und Blumenteppiche auf dir. Du spürst nichts von den sprudelnden Quellen und vom eisigen Schmuck deines Hauptes. Armer, dummer Berg!" Der Berg hörte sich das alles in Ruhe an, schüttelte sein weises Haupt ein wenig und sagte: „Ja, du hast wohl recht, Mensch! Aber im Unterschied zu dir: *Ich bin der Berg!"*

Der Mensch ist beides: Er ist der „Berg", er ist – im Bild des Eisbergs – der Berg, der unsichtbar unter der Wasseroberfläche liegt und zugleich die Bergspitze, die Insel, die darüber hinausragt ins Licht des Bewußtseins. Im schweigenden, meditativen Selbstvollzug kann eine Beziehung zum Ganzen der eigenen und der universellen Wirklichkeit wachsen. So wie alle Sichtbarkeit in einem Meer von Unsichtbarkeit gründet, so zeigt sich alles Unsichtbare im Sichtbaren. Jede mikrokosmische Wirklichkeit hat ihre makrokosmische Auswirkung: Jede Morgensonne wirft ihren Schein am Horizont voraus; selbst die Schatten tun Verborgenes kund; jede Heimlichkeit der Liebe zeigt sich in einer Geste, in einem Blick; die Wahrheit, sagen die alten Philosophen, hat als ihren Glanz die Schönheit, und die Freiheit als ihre Ausstrahlung die Freude.

Alles ist Zeichen von …, herkommend von …, rückweisend auf …, zukommend von …, alles ist sakramental: sichtbares Zeichen für eine unsichtbare Wirklichkeit.

Wer betet, läßt sich auf diese geheimnisvolle Spannung, auf das Geheimnis, auf die Weghaftigkeit der Wirklichkeit ein. Kolumbus im Mastkorb ist die Figur, die für das Leben zwischen Sichtbarem und Unsichtbarem ein Symbol ist: Er schaut auf das Unsichtbare, auf das Sichtbare hinter dem Unsichtbaren. Wenn er schaut, sieht er nichts: einen leeren Himmel und ein leeres Meer; aber er fühlt etwas in seinem Herzen: eine unausrottbare Sehnsucht und Hoffnung. Sicher, er kann in seinem Mastkorb träumen, sich die Zukunft, das fremde Land ausmalen – aber nicht zu intensiv! Wenn er zu sehr vor sich hin träumt und halluziniert, dann übersieht er vielleicht den kleinen Streifen Land irgendwo links am Horizont, oder er nimmt ihn doch später wahr als einem wachen Auge möglich. Sicher, er darf träumen, denn es sind doch auch diese Träume, die ihn auf dem Weg und am Schauen halten. Aber notwendig ist vor allem seine Wachheit. Dieser Wachheit zeigt sich die neue Welt: „Land in Sicht!"

„Gott in Sicht" heißt ein Buch von Ortega y Gasset in der deutschen Fassung. „Gott in Sicht" kann für das Beten bedeuten: Dem Betenden kann auf einmal alles zu entschwinden drohen; man kann sich nur noch als der verstehen, der sich auf den unsichtbaren Vater hin zubetet, sich hinströmen läßt vom Geist, der unsichtbar in uns betet.

Sich betend, schweigend auf das Geheimnis einzulassen kann aber auch bedeuten, daß sich in allem Sichtbaren das Unsichtbare anmelden will: „Die Himmel rühmen des Ewigen Ehre" – sagt der Psalmist; „Lobgesang des Alls" nennt Teilhard de Chardin die „Hymne des Universums"; „Gott in allen Dingen finden", „seine unendliche Süßigkeit schmecken", so umschreibt es Ignatius; Jesus erkennen als das Ebenbild des unsichtbaren Vaters, als den, der er ist, – so drückt es die Schrift aus.

Sich auf das Unsichtbare einzulassen bedarf in unserer Zeit vielleicht mehr noch als in einer anderen der bewußten Einübung. Geprägt von unserem optischen Zeitalter wollen wir sofort alles sichtbar und greifbar haben, tun wir uns schwer im Warten, sind wir schnell bereit, die Auswirkungen unseres Tuns auf die unsichtbare Zukunft verantwortungslos zu ignorieren. Die Zerstörung der Umwelt ist ein Zeugnis dafür. Das Unscheinbare und Ungeborene und

46

Kleine hat es nicht leicht. Gerade dafür aber soll die Sensibilität im Beten wachsen.

Um das Gemeinte noch mit einem letzten Bild zu verdeutlichen: Mit dem Hören und Schweigen ist es wie mit dem Umgang mit einem befruchteten Ei. Man kann davorsitzen, man kann rätseln, was für ein Vogel da wohl ausschlüpfen wird; man kann sich die Zeit vertreiben, indem man Bilder des erwarteten Vogels oder Sprüche aufmalt wie bei den bunten Ostereiern. Man kann aber auch das Ei behutsam in die Hand nehmen und es wärmen und hinhören, wann man das erste Pochen und Picken hört, das das Ausschlüpfen ankündigt.

So kann es auch bei unserem Beten gehen: Wir brauchen Worte und Begriffe wie das Ei seine Schale. Wirklichkeit wird so handhabbar, begreifbar. Die Wortschalen schützen das Geheimnis der Wirklichkeit; sie verhüllen und offenbaren es gleichzeitig. Wir können in unserem Betrachten auch innere Bilder malen, aufmalen und unseren Ahnungen und Hoffnungen Ausdruck verleihen. Wir können aber auch immer stiller werden und nur hören auf die erhoffte Ankunft. Es hat keinen Sinn, die Schalen zu durchbrechen. So läßt sich die Ankunft nicht beschleunigen. Aber es kann sein, daß einen das Schweigen auf einmal überkommt und sich das Pochen des eigenen Herzens mit dem Pulsschlag des neuen Lebens aus dem Ei, aus dem „Osterei" verbindet. Es kann sein, daß jemand zum Ostergrab eilt und sich Sorgen macht um die Wächter, die aufgestellt sind, und um den schweren Stein – und daß er hinkommt und die Schalen schon gefallen sind und ihm das leere Grab, die „Leere" zur Botschaft der Auferstehung wird.

Weisen der Einübung ins schweigende Hinhören

(1) Hinhören auf Laute

Paradox und doch auch wieder sehr verständlich mag es sein, die Einübung ins Schweigen mit dem Hören auf Laute zu beginnen. Die Übung ist denkbar einfach, denn sie besteht nur darin, wirklich und wach bewußt zu tun, was man sowieso tut: sich hinsetzen und auf Laute und Geräusche hören. Ins eigene Ohr, ins eigene Bewußtsein dringen lassen, was eindringen will, in seiner ganzen Vielfalt. Kein Geräusch als unwillkommen abwehren. Allem Raum gewähren: dem Bremsgeräusch der Autos, dem Hupen, dem Ticken des Weckers, dem Tropfen des Wasserhahns, dem Wind, dem Staubsauger in der Nebenwohnung, dem Kindergeschrei – alles darf in mich eindringen, durch mich hindurchgehen.

Vielleicht dauert es gar nicht lange, und eine Ruhe beginnt sich auszubreiten. Eine Ruhe mitten in all den Geräuschen. Wenn sie angenommen werden, sind sie nicht länger feindlich, sondern freundlich.

Wenn man die Übung macht, wird man bald merken, daß es auch beim Hinhören die beiden Weisen gibt: die feststellend-deutend-analytische und die wahrnehmend-synthetische.

Beide kann man bewußt üben und in ihren Auswirkungen auf sich selbst erfahren: *Feststellend-unterscheidend* hören heißt, ganz bewußt jeden Klang, jeden Laut hören und versuchen, ihn zu deuten: Das ist ein Flugzeug; da höre ich einen Vogel zwitschern; das da in der Ferne ist eine Eisenbahn usw. – Die ganze Vielfalt der Geräusche wird gesondert aufgenommen.

Die *wahrnehmend-intuitive Weise* besteht darin, sich einfach den einzelnen Geräuschen bzw. dem ganzen Klangteppich zu überlassen – ohne den bewußten Versuch, festzustellen, um was es sich da handelt. Diese Weise kann oft zur größeren Ruhe führen, da dort das bewußte, fixierende Feststellen und Denken nur am Rande beteiligt ist. Hier ist die ganze Aufmerksamkeit nur auf den Laut gerichtet. Hier sind auch Täuschungen nicht so möglich, denn was ich höre, höre ich. Wenn ich dagegen feststelle, daß dieser Laut von jener Vogelart kommt, dieses Knattern von jener Motorradmarke stammt oder daß dies Geräusch ein Gewitterdonner bzw. das ferne Vorbeidonnern eines Flugzeugs ist –

dann kann ich mich täuschen. Beim tieferen Ruhigwerden geht es dagegen nicht um ein Herausbekommen, was dieses oder jenes ist, sondern darum, sich dem Laut, der „Verlautbarung" einer Wirklichkeit zu überlassen, die sich akustisch darstellt. Ich brauche nicht unterscheidend zu wissen, um was es sich handelt. Ich stehe nicht unter einem akuten Handlungsdruck, der zu solcher Unterscheidung drängte; ich darf mich vielmehr dem akustischen Offenbarwerden einer Wirklichkeit überlassen.

Dieses Hinhören auf Geräusche kann einübend vertieft werden im Hinlauschen auf Geräusche des eigenen Körpers. Dazu hilft es, eine Zeitlang die Ohren mit beiden Daumen fest zu verschließen und dann hinzuhören auf den Herzschlag, auf das Atmen und alles, was sich kundtut. Gerade weil diese Geräusche manchmal sehr leise sind, können sie zum Hinhören führen. Es ist besser, sich beim Schwingen einer Stimmgabel ins Hören einzuüben als im Lärm einer Fabrikhalle.

Still werden kann man aber auch mitten im Verkehrslärm. Ja, man kann da versuchen, auf die Stille in den Geräuschen hinzuhören. Was auf der Ebene der Optik ein Fenster, ein Loch ist, das gibt es auch im Bereich des Akustischen: akustische Fenster, die den Blick auf anderes freigeben. So wie man durch ein Fenster auf anderes hinschaut, so kann man durch das Stillefenster in den Geräuschen auf Tieferes hinhören. Die Geräusche können so zu einem bloßen Fenster-Rahmen werden, der am Rande wahrgenommen wird, in deren Mitte, Öffnung sich aber anderes anmeldet, das zu Wort und zu Gehör kommen will.

Wichtig bei all diesem Hinhören ist die innere Haltung: Es geht nicht um ein möglichst exaktes Registrieren der kleinsten Schwingungen, sondern um ein ruhiges, waches Hinhören auf das, was sich kundtut.

(2) Auf das gesungene Wort hören

So wie man auf das innerlich oder leise ausgesprochene Wort hören kann, so kann man auch auf eine gesungene Silbe oder ein gesungenes Wort hören. Mehr noch, man kann zu den Schallwellen hinspüren. Man kann spüren, wie man selber einem Instrument gleicht: mit Saiten, Stimmbändern, die schwingen, mit einem großen Resonanzkasten – dem ganzen Leib.

Bei dieser Weise des Einübens ins Stillwerden sucht man zuerst eine Silbe oder ein Wort, das einen anspricht und das man singen möchte. Das kann die indische heilige Silbe OM sein, das kann das hebräische AMEN sein (das zugleich ein Christusname ist: „Er ist das Ja" und das „AMEN" – vgl. 2 Kor 1,20) oder das Wort BAUM usw.

Es kann hilfreich sein, für das Singen dabei folgenden Rhythmus zu wählen:

den Atem einströmen-ausströmen lassen;

den Atem einströmen-ausströmen lassen;

den Atem einströmen-SINGEN z. B. B-A-U-M; OM usw.

Zu beachten ist bei dieser Weise zweierlei: zum einen, daß man nicht engbrüstig singt, sondern versucht, alles ins Schwingen geraten zu lassen, was mitschwingen will. Der ganze Leib ist der Resonanzboden und darf mitschwingen. Es gibt Bereiche, in denen man das leicht mitverfolgen kann: im Kopfraum und Brustraum. Aber die Schwingungen verbreiten sich über den ganzen Körper. Wenn man etwa ein Kehlkopfmikrofon, das auf die leiblichen Schwingungen reagiert, am Knie ansetzt, dann sind dort die Schwingungen noch so fein und differenziert, daß eine Übertragung möglich ist. Es geschieht also durch ein Wort sozusagen eine akustische Massage des ganzen Leibes. Keine gewalttätige, sondern eine sehr zarte. Ihre Wirksamkeit entfaltet sie durch die Wiederholung.

Zum andern ist darauf zu achten, daß man in der Pause – also bis man die Silbe nach den zweieinhalb Atemzügen wieder singt – dieser nachlauscht und in die Stille bzw. in das zarte „Körperbeben" hineinhört, das entsteht.

Hinzuzufügen ist noch: So wie man ein Wort oder eine Silbe wählt und auf einem Ton singt, so kann man auch ein Wort mit einer ganzen Melodie singen: etwa eines der österlichen Halleluja. Auch hier kann es wieder mehr zur Ruhe führen, wenn man nach dem Singen eine Zeitlang auf die sich ausbreitende Stille hinhört.

(3) Auf das Leiseste in sich horchen

Wenn einer Mutter das Unglück passiert, mitten im Gewimmel einer fremden Großstadt ihr kleines Kind zu verlieren, dann passiert etwas Seltsames: Diese suchende Frau hört auf etwas sehr Leises hin, auf einen Ton, der von all den lauten Geräuschen der Busse und Sirenen und großen Leute fast übertönt wird Sie sucht nach dem leisen kleinen Weinen und Schluchzen oder dem lauten Rufen des Kindes, das mit so vielen Schallschluckern zu kämpfen hat.

So wie eine Mutter auf ihr Kind, so kann man in sich selber auf das Leiseste, fast nur Geahnte hinhören. Auf das absolut Leise. Auf jenes Leise in uns, das Elija vernahm, als er anfing zu hören: „Tritt hinaus und stelle dich auf dem Berg vor den Herrn hin. Siehe, da zog der Herr vorüber: Ein starker, mächtiger Sturm, der die Felsen zerbrach, ging vor dem Herrn einher, doch im Sturm war der Herr nicht. Nach dem Sturm kam ein Erdbeben, doch der Herr war nicht im Erdbeben. Nach dem Erdbeben kam ein Feuer, doch auch im Feuer war der Herr nicht. Nach dem Feuer kam ein leises, zartes Säuseln. Elija vernahm es, hüllte sein Gesicht in seinen Mantel und stellte sich an den Eingang der Höhle. Eine Stimme sprach ihn an: ,Was suchst du hier, Elija?,“ (1 Kön 19,11–13).

Nicht im Lauten war der Herr, sondern hinter dem Zartesten war seine Stimme für Elija vernehmbar. Nach dem Leisesten wurde er gefragt, was er denn suche, und er fand, was er suchte.

Eben darum geht es im Hören auf das Leiseste in sich: in und hinter und neben all den Geräuschen eine leise Stille zu hören, die ein neues Wort hörbar macht.

(4) Aufmerksamkeit auf den eigenen Leib

Eine gute Weise, gegenwärtig zu sein und zu werden, ist die Aufmerksamkeit auf den eigenen Leib. Mit den Gedanken sind wir gerne in der Vergangenheit oder in der Zukunft. Wir träumen, erinnern uns, planen, sorgen. Die Aufmerksamkeit des Geistes auf den Leib kann dem Geist Ruhe und Gegenwärtigkeit schenken.

Die Übung selber ist einfach: sich hinlegen in eine ruhige Lage auf dem Boden, die Hände neben dem Körper liegend. Dann kann man beginnen mit einem „Spaziergang durch den Leib". Zuerst die Frage. Wie fühle ich mich insgesamt? Wie liege ich da – im Kontakt zum Boden? Beginnen kann ich mit dem Kopf (die aufruhende Schale des Hinterkopfes, Stirn, Schläfen, Ohren, Wangen, Kinn, Lippen, Nase, Augen); dann der Hals (hinterer Hals mit seinen Muskeln und Vorderseite des Halses);

weiter über die Schultern in den rechten Arm (Oberarmgelenk, Oberarm, Ellbogengelenk, Unterarm, Handgelenk, Hand, Handrückseite, Handinnenseite und die einzelnen Finger, angefangen vom Daumen bis zum kleinen Finger); ebenso die Aufmerksamkeit in den linken Arm lenken;

weiter dann zum ganzen Rumpf: langsam den ganzen Rücken hinuntergleiten bis in die Kreuzgegend, die Beckenschale entlangspüren; auch die Vorderseite von oben her hindurchspüren: den Brustraum, den Bauchraum, den Unterleib;

weiter dann mit der Aufmerksamkeit in das rechte Bein hineingleiten: der ganze Oberschenkel, das Knie, Unterschenkel, Fußgelenk, Fußsohle von der Ferse bis zu den Zehen, die Oberseite des Fußes; die einzelnen Zehen von der großen bis zur kleinen; ebenso dann im linken Bein und Fuß.

Am Schluß nochmals für einige Zeit den ganzen Leib wahrnehmen. Schauen, wie warm, wie kühl, wie leicht oder schwer, wie locker, wach usw. er sich fühlt.

Wichtig bei dieser Übung – wie auch bei allen anderen – ist, daß man nicht versucht, sich suggestiv etwas einzureden. Man darf es ruhig zulassen, daß es weiße Flecken auf der Landkarte des eigenen Leibes gibt, wo man nichts oder noch nichts oder nur sehr schwach etwas verspürt. Gerade die schwachen Reize können ja die Aufmerksamkeit besonders zum achtsamen Hinspüren herausfordern. Ziel und Sinn dieser Übung und anderer Übungen ist nicht, Sensationen zu erleben, sondern die Sensibilität organisch wachsen zu lassen. So kommt es auch in erster Linie gar nicht darauf an, ob man sich wohl fühlt, locker und leicht oder angespannt, unausgeruht. Auf die Dauer wird die Übung sich zwar im Normalfall wohltuend und erfrischend bemerkbar machen, aber dies ist nicht das erste und direkt angestrebte Ziel. Gesucht wird die Offenheit für die Gegenwart, eingeübt an dem, was unübersehbar gegenwärtig ist: im Leib. Gegenwart, wenn sie am konkretesten ausgedrückt wird, ist „leibhaftige" Gegenwart.

(5) Hinhören auf den Klang der Schöpfung

So unscheinbar und klein das Hinhören auf die Laute der Natur und der Welt sein kann, so tief kann es gehen. In seiner Ehrfurcht kann das Hinhören so weit gehen, daß sich ihm im Laut das Wort der Schöpfung, das Wort des Schöpfers kundtut. Wie dies gemeint ist, zeigt der Beginn von Psalm 19:

> „Die Himmel rühmen die Herrlichkeit Gottes,
> vom Werk seiner Hände kündet das Firmament.
> Ein Tag sagt es dem anderen,
> eine Nacht tut es der anderen kund.
> Nicht sind es Worte, nicht sind es Reden,
> unhörbar bleibt ihre Stimme!
> Doch ihre Botschaft geht in die ganze Welt hinaus,
> ihre Kunde bis zu den Enden der Erde" (Ps 19,2–4).

In diesem Psalm bekundet sich die Auffassung des alttestamentlichen Beters von der Beziehung der Schöpfung zu ihrem Schöpfer: Sie ist sein Wort. Die Schöpfung ist, was Gott gesagt hat. – Gott sprach: „Es werde Licht! ... und es ward Licht." Wie hört es sich an, wenn Gott Licht, Wasser, Luft, Baum, Sperling, Musik, Mensch sagt? Wie hört es sich an? – Wem sich die Ohren öffnen, der kann es hören. „Nicht sind es Worte ... doch ihre Botschaft geht in die ganze Welt hinaus." Diese Botschaft vernehmen zu können, geschieht freilich nur in dem Maß, in dem der Mensch ganz und als Mensch hinhört, nicht wenn er bloß stumpf registriert. Dieses Hinhören ist nicht nur dem stumpfsinnigen Zählen entgegengesetzt, sondern auch dem ängstlichen, reflexiven Sich-selber-Einsagen, was man jetzt höre, sei Gottes Schöpfung. Wenn man eine musikalische Schöpfung Beethovens hört, dann wirkt es eher ablenkend, wenn man sich bildungsphilisterhaft ständig selber ins Ohr flüstert, dies sei eine Schöpfung des großen Beethoven. Es gibt auch solche religiöse Einflüsterungen, die im Grunde das Hören einschränken. Liebevoller ist jene Aufmerksamkeit, die zugleich zart und fasziniert hinhört auf die Offenbarung des Klanges, auf die Offenbarkeit Gottes *in*, nicht neben seiner Schöpfung. Nur solches Hinhören kann das Geschenk der Ekstase gewähren und so im eigenen Hinausgerissensein die Schöpfung als Werk seiner Hände verspürbar machen.

Es gibt eine Weise, Vögel zu hören ...
Es gibt eine Weise, das Rauschen des Meeres zu vernehmen ...
Es gibt eine Weise, den Wind zu verspüren ...

Manchesmal kann einem eine solche Weise des Hörens gewährt werden, so daß man darin weiß, daß man „Ohren hat zu hören".

(6) Hinhören auf das Wort der Geschichte

Wie man auf das Wort der Schöpfung in der Natur schon lauschen kann, so auch auf das Gotteswort im Menschenwort. Paulus schreibt einmal, daß er dafür dankt, daß seine Zuhörer das Menschenwort als Gotteswort genommen haben. Hier wird sichtbar: Es kommt auf das rechte Hören an, – dann kann im Menschenwort Gottes Wort aufleuchten: im Wort Jesu die Botschaft des Vaters.

Am deutlichsten wird dies im Hören und Schauen auf Jesus. Was hört und sieht jemand, wenn er auf Jesus und sein Wort hört? „Herr, zeige uns den Vater!" – „Philippus, Philippus! So lange schon bin ich bei euch, und du sagst, ich soll euch den Vater zeigen. Wer mich sieht, sieht den Vater" (Joh 14,8 f). Wen sieht und hört jemand, wenn er Jesus sieht und hört? Den Zimmermannssohn aus Nazaret? Das ewige, zeitgewordene Wort des Vaters? „Wer Ohren hat zu hören, der höre!" (Mt 11,15). „Sie haben Ohren und hören nicht, Augen und sehen nicht!" (Jer 5,21).

Es geht also immer um dies eine: die Verwandlung und Erleuchtung der „Augen des Herzens" (Eph 1,18). Diese Tiefenschau, dieses Tiefenhören hat Johannes wohl vor Augen, wenn er schreibt: „Was von Anfang an war und was wir gehört haben, was wir mit unseren Augen gesehen, was wir geschaut und mit unseren Händen betastet haben, das verkünden wir, vom Wort des Lebens sprechen wir" (1 Joh 1,1).

So kann man auch als einfache Einübung ins Hören ein einziges Wort nehmen, es wiederholen und immer wieder auf dieses Wort hinlauschen. Wie oft soll man das Wort wiederholen, in welchen Abständen? Am besten man macht es wie bei einem Gong: Er wird angeschlagen, und dann kann man hinlauschen, bis der Ton unhörbar geworden ist, – und dann wieder neu den Gong anschlagen. So auch beim Wort: Man spricht es ganz innerlich oder halbleise – oder wie es dem eigenen Bedürfnis entspricht – aus und lauscht seinem Klang nach, lauscht auf die Stille, die danach folgt. So sät man Wurf um Wurf den Wortsamen ins Ackerfeld der eigenen Seele aus und wartet in Geduld auf ein Wachsen in der Stille.

Was für ein Wort soll man wählen? Was einem gut scheint! Vielleicht einen der 90 Namen Jesu im Neuen Testament: Bruder, Friede, Christus, Herr, Ja, Erstgeborener, Anfang, Ende, Lamm, Tür ... – oder irgendein anderes Wort, von dem man möchte, daß es sich einem von innen her erschließt. Wichtig ist dabei, nicht darüber nachzudenken – jedenfalls nicht, wenn das Gebet dienen soll, in die Ruhe zu kommen. Die nachdenkende Besinnung ist etwas anderes. Sie hat zu einer anderen Zeit ihren notwendigen Ort. Beim Ruhegebet genügt es, darauf zu vertrauen, daß das Wort ja schon mit vielem angefüllt ist. Um beim Bild vom Gong zu bleiben: Es geht nicht darum, das Metall, aus dem der Gong besteht, einer physikalischen Untersuchung zu unterwerfen, sondern seinem Klang zu lauschen, indem die physikalische Zusammensetzung sich akustisch offenbart: Der Gong klingt ja je nach Zusammensetzung verschieden. So ist es auch bei den Worten: Sie sind durch die „Physik des Lebens" schon gefüllt. In der Ruhemeditation geht es darum, ihrem Klang zu lauschen. Da mag es sein, daß manches Unreine mitklingt und mitschwingt, wie auch bei einer Glocke. Dies war schon die Erfahrung von Paulus: „Wir tragen den Schatz in irdenen Gefäßen!" (2 Kor 4,7). Wenn wir hören, hören wir nicht nur das reine Gotteswort im reinen Menschenwort, sondern auch alle akustischen Verzerrungen mit, entstanden durch all das, was der Mensch dazwischengeredet hat. Und doch läßt sich der Schatz im irdenen Gefäß, die Perle im Acker, der reine Klang im Ganzen mithören, heraushören, wenn wir ganzheitlich aufnehmen. – „Wer Ohren hat zu hören, der höre!"

(7) „Vor dem lieben Gott stricken" – Das Daseinsgebet

Der russisch-orthodoxe Metropolit Anthony Bloom berichtet in seinem Büchlein „Meditation" eine eigenartige Begegnung und Hinführung zum Gebet der Ruhe: Eine alte

Dame kam zu ihm, als er in einem Altersheim eine seiner ersten Messen feierte. Sie bat ihn um einen Rat für ihr Gebetsleben. Sie hatte vierzehn Jahre lang beständig das Jesus-Gebet gebetet, aber nie die Gegenwart Gottes erfahren, wie sie sagte.

Anthony Bloom gab ihr darauf den folgenden Rat: „Gehen Sie nach dem Frühstück auf Ihr Zimmer, bringen Sie es in Ordnung und stellen Sie Ihren Sessel so, daß Sie all die dunklen Ecken, die es im Zimmer einer alten Dame gibt, in denen man Dinge versteckt, die man nicht sehen soll, gar nicht bemerken. Zünden Sie Ihre kleine Lampe vor der Ikone an und beobachten Sie einmal, was in Ihrem Zimmer ist. Setzen Sie sich einfach hin, blicken Sie umher und versuchen Sie, aufmerksam Ihre Wohnung zu betrachten. Denn ich glaube, die vierzehn Jahre hindurch, in denen Sie so viel gebetet haben, haben Sie Ihr Zimmer vergessen. Dann nehmen Sie Ihr Strickzeug und stricken Sie eine Viertelstunde lang vor dem lieben Gott. Ich verbiete Ihnen aber, auch nur ein einziges Gebet zu sprechen. Stricken Sie einfach und erfreuen Sie sich am Frieden Ihres Zimmers."[7]

Nach einiger Zeit kam die alte Dame zurück und sagte: „Es geht wirklich!", und erzählte von ihrer neuen Gebetserfahrung: „Ich habe einfach getan, was Sie mir geraten haben. Ich stand morgens auf, wusch mich und räumte mein Zimmer auf. Dann frühstückte ich, kehrte zurück und überzeugte mich davon, daß im Augenblick nichts meine Ruhe stören konnte. Dann ließ ich mich in meinen Sessel nieder und dachte: ‚Ach, wie schön, jetzt habe ich fünfzehn Minuten vor mir, in denen ich – ohne mir etwas zuschulden kommen zu lassen – nichts zu tun brauche.' Ich blickte umher, und zum erstenmal nach vielen Jahren dachte ich: ‚Mein Gott, was für ein hübsches Zimmer habe ich doch, mit einem Fenster, das in den Garten geht; ein schöner Raum und genug Platz für all die Dinge, die ich seit Jahren gesammelt habe.' … Ich fühlte mich so ruhig, weil das Zimmer so voller Frieden war. Das Ticken der Uhr störte die

---

[7] Anthony Bloom: Weg zur Meditation. Fulda 1972, 78.

Stille nicht, sondern verstärkte eher den Frieden. Es fiel mir ein, daß ich vor dem lieben Gott stricken sollte, und so fing ich damit an. Immer tiefer erfuhr ich die Stille. Die Stricknadeln stießen gegen die Lehnen meines Sessels, die Uhr tickte friedlich. Nichts störte mich, und ich brauchte mich gar nicht anzustrengen. Bald merkte ich, diese Stille war nicht einfach Geräuschlosigkeit, sondern es lag ihr etwas Wesentliches zugrunde. Es handelte sich nicht um die Abwesenheit von etwas, sondern um eine Gegenwart. Die Stille hatte eine Intensität, eine Fülle in sich, die alles durchdrang. Die Ruhe um mich herum kam zu mir und begegnete dem Frieden in mir ... Plötzlich erfuhr ich die Stille wie eine Gegenwart. Im Herzen dieser Stille war er, der selbst Stille, Frieden und Gelassenheit ist."[8]

Dazusein vor dem Herrn – dies ist das Urgebet, das Gebet der Gebete. Sich nahe sein, sich gegenwärtig sein, ohne viele Worte, in Einfachheit, mit seinem ganzen Leben.

Dies wurde auch in der ganzen geistlichen Tradition als Anfang und Grundlage allen Betens verstanden. Auch jede menschliche Begegnung bestätigt jedesmal von neuem die Wahrheit: Begegnung ist nur in dem Maß möglich, als Menschen sich gegenwärtig sind, präsent, „realpräsent."

(8) Zum Umgang mit Zerstreuungen

Was die Stille durchbricht, sind die „Zerstreuungen", die Ablenkungen. Sie können vorkommen selbst bei einem regelmäßigen und intensiven Einüben in die Stille – ja, sie können zeitweise gerade in dieser Stille sehr laut werden. Wie mit solchen Zerstreuungen bei der Sammlung umgehen?

Das erste ist wohl, die richtige geistige Einstellung zu ihnen zu haben: Zerstreuungen dürfen sein, sind normal, sind nichts, was mit Gewalt ausgerottet werden müßte. So sind der menschliche Geist und die menschliche Seele: Sie

---

[8] Ebd., 78f.

laufen und drehen sich; ihnen fallen Gedanken und Bilder zu etwas scheinbar weit Entlegenem ein; zu einem bestimmten Gedanken oder Gefühl gesellt sich ein nächster und ein anderes dazu. Wer dies völlig ausrotten wollte, stünde auf verlorenem Posten und würde seiner menschlichen Art Gewalt antun.

● Es ist wohl sinnvoll. beim Warten auf die meditative Stille das geschehen zu lassen, was beim Einschlafen geschieht: Sich von dieser Stille überkommen lassen. Wenn jemand unbedingt einschlafen will, so ist das beste Mittel, dies nicht tun zu können, daß man bewußt einschlafen will und kontrolliert, ob man denn immer noch nicht eingeschlafen sei. – Es hat keinen Wert, auf der Lauer nach Zerstreuungen zu liegen, ob denn immer noch eine da ist; dann fängt man an, sich zu ärgern, daß man immer noch nicht das Ziel der meditativen Stille erreicht hat, und dann fängt man womöglich noch an, sich darüber zu ärgern, daß man sich ärgert, weil Ärger nur Zeitverlust ist, usw … Sich vom Schweigen überkommen lassen!

● Eine andere Weise neben diesem leisen Zuwarten kann sein, daß man zu Beginn des Gebetes ein paar Minuten bewußt Zerstreuungen zuläßt: Alles, was einem durch den Sinn geht, was einen bedrängt, was einen besorgt macht, kommen lassen und für eine Zeit Gott übergeben. Er, der während des Schlafens für uns sorgt, wird auch während der Meditation für uns sorgen. Alle Lasten, alles Bedrükkende auspacken und vor ihn hinlegen, den Rucksack abstellen.

● Sinnvoll ist es auch, gelegentlich zu beoachten, wo die Abzweigungen liegen, wo ich den Weg, den ich gehen möchte, verlasse, wo ich in der Meditation immer wieder mit meinen Gedanken abweiche. Dies kann einen wertvollen Aufschluß bringen: Vielleicht weiche ich spontan an einem bestimmten Punkt aus, wo etwas Herausforderndes, Beängstigendes oder Freudvolles (auch vor der Freude kann man ausweichen) sich anmeldet. Und umgekehrt kann man schauen, wo die Ablenkungen immer enden. Es kann sein, daß es einige Lieblingsbahnen für das eigene

Denken und Fühlen gibt; einige Sackgassen, wo es immer endet. Dies zu erkennen, kann mir unter Umständen sehr Wichtiges über mich selbst entdecken helfen.

● Gelegentlich kann man sogar eine ganze Meditation lang bewußt seinen Zerstreuungen nachgehen, sich von ihnen führen lassen, – wie bei einem Überraschungsausflug ins Blaue, bei dem nichts geplant ist, sondern man sich vom Einfall des Augenblicks überraschen läßt. Auch dies kann eine Weise sein, wie man an Wesentliches herangeführt wird und wie eine Ruhe entsteht oder eine Unruhe, die Wichtiges anzeigt.

● Schließlich kann man all diese Ablenkungen zeitenweise auch bewußt in das Beten hineinnehmen. Gehören sie doch zu mir selber, machen ein Stück des eigenen Lebens aus. Sollte es nur das Gesammeltsein vor Gott und nicht auch das Zerstreutsein vor Gott geben können und dürfen? Sicher ist die Diaspora, die Zerstreuung im Exil, ein Gebanntsein in Unfreiheit, ein Verbanntsein aus der Heimat – aber ist sie nicht auch der Ort, wo Gott auf eigene Weise erfahren werden kann? Ist dieser Ort nicht auch dadurch geheiligt, daß der Herr von dort aus immer wieder die „Zerstreuten Israels" heimholt?

Gleicht die Meditation nicht manchmal einer *Blume*? Es gibt eine Mitte, und es gibt Blumenblätter, deren Linien wegführen und hinführen zum Kern. Manche Blumen haben Blätter, die weit wegführen; manche haben kleine Blütenblätter. Manche Blumen haben nur wenige Blütenblätter und manche eine ganze Unzahl. Und so mag es auch beim Meditieren immer wieder sein: Manchesmal mag es einem Gänseblümchen gleichen, manchesmal einer Rose, manchesmal einem Kleeblatt. Viele Wege von der Mitte weg und viele zu ihr hin. – Entscheidend ist, nichts erzwingen zu wollen, sondern im aufmerksamen, abwartenden Hinhören das Leben zu erlauschen, – wie es bei Jesaja gesagt wird und wie Nelly Sachs es in einem Gedicht[9] ausführt:

---

[9] Fahrt ins Staublose. Die Gedichte der Nelly Sachs. Frankfurt/M. 1961.

„Ehe es wächst, lasse ich es euch erlauschen"
Jesaja 42,9

Lange haben wir das Lauschen verlernt!
Hatte Er uns gepflanzt einst zu lauschen
Wie Dünengras gepflanzt, am ewigen Meer,
Wollten wir wachsen auf feisten Triften,
Wie Salat im Hausgarten stehn.

Wenn wir auch Geschäfte haben,
Die weit fort führen
Von seinem Licht,
Wenn wir auch das Wasser aus Röhren trinken,
Und es erst sterbend naht
Unserem ewig dürstenden Mund –
Wenn wir auch auf einer Straße schreiten,
darunter die Erde zum Schweigen gebracht wurde
Von einem Pflaster,

Verkaufen dürfen wir nicht unser Ohr,
Oh, nicht unser Ohr dürfen wir verkaufen.

Auch auf dem Markte,
Im Errechnen des Staubes,
Tat manch einer schnell einen Sprung
Auf der Sehnsucht Seil
Weil er etwas hörte,
Aus dem Staub heraus tat er den Sprung
und sättigte sein Ohr.

Preßt, o preßt an der Zerstörung Tag
An die Erde das lauschende Ohr,
Und ihr werdet hören, durch den Schlaf hindurch
Werdet ihr hören,
Wie im Tode
Das Leben beginnt.

Der Weg einer Gebetszeit
nach Ignatius

Nachdem wir uns bisher mit dem *Sinn* des Übens und geistlicher Übungen auseinandergesetzt und uns dann dem Sinn des Schweigens mit seinen verschiedenen Zugängen und Einübungsmöglichkeiten zugewandt haben, sollen nun die vielfältigen Hinweise, die Ignatius für den *Weg* einer Gebetszeit gibt, in den Blick gefaßt und auf ihren Sinn und ihre Funktion hin abgeklopft, befragt werden. Schlägt man im Exerzitienbuch die jeweils erste in einer Reihe bestimmter Übungen auf, z. B. der „Ersten Woche", so fällt die Vielzahl der Hinweise, der „Punkte" und „Zusätze" auf, mit deren Hilfe der Begleiter dem Übenden auf seinem Weg helfen soll. Die Vielzahl mag verwirren, mag fragen lassen: Ist Beten so kompliziert? – wie wir ja gleich zu Beginn schon einmal gefragt haben.

Richtig verstehen – und damit Gewinn ziehen – wird man aus solchen detaillierten Hinweisen nur, wenn man sie als das nimmt, was sie sein wollen: nicht Rezepte, Vorschriften für den Betenden, sondern Beschreibung dessen, was abläuft, wenn einer sich auf den Weg des Betens, auch auf den Weg einer bestimmten Weise zu beten macht. Dies gilt so sehr, daß Ignatius es gar nicht für nützlich hält, daß der Exerzitant im voraus wisse, was er im weiteren Verlauf „zu tun haben wird" (EB 10); für das Gebet ist entscheidend, daß er „mit großmütigem Geist und mit Freiherzigkeit gegenüber seinem Schöpfer und Herrn" ins Gebet eintritt, „indem er seine ganze Willenskraft und Freiheit darbringt, damit seine göttliche Majestät sich sowohl seiner Person wie alles dessen, was er besitzt, entsprechend ihrem heiligsten Willen bediene" (EB 5).

Und dennoch lohnt es sich für den, der andern auf diesem Weg helfen will, aber auch im Blick auf das eigene Beten selbst dem nachzugehen, was im Gang einer solchen Gebetszeit an inneren Schritten geschieht, was sich an Wegabschnitten und Schritten gleichsam anbietet, wenn er nicht grübelnd um sich kreisen, sondern hörend und antwortend dem lebendigen Gott begegnen will.

Der Rahmen geistlichen Tuns

(1) Kleine „Philosophie des Rahmens"

Ignatius legt bei den Exerzitien großen Wert auf etwas, was man den ‚Rahmen' für die Gebetszeit nennen könnte. Der Rahmen ist etwas, das man leicht übersieht: Er fällt nicht auf, wenn er gut ist, kann aber – wenn er nicht richtig gewählt ist – auch sehr stören. Natürlich steht der Wert des Rahmens zu einem Rembrandt-Bild in keinem Verhältnis zum Gemälde selbst – und doch: Ein barockes Bild – von einer Stahlleiste umrahmt – verliert doch sehr, ebenso wie ein vergoldeter Barockrahmen bei der Betrachung manchen Bildes von Picasso nur störend wirken könnte. Der Rahmen ist nur das Außen-drum-herum und doch wichtig.

Nicht nur für ein Gemälde ist es wichtig, daß die Dinge im Rahmen bleiben: Wenn an einem humorvollen Abend jemand durch eine bitter-ironische Darbietung aus dem Rahmen fällt, kann der ganze Abend gestört sein. Eine Badehose am Strand ist im richtigen Rahmen, – wenn dagegen, wie in einer österreichischen Universitätsstadt geschehen, zum Begräbnis eines Professors jemand mit Badehose und Blumenstrauß erscheint, dann fällt das aus dem Rahmen.

Es macht einen Unterschied, ob der Gast eines fremden Landes in einem feierlichen Rahmen empfangen wird oder nicht. Damit wird eine Aussage gemacht. Wenn jemand bewußt einen einfachen Rahmen für ein Fest sucht, dann will er auch damit eine Aussage machen, eine Atmosphäre herstellen. Vielleicht will er dem großen Drumherum entfliehen. Vielleicht haßt er es, daß manchesmal der Rahmen wichtiger genommen wird als das Bild, der Inhalt, und er wählt darum bewußt einen einfachen Rahmen. Es kann einem am Geburtstag das Gespräch mit Freunden am Kaminfeuer lieber sein als aufwendige Blumenarrangements und feierliche Reden.

Eine kleine Philosophie des Rahmens würde wohl als einen ihrer zentralen Sätze anführen: Der Rahmen ist die Hervorhebung der Grenzen einer Wirklichkeit. Jede Wirklichkeit ist begrenzt, stößt an eine andere an. Diese Grenze kann eine bloße Linie, kaum sichtbar sein; ein bloßer Abbruch. Sie kann aber auch hervorgehoben werden: der Rahmen um das Bild, die Schwelle am Haus, der Zaun um den Garten, der Fensterrahmen, die Fassung eines Ringes, die Hügelkette um eine Stadt herum, die Grenzmauern eines Landes, das Rahmenprogramm einer Messe oder einer großen Festveranstaltung. Und dieser Rahmen kann immer passend oder unpassend sein; kann das Schöne verschönern oder verunstalten.

So einen Rahmen gibt es auch immer bei der Meditation. Es gibt Rahmenlinien, die das meditierende Beten fördern und solche, die es stören. Ganz grob und anschaulich gesagt: Aus der Hetze eines Tages heraus gleich einen Bibeltext aufschlagen ist nicht sinnvoll. In einer unbequemen Kniebank hängen, bei der man mehr an die Schmerzen im Rücken denkt als an die Betrachtung – das ist kein sinnvoller Rahmen.

Im folgenden soll kurz dargestellt werden, was für Ignatius zum Rahmen meditierenden Betens gehört.

(2) Hinführung durch Gebetshinweise

Hier handelt es sich noch nicht um die eigentliche Meditation, sondern um deren Vorbereitung. An der Weise der Vorbereitung kann aber ihr Sinn deutlich werden. Der entscheidende Text, wie man solche Gebetshinweise oder „Betrachtungspunkte" geben soll, findet sich im zweiten Abschnitt der methodischen Vorbemerkungen zum Exerzitienbuch:

„Zweite Anweisung. Die Person, die einer anderen Weise und Ordnung für die Besinnung (*meditación*) oder Betrachtung (*contemplación*) vorlegt, muß die geschichtliche Tatsache (*historia*) für eine solche Betrachtung oder Besinnung wahrheitsgetreu erzählen, wobei sie die Punkte nur mit kurzer oder zusammenfassender (*sumaria*) Erklärung durchläuft (*discurriendo*); wenn nämlich die betrachtende Person die unverfälschte (wahre) Grundlage der Geschichte erfaßt, indem sie diese selbständig überdenkt (*discurriendo*) und Schlußfolgerungen zieht (*raciocinando*) und hierbei irgendeine Sache neu entdeckt, welche die Geschichte ein wenig mehr aufhellt oder verkosten (*sentir*) läßt – sei es durch das eigene verstandesmäßige Eindringen (*raciocinación propia*), sei es, daß das Verständnis durch göttliche Kraft erleuchtet wird –, so bietet dies mehr Geschmack und geistliche Frucht, als wenn der, der die Übungen gibt, den Sinn der Geschichte viel erklärt und ausgeweitet hätte; denn nicht das Vielwissen sättigt und befriedigt die Seele, sondern das Verspüren (sentir) und Verkosten (*gustar*) der Dinge von innen her (*internamente*)" (EB 2).

Dieser wichtigen Vorbemerkung kann man eine ganze Reihe wesentlicher Hinweise für die Gebetszeit entnehmen. Sie seien hier wenigstens kurz angedeutet:

● Eine Betrachtung kann man nur *selbst machen!* Der ironischen Frage: „Wo lassen Sie denken?" kann man noch einigen Sinn abgewinnen: Es gibt braintrusts, in denen man Probleme durchdenken, von Computern aufbereiten und verschiedene Lösungsmöglichkeiten erarbeiten lassen kann. Das Denken kann ein Stück weit „delegiert" werden. „Wo lassen sie meditieren?", ist von vornherein eine unsinnige Frage. Meditieren im eigentlichen Sinn kann man nur selbst. Sicher kann anfangs, wie das früher gelegentlich in klösterlichen Gemeinschaften der Fall war, das Vorlesen eines Betrachtungsbuches oder ein lautes Vormeditieren eine erste Hilfe sein, – die aber sehr schnell zu einer geistigen Gängelung werden kann, welche auf die eigene Seele störend, fast zerstörend wirken kann. Einen Apfel kann man in einem Labor chemisch untersuchen lassen; wenn man wissen will, wie er schmeckt, dann muß man ihn selber essen. Auch die vollkommenste Beschreibung kann das eigene Essen und Schmecken von Süßem und Saurem nicht ersetzen. – Und um das Schmecken geht es Ignatius; um das Verschmecken der geistlichen Frucht. Der Rahmen bereitet vor, gibt das Vorzeichen, die Einstimmung.

● Diesem *Verschmecken* soll die *Vorbereitung* dienen, die in einer kurzen und klaren Darlegung eines geistlichen Gehaltes besteht. Diese Darlegung soll – um im Bild vom Verkosten zu bleiben – so etwas sein wie das Anbieten eines Weines: Wer seinem Gast Wein anbieten will, wird zunächst eine Marke aussuchen, von der er annimmt, daß sie diesem schmeckt, ihm zuträglich ist und daß sie sich mit anderem, dem Fischgericht beispielsweise, gut verträgt. Der Gastgeber wird sorgen, daß der Wein die richtige Temperatur hat, damit der Geschmack besser zur Geltung kommen kann; er wird das Etikett erklären, das sagt, was für ein Wein das ist, wo er herkommt, was für ein Jahrgang es ist, welche Lage, und durch das Gütesiegel garantieren, daß es sich nicht um gepantschten Wein, sondern um eine echte Auslese handelt.

● Aber dann wird der Gastgeber anstoßen und nicht einen langen Vortrag halten, sondern den andern kosten lassen. Die Vorbereitung soll nicht das Trinken ersetzen, sondern darauf einstellen, dazu hinführen, die *Atmosphäre herstellen*, in der ein guter Wein besser schmeckt, als wenn man nur gierig den Korken ziehen und dann „Ex!" trinken würde.

Um weiter im Bild zu bleiben: Es geht darum, mundgerecht anzubieten, aber nicht vorzukauen! Schon die Größe des Schluckes und des Bissens von der geistlichen Frucht ist Sache dessen, der ißt und trinkt. Darum besteht Ignatius auch gar nicht darauf, daß eine bestimmte Anzahl von Punkten genommen wird:

„Obschon bei allen Betrachtungen eine gewisse Anzahl von Punkten vorgelegt wird, zum Beispiel drei oder fünf usw., so kann doch der Betrachtende mehr oder weniger Punkte festsetzen, je nachdem er sich dabei besser zurechtfindet" (EB 228).

Aus dieser angeführten Anweisung wird damit auch klar, daß eine Betrachtung *verschiedene Stufen und Dimensionen* hat: die Schlußfolgerungen, das Bedenken, die Besinnung zum Beispiel. Sie gleichen – um weiterhin im Bild zu bleiben – der Zerkleinerung des Bissens, dem Zusammenstellen mit anderen Speisen, dem Vergleichen, dem Zerbeißen und Zerkauen. Wer einmal ein Stück Brot lange gekaut hat, der hat gemerkt, wie sich der Geschmack im Lauf der Zeit ändert, wie er erst durchs lange Kauen seine verschiedenen Nuancen offenbart. Bei all dem geht es darum, daß man das Gute an seinem Geschmack erkennt; es geht um die innere Kenntnis der Dinge, nicht so sehr um den rationalen Informationsgehalt. Der soll in der theologischen Forschung und Besinnung gewonnen werden. In der Meditation geht es darum, das Gutsein zu erfahren, das sich im geistlichen Geschmack als gut erweist.

(3) Hinweise zur Einstimmung

Die nächste Bemerkung des Exerzitienbuches zum Rahmen betrifft die Zeit des Schlafengehens. Dazu sagt Ignatius:

„Nachdem ich mich niedergelegt habe und bereits einschlafen will, während der Dauer eines Ave Maria daran denken, zu welcher Stunde und mit welchem Ziel ich aufzustehen gedenke, indem ich die Übung, die ich zu machen habe, kurz durchgehe" (EB 73).

Durch diese Rahmenübung geschieht schon eine erste Voreinstellung. Sie ist ein erster Schritt auf einem langen Anweg. Es ist, wie wenn man auf einer weiten Wanderung am Abend nochmals auf die Stadt blickt, die vor einem liegt, vielleicht noch kaum ahnbar in der Ferne. Es ist wie das kurze Aufschauen zu einem Gipfel, den man am nächsten Tag ersteigen will; wie die Vergegenwärtigung der Route, die man gehen will; wie ein Stück „Vor-sehung", die vorbereitet, ohne völlig festzulegen: Der Weg wird seine eigenen

Geheimnisse nicht vorschnell preisgeben, aber er lockt schon aus der Ferne.

Auch der Morgen – bzw. die Nacht, wenn man nachts betrachtet – beginnt mit dem Blick auf den Weg, der vor einem liegt: „Wenn ich *erwache,* soll ich weder diesen noch jenen Gedanken Zutritt gestatten, sondern gleich meine Aufmerksamkeit auf das lenken, was ich in der ersten Übung um Mitternacht betrachten werde" (EB 74).

An dieser Stelle erwähnt dann Ignatius ein eigenes Mittel der *Einstimmung:* „Ich versetze mich in Bestürzung über meine so zahlreichen Sünden, wobei ich Vergleiche anstelle, wie zum Beispiel ein Edelmann vor seinem König und dessen ganzem Hofe schamerfüllt und verwirrt dastehen müßte, weil er den schwer beleidigt hat, von dem er früher so viele Gaben und so viele Gunsterweise empfing" (EB 74).

Für jede Phase der Exerzitien kann man sich auf entsprechende *Phantasiespiele* einlassen, die alle den einen Sinn haben, sich innerlich einzustimmen. Die Seele des Menschen funktioniert nicht wie ein Fernsehapparat, den man von einem Augenblick auf den anderen umschalten kann: im ersten Programm ein Horrorfilm, im zweiten eine Unterhaltungssendung mit einem Humoristen und im dritten vielleicht eine kirchliche Sendung über Probleme behinderter Menschen. Der Apparat verkraftet solches Umschalten ohne Schwierigkeit; für eine gesunde Seele aber sind solche abrupten Übergänge auf die Dauer nicht zu schaffen. Deshalb ist es wichtig, sich mit Bildern, Gedanken, Vergleichen, Vorüberlegungen einzustimmen.

Darum betont Ignatius für die Exerzitienphase, wo es darum geht, sich der Wahrheit – auch der Wahrheit der eigenen Sünde – zu stellen:

„Nicht an Dinge denken wollen, die Gefallen und Freude erwecken, wie an den Himmel, die Auferstehung usw.; denn um Pein, Schmerz und Tränen wegen unserer Sünden zu verspüren ist jegliche Erwägung der Freude und Fröhlichkeit hinderlich. Mir vielmehr vorhalten, daß ich in Schmerz sein und Pein verspüren will, und daher jeweils mehr den Tod und das Gericht ins Gedächtnis rufen" (EB 78).

Es ist klar, daß es wohl bloß ein Ausweichen wäre, wenn man in dieser Zeit Witze reißen würde – „nichts sagen, was zum Lachen reizt" (EB 80) – und daß es sinnvoll ist, wenn man die „Augen im Zaum" hält (EB 81) und nicht an Blumen und Bildern und anderen Menschen sich aufhält, sich erfreut, sich ablenkt von dem, was ansteht.

Auch die *Buße* (vgl. EB 82–85) ist in diesem Zusammenhang als „Rahmenprogramm", als „Rahmenhandlung" zu verstehen, als *Einstimmungshilfe* Allein das Erleben, wie man nervös wird, wenn man ein oder zwei Tage etwas weniger ißt, kann einem einiges zu Bewußtsein bringen: Man spürt, wie abhängig man in seinem Wohlverhalten von einem gewissen Wohlbefinden ist; oder was für eine große Gier in einem ist, die sich oft nur deshalb nicht meldet, weil sie gut angekettet ist, nicht weil sie gar nicht da wäre.

Für mich persönlich ist der Zahnarzt von Zeit zu Zeit eine solche „Einstimmung". Es wird mir daher deutlicher als sonst bewußt, was es bedeutet, daß es in vielen Ländern Menschen gibt, die vorsätzlich gequält werden, um zu Geständnissen erpreßt zu werden – während bei uns alles getan wird, um den Schmerz zu vermeiden oder klein zu halten.

Die spektakulärste Bemerkung zum Rahmen im buchstäblichen Sinn, d. h. die anschaulichste, an dem das Beten sich ereignet, findet sich gleich dreimal im Exerzitienbuch; *die Einbeziehung des Wetters:* „Helligkeit und Annehmlichkeiten der Jahreszeiten benützen, so im Frühling und Sommer die erfrischende Kühle, im Winter Sonnenschein oder Wärme des Feuers, soweit die Seele meint oder vermutet, es könne ihr dienen, um sich in ihrem Schöpfer und Erlöser zu erfreuen" (EB 229).

So konkret und leiblich geschieht Geistliches: den Schatten aufsuchen oder die Wärme – das macht etwas aus für das Erleben und Beten „ ... der, welcher sich übt, soll den Geheimnissen entsprechend sich verhalten, die er betrachtet; denn einige verlangen Buße, andere nicht. Auf diese Weise sollen alle zehn Zusätze mit großer Sorgfalt beobachtet werden" (EB 130).

Wie sinnvoll die Aufmerksamkeit auf den Rahmen ist, weiß einer, wenn er etwa einen herrlichen Morgen mit taufrischen Gräsern, einer lachenden Sonne und jubilierenden Lerchen erlebt, – wie soll man sich da, in einem solchen Rahmen, auf eine Betrachtung über das Leid, die Sünde einlassen? Darum rät Ignatius auch bei den Sündenbetrachtungen: „Zum selben Zweck verzichte ich auf die volle Helligkeit, indem ich Fenster und Türen für die Zeit, in der ich mich im Zimmer aufhalte, schließe …" (EB 79).

Das einfache, konkrete Einstimmen auf verschiedenste Weise kann dazu helfen, daß ein entsprechender Rahmen hergestellt wird, in dem dann das Meditationsbild zur Entfaltung kommen kann.

Wie kann es nun konkret aussehen, sich auf solche Rahmenhandlungen einzulassen? Es soll genügen, dies mit einigen Stichworten anzudeuten. Es kann heißen: sich eine Gebetsecke herrichten, ein passendes Bild irgendwo aufhängen, eine Pfeife rauchen, eine Kerze anzünden, das Zimmer etwas aufräumen, den tickenden Wecker ins andere Zimmer stellen, eine bestimmte Musik hören, sich in eine Kirche am Weg setzen, ein wenig aus dem Fenster schauen, das Telefon in ein anderes Zimmer bringen, andern mitteilen, daß man die nächste halbe Stunde nicht gestört werden möchte, sich eine Meditationsuhr stellen, um sich den wiederholten Blick auf eine Armbanduhr zu sparen, im helfenden Rahmen einer Gemeinschaft meditieren usw. usw. Der Phantasie sind keine Grenzen gesetzt: einfach tun, was „die Seele meint oder vermutet, es könne ihr dienlich sein" (EB 229).

Der Gang durch die Gebetszeit

(1) Vergegenwärtigung des eigenen Lebens im Angesicht Gottes

Was bisher vorgestellt wurde, lag alles außerhalb der ausdrücklichen und abgegrenzten Gebetszeit. Für den Beginn der ausdrücklichen Gebetszeit gibt Ignatius folgenden Hinweis:

„Einen oder zwei Schritte vor der Stelle, an der ich die Kontemplation (Betrachtung) oder Meditation (Besinnung) zu halten gedenke, will ich mich während der Dauer von einem Vaterunser
aufrecht hinstellen, den Geist nach oben gerichtet, und erwägen,
wie Gott unser Herr mich anschaut usw., und einen Akt der Ehrfurcht und Verdemütigung setzen" (EB 75).

In der ganzen geistlichen Tradition wird es als Anfang,
Mitte und Ende allen Betens angesehen, in der Gegenwart
Gottes zu sein, im Bewußtsein Seiner Gegenwart zu leben.
In der alttestamentlichen Geschichte vom Traum Jakobs
von der Himmelsleiter kommt das Aufwachen aus einem
bewußtlosen Leben in der Gegenwart Gottes so zum Ausdruck: „Jakob erwachte aus seinem Schlafe und sprach:
,Fürwahr, der Herr ist an diesem Ort, und ich wußte es
nicht!' Er ängstigte sich und sprach: ,Wie schauerlich ist
doch dieser Ort! Hier ist nichts anderes als Gottes Haus;
und hier ist des Himmels Pforte!'" (Gen 28,16–17).

Sich in die Gegenwart Gottes versetzen heißt, sich aus dem
Schlaf aufwecken zu lassen. Aber „wie kann dies geschehen?" Es ist schon geschehen! „Wenn ihr betet, dann
glaubt, daß ihr schon empfangen habt", sagt uns Jesus als
grundlegende Gebetsanweisung (Mk 11,24).
    Sich in die Gegenwart Gottes versetzen kann darum hei-
ßen: sich kurz an ein religiöses *Ereignis* des eigenen Lebens
erinnern, in dem einem Gott schon nahegekommen ist;
kann heißen, sich an eine Gotteserfahrung, eine Gottesah-
nung, eine Gottessehnsucht (auch in ihr ist Gott anwesend)
erinnern. Für manchen kann diese Erinnerung ein leises,
tragendes, unvergeßliches Grundgespür sein; für jemand
anders eine exakt angebbare Stunde: für Pascal etwa, der
den Tag und das Gottesfeuer in sich notiert und einen Zet-
tel als Memorial, als Erinnerung an das Unvergeßliche in
seinem Rock einnäht; oder für André Frossard der Besuch
in einer Kapelle, die er als Ungläubiger betritt und von der
Gnade überströmt als Katholik verläßt.
    Sich in die Gegenwart Gottes versetzen kann heißen, sich
an eine Weise dieser Nähe, an eine *„Eigenschaft Gottes"* zu

erinnern: an die liebevolle Sorge und Vorsehung Gottes. Jemand erzählte mir einmal: „Mit fünf Jahren betrachtet ich eine kleine Raupe, die auf dem Boden herumkroch. Da kam mir der Gedanke: Und für diese Raupe sorgt sich Gott. Wie muß er sich da um mich sorgen. – Ich habe nie mehr, auch in meinem ganzen Ordensleben nicht mehr, eine solche tiefe religiöse Erfahrung gemacht. Sie hat mich mein ganzes Leben getragen!"

Sich in die Gegenwart Gottes versetzen kann heißen, sich intensiv an eine *Aussage des Glaubens erinnern* wie z. B. an das Wort Jesu: „Wer mich liebt, wird mein Wort festhalten; mein Vater wird ihn lieben, und wir werden zu ihm kommen und bei ihm wohnen" (Joh 14,23), oder: „Wer mein Fleisch ißt und mein Blut trinkt, der bleibt in mir und ich bleibe in ihm" (Joh 6,56), oder: „In ihm leben wir, bewegen wir uns und sind wir" (Apg 17,28). Es sich zu Bewußtsein kommen lassen, daß wir, daß unser Leib „Tempel Gottes", „Wohnung des Heiligen Geistes" ist, kann dem Betenden zu Bewußtsein bringen, daß Gott, „keinem von uns fern ist" (Apg 17,27).

Was Ignatius Gegenstand einer ganzen Betrachtung sein läßt, kann auch Beginn des betrachtenden Gebetes sein: Die „Betrachtung zur Erlangung der Liebe" ist eine einzige Vergegenwärtigung der Gegenwart Gottes in allem: „Betrachten, wie Gott in den Geschöpfen wohnt ... und wie er auch in mir wohnt ..." (EB 235); „Erwägen, wie Gott um meinetwillen in allen geschaffenen Dingen auf dem Angesicht der Erde arbeitet und sich müht ..." (EB 236).

Diese Einstimmung kann manchmal übergreifen auf das innere Fühlen, muß dies aber nicht tun. Gefühle dürfen nicht produziert werden, wenn nicht eine künstliche, unwahre religiöse Atmosphäre entstehen soll. Es geht immer „nur" um die Vorbereitung einer Ankunft, die selbst Gnade, d. h. Geschenk der Freiheit ist.

Eine Weise der Vergegenwärtigung, die ganz auf der Erde ansetzt, kann sein, daß man *sich des Raumes bewußt wird,* in dem man betet: Wo sitze ich? In welchem Zimmer?

In welcher Stadt, in welcher Gegend, welchem Land, welchem Erdteil, auf was für einem Planeten, mitten im All? Die Welt überschaubar machen wie der kleine Prinz auf seinem Planeten, der die Rundung seiner kleinen Welt unter den Fußsohlen spüren kann. Und wie man sich die Geographie der Erde vorstellt, so auch die Landkarte der menschlichen Freuden und Leiden: Ignatius hat auch dafür eine eigene Betrachtung angesetzt (in der Betrachtung von der Menschwerdung, EB 101–109), wo er den Exerzitanten die ganze Welt überschauen läßt. Aber auch diese ganze Betrachtung kann in einem kurzen, ruhigen Überblick als Einstimmung in das Beten dienen: Eine solche Weise der Einstimmung kann helfen, aus der Enge des eigenen, kleinen Bewußtseins leichter in die Weite der Geschichte und des Kosmos hinauszufinden und sich zu öffnen für das Einströmen der großen, alles übersteigenden Wirklichkeit der göttlichen Gnade.

(2) Eine hilfreiche Haltung einnehmen

Was Ignatius zur Haltung sagt, ist wieder einmal „typisch Ignatius", d. h. er rät sehr schlicht, die Haltung einzunehmen, die einem am meisten bei dem hilft, was man sucht!

„Die Betrachtung (*contemplación*) beginnen, sei es kniend oder ausgestreckt auf die Erde, sei es liegend, mit dem Blick nach oben, oder sitzend oder stehend, immer mit der Absicht, das zu suchen, was ich begehre, ... soll ich nicht zu etwas weiterem übergehen; und wenn auf die Erde ausgestreckt ebenso, usw ..." (EB 76).

Einfacher und freier geht die Anweisung wohl nicht: Suche die Haltung auf, welche dir am meisten hilft! Was läßt sich über diese kurzen Aussagen hinaus sagen, um das Verständnis für die Haltung und deren Wirkung wenigstens ein bißchen breiter anzudeuten?

Zunächst ist an die geläufige Erfahrung zu erinnern, daß die *äußere Haltung Ausdruck einer inneren Haltung* ist: Innere Verkrampfung drückt sich in einer äußeren Verspanntheit aus: Freiheit und Gelassenheit in einem lockeren, freien Gang, Überlastung in einer müden, buckligen Haltung usw. Natürlich lassen sich da keine einfachen Gleichungen aufstellen, aber die Richtung ist klar: Äußere Haltung und innere Haltung stehen in einem Zusammenhang.

Wenn jemand am Boden liegt, so kann dies ausdrücken: Müdigkeit, sich vertrauensvoll überlassen, ausruhen, sich unterwerfen. Nicht von ungefähr wird bei der Priesterweihe die alte Form der „prostratio" als Haltung gewählt: Während der Allerheiligenlitanei liegen die Kandidaten ausgestreckt auf dem Boden, mit dem Gesicht der Erde zugewandt. Es ist dies die Haltung, in der man am meisten ausgeliefert ist: Man ist am wenigsten sprungbereit, abwehrbereit, aktionsbereit, und verzichtet sogar darauf, sich beobachtend zur Umgebung zu verhalten.

Ein anderer Ausdruck ist das Stehen: Für Ignatius, den Offizier, war es Ausdruck der Ehrenwache, als er im Marienheiligtum auf dem Montserrat die Nacht hindurch wachte. Stehen ist die Haltung der größten Bereitschaft zum schnellen Reagieren: Man ist da und hört, nimmt wahr und ist bereit, ohne weiteres in eine Reaktion auf das Gehörte überzugehen.

Auch all die anderen Haltungen des ganzen Körpers oder auch nur einzelner Glieder wie der Arme und Hände drücken je Verschiedenes aus.

Wer dafür ein waches Gespür bekommen will, tut gut daran, eine ganze Zeit lang *verschiedene Haltungen auszuprobieren*. Eine, von der man selten hört, sei besonders vorgestellt: das *Anlehnen*. Eines Tages fiel mir auf: Seltsam, daß man von allen möglichen Gebetshaltungen spricht, aber nie vom Anlehnen. Und doch ist das Anlehnen eine Haltung mit einer ganz eigenen Aussagekraft. Was sagt das Anlehnen? Es sagt auf jeden Fall aus, daß jemand müde ist. Müde wie die Bauern, die früher gelegentlich unter der Haustür standen am Abend, angelehnt an den Türrahmen oder die Mauer und mit verschränkten Armen sich noch ein wenig unterhielten oder einfach vor sich hin schauten.

Wer anlehnt, drückt aus, daß er ein „Anlehnungsbedürfnis" hat und dem nachgibt. Er drückt aus: Ich bin müde, ich muß ein wenig ausruhen, dann geht's wieder weiter. Das Anlehnen kann sagen: Ich bin so müde, daß ich mich lieber gar nicht hinlege, sonst schlafe ich gleich ein. Oder: Ich bin schon müde, aber doch nicht so erschöpft, daß ich unbedingt hinliegen muß. Eine kleine Schnaufpause, dann geht's schon wieder weiter!

Wie kann diese „Einübung ins Anlehnen" aussehen? Einfach! Daß man sich zunächst – oder die ganze Zeit über – an eine Mauer anlehnt oder an einen Baum; mit dem Rükken oder der Seele; und dann dieses Anlehnen auskostet; spürt, daß es gut ist, sich anzulehnen.

Dann kann man sich jemanden vorstellen, der im eigenen Leben für einen Halt bedeutet hat oder augenblicklich bedeutet. Einen Menschen, an den man sich wirklich, körperlich, angelehnt hat oder ebenso wirklich in einem geistigen Sinn. Es gibt solche Menschen im eigenen Leben, die für einen Halt und Möglichkeit zum Ausruhen und Schöpfen neuer Kraft bedeuten.

Man kann sich dann weiterhin innerlich Jesus vorstellen. Er hat sich selber als Halt verstanden. Er hat gesagt, daß alle, die mühselig und beladen sind, zu ihm kommen sollten, um sich auszuruhen. Er hat Kinder in die Arme genommen und Johannes an seiner Brust ruhen lassen. Lädt der Auferstandene nicht jeden Glaubenden ein, die Stellung von Johannes einzunehmen?! Anzulehnen und auszuruhen und neue Kraft zu schöpfen!

Eine andere Weise, die Bedeutung einer Haltung zu erspüren, kann sein, daß man *sich der Bewegung überläßt:* daß man versucht, Gefühle durch Bewegungen auszudrücken: Ärger, Wut, Freude, Traurigkeit usw. Oder man kann sich am Ende eines Tages den Bewegungen im Tanz überlassen, der am meisten dem inneren Bedürfnis entspricht.

Wer sich solcher Bewegung überläßt, der verspürt dann auch deutlicher, was das Stillehalten bedeutet, das unbewegliche Dasein in einer einmal gewählten Haltung. Auch dies kann eine Weise der Einübung und Erfahrung der Auswirkung einer Haltung sein. Man spürt aufmerksam nur zu der *ruhigen, unveränderten Haltung* hin, die man gewählt hat und die man auch nicht ändert, wenn sie etwas unbequem wird oder es einen juckt. Die Aufmerksamkeit auf diese Stille kann sich dann auch auf den Geist auswirken.

Auch das *Aushalten des Unbequemen* kann Hilfe dafür sein, eine Wirklichkeit, eine Wahrheit deutlicher zu erspüren. Bei einem Zenkurs war eine Teilnehmerin versucht, ihre Stellung zu wechseln, weil ihr die Beine sehr schmerzten. Nachher sagte der Meister zu ihr: „Sie können natürlich dieses Problem mit den schmerzenden Beinen leicht beseitigen, wenn Sie die Stellung wechseln. Aber was machen Sie eigentlich mit den Problemen in Ihrem Leben, die sich nicht ändern lassen?" Manchem mag die Antwort auf diese Frage leicht fallen. Klar, ich konzentriere meine Aufmerksamkeit und Energie nur auf das, was ich ändern kann. Das andere wird und muß für sich selber sorgen. Nur, lebe ich mit dieser Haltung nicht an vielem, vielleicht am Entscheidenden des Lebens vorbei? Gibt es nicht vieles, das nicht oder noch nicht zu ändern ist? Die Grenzen eines Charakters, einer Zeitepoche und schließlich der eigene Tod. Und ist es nicht kurzschlüssig, nur die Änderung der Stellung – evtl. auch einer beruflichen Stellung oder einer sonstigen Position – selber aktiv vorzunehmen, statt unter Umständen die innere Einstellung zu ändern? Kann es nicht so sein und ist es nicht auch tatsächlich oft so, daß wir selber mehr durch das verändert werden, was wir nicht ändern können, aber doch bewußt wahrnehmen und aushalten, als durch das, was wir selber aktiv verändern?

Genügt es nicht beispielsweise schon, wenn man eine Zeitlang ans Bett gefesselt und in einen Gipsverband eingeschnürt ist, um besser erspüren zu können, was es für einen Menschen bedeutet, wenn er lange, vielleicht sein ganzes Leben lang gelähmt ist? Können wir das Ungemach anderer nicht dadurch besser verstehen lernen, daß wir es auch körperlich eine Zeitlang teilen? Das Wort „Ungemach" wurde mit Bedacht gewählt. Von seiner frühen Bedeutung her kann es einen Aufschluß geben zur Frage der Wirklichkeitserfahrung durch Haltung. Das Ungemach war früher ein kleiner Raum, der als Ort der Bestrafung hergerichtet war. Die Raummaße waren dabei so gewählt, daß man weder aufrecht stehen noch sitzen und die Füße ausstrecken noch sonst eine andere natürliche Haltung einnehmen konnte. So etwas wie die „Tigerkäfige", die auch heute noch von den Folterern unserer Zeit für ihre Opfer benützt werden. Wer ein solches „Ungemach" oder irgendein Ungemach auf sich nimmt, der erspürt mehr, was Unrecht, Gewaltanwendung, Schmerz und Mühsal bedeuten und wie die Erde auch als ein „Jammertal" erfahren werden kann.

Dieses Ungemach, und zwar nicht nur ein irdisches, sondern ein geradezu höllisches, erfuhr Theresia einmal unter dem Bild und in der seelischen Erfahrung der völligen Bewegungslosigkeit. Hier zeigt sich auch die Zweideutigkeit einer Haltung. Sie kann Todesstarre sein oder seliges Ausruhen, Bereitschaft zur Flucht oder zur schnellen Reaktion auf eine Bitte, Bequemlichkeit oder vertrauensvolles Sichüberlassen. Äußere Haltung kann Ausdruck innerer Haltung sein. Und innere Haltung kann Ausfluß aus der Verbindung mit einem letzten Halt oder Sturz sein.

Es ist Überzeugung des Glaubens, daß der Mensch gerettet wird, wenn er sich beharrlich *an den großen Halt seines Lebens hält,* so wie Abraham, der sich an „die Rechte des Herrn gehalten hat" (Gen 26,5). Wo die äußere Haltung Ausdruck des inneren, geistlichen Innehaltens wird, des Einhalts auf dem Fluchtweg in die Zerstreuung, dort kann auch die Verherrlichung Gottes im Leib geschehen, wie Paulus sie gesehen hat: „Wißt ihr nicht, daß euer Leib ein Tempel des Heiligen Geistes ist, der in euch wohnt und den ihr von Gott habt? Ihr seid nicht euer Eigentum; denn für Lösegeld seid ihr freigekauft worden. Verherrlicht also Gott in eurem Leib!" (1 Kor 6,19–20).

Losgekauft aus dem „Ungemach", zur Freiheit befreit, darf sich die Erlösung in der Gelöstheit des Leibes bekunden – und ebenso auch teilhaben an den Leiden Christi, an den Leiden des Apostels, der sich abmüht auf den manchmal mühsamen Wegen der Verkündigung.

(3) Das Vorbereitungsgebet

Der Weg der ignatianischen Gebetszeit geht weiter mit dem Vorbereitungsgebet. „Von Gott unserem Herrn die Gnade erbitten, daß alle meine Absichten, Handlungen und Beschäftigungen rein auf den Dienst und das Lob seiner göttlichen Majestät geordnet seien" (EB 46).

Außer diesem Hinweis findet sich zum vorbereitenden Gebet nur noch des öfteren die Bemerkung: „Das Vorbereitungsgebet sei das gewöhnliche!" Die Häufigkeit dieser Bemerkung spricht freilich auch eine klare Sprache.

Ignatius empfiehlt also am Beginn der Betrachtungen ein immer gleichbleibendes Gebet. Auch dieses Gebet hat die Aufgabe der Vorbereitung, der Einstimmung. In ihm drückt Ignatius aus, worauf es ihm eigentlich ankommt, was er in jedem Gebet sucht: die Ausrichtung seiner Existenz auf Gott hin: „Alles zur größeren Ehre Gottes." Hier formuliert sich nicht die besondere Bitte einer Stunde oder eines Tages. Dieses Vorbereitungsgebet ist das Grundgebet eines individuellen Lebens, so wie das Credo oder das Vaterunser Grundgebete der ganzen Kirche sind.

Für Charles de Foucauld war wohl sein Gebet zum Vater so ein ständig wiederholtes Grundgebet:

> „Mein Vater,
> Ich überlasse mich Dir ganz und gar,
> tue mit mir, was Dir gefällt.
> Was immer du mit mir tust, ich danke Dir.
> Ich bin zu allem bereit, ich nehme alles hin,
> wenn nur Dein Wille sich in mir erfüllt
> und in allen Deinen Geschöpfen.
> Ich wünsche nichts anderes, mein Gott.
> Ich lege meine Seele in Deine Hände.

Ich schenke sie Dir, mein Gott,
mit der ganzen Liebe meines Herzens,
weil ich Dich liebe und es mich aus Liebe
danach verlangt, mich zu geben;
mich in Deine Hände zu geben; ohne Maßen;
mit unendlichem Vertrauen,
denn Du bist mein Vater."

Auch ein besinnlicher Gebetsruf von Augustinus aus seinen „Bekenntnissen" hat etwas von einem Vorbereitungsgebet an sich:

„Ich rufe Dich an, ‚mein Gott, mein Erbarmen', der Du mich erschaffen und meiner, da ich Dein vergaß, nicht vergessen hast. Ich rufe Dich herein in meine Seele, die Du bereitest, Dich aufzunehmen durch die Sehnsucht, die Du ihr einhauchst: nun, ich rufe nach Dir, laß mich nicht ohne Dich, der Du schon gekommen warst, eh, ich rief, und wieder und wieder mich drängtest mit Deinem Rufen mannigfach, daß ich es hören solle von ferne, mich umwenden, rufen nach Dir, der mich rief."

Der letzte Teil des Gebetes zeigt die Verwurzelung in der persönlichen Bekehrungsgeschichte von Augustinus, der erste Teil jedoch kann als Grundgebet verstanden werden, in dem der Mensch danach ruft, daß Gott in ihm Wohnung nehmen möge.

Der wiederholte Hinweis, daß das Vorbereitungsgebet immer dasselbe sein solle, muß nochmals eigens aufgegriffen werden. Was will er besagen? Worauf will er hinweisen? – Wohl auf die Tatsache, daß ein solches immer gleichbleibendes Gebet zu Beginn besonders geeignet ist, sich einzustimmen. Die Wiederholung kann die Sammlung, das Abschalten vom Vielerlei bzw. die Öffnung zur Mitte und Tiefe hin psychologisch erleichtern. Man kann so ein Gebet auch auffassen wie eine Erkennungsmelodie für eine feste Sendereihe im Radio oder Fernsehen, etwa das strahlende *Tedeum* von Charpentier zu Beginn von Eurovisionssendungen. Wenn man sie hört, ist man eingestimmt auf ein

Ereignis, das europaweit übertragen wird. Das Vorbereitungsgebet soll dazu helfen, sich auf eine weltweite, kosmosweite, gottweite „Ausstrahlung" und „Sendung" und ein existenzweites „Empfangen" einzustimmen.

(4) Erinnerung an die Gestalt der Geschichte

Dieser kleine Schritt auf dem Weg in die Betrachtung hinein, der in den Anleitungen des Exerzitienbuches an mehreren Stellen als erste Vorübung auftaucht, z. B. bei der Besinnung über die zwei Banner (EB 137), über die drei Menschengruppen (EB 150) und bei den Betrachtungen über das Leben Jesu, läßt sich vielleicht am besten mit dem Hinweis auf eine Fernsehsendung erklären: Die Punkte oder Hinweise für die Betrachtung im voraus entsprächen der Vorbesprechung einer Sendung in der Programmzeitschrift, die immer wiederkehrende Erkennungsmelodie einer Sendereihe dem Vorbereitungsgebet, die erste Vorübung dagegen der Ansage der jeweils besonderen Sendung. Dies bedeutet: Es geht hier um eine kurze Vergegenwärtigung der „Story", der Geschichte, die man erwartet und auf die man sich einlassen will.

Der Vorgang ist kurz und bietet das Wesentliche: „Die erste Vorübung ist der geschichtliche Vorgang (historia), hier also – wie Christus alle unter sein Banner ruft und herbeiwünscht; und Luzifer im Gegenteil unter das seine" (EB 137).

Es ist klar, daß dieser Vorgang manchmal nur ein paar Sekunden dauern wird, vor allem, wenn die innere Einstellung schon durch die Gebetshinweise und durch die Sammlung am Abend und am Morgen vor dem Gebet geschehen ist. Es mag etwas länger dauern, wenn man dazu vorher nicht die Zeit gefunden hat. Diese Vorübung ist nichts anderes als ein weiterer kleiner Schritt der „Engführung" auf das hin, was man sucht.

(5) Die Vorstellung des Ortes

Die Vorstellung des Ortes ist eine weitere Vorübung, die Ignatius häufig empfiehlt. Es ist dies so etwas wie das Herstellen der Bühne, auf der nachher ein Drama stattfinden soll. Die Kulissen werden aufgebaut. So etwa bei der Betrachtung des Abendmahles:

„... der Aufbau des Schauplatzes! Hier also den Weg von Bethanien nach Jerusalem erwägen (*considerar*), ob er breit, ob eng, ob er eben ist und so fort; ebenso den Ort des Abendmahles, ob er geräumig, ob er klein ist, ob er dieses oder jenes Aussehen hat" (EB 192).

Zweierlei mag an diesem Text auffallen: einmal, daß Ignatius hier die Phantasie nicht eindeutig festlegt, und zum anderen, daß es etwas ausmacht, wie man sich den Raum vorstellt. Es macht einen Unterschied, ob man sich ein enges Gäßchen oder eine breite Straße vorstellt, ein einfaches Zimmer oder einen großartigen Raum. Die Atmosphäre ist verschieden. Orte können den Betrachter durch ihre bestimmte Atmosphäre gefangennehmen und in ihm eine bestimmte Stimmung entstehen lassen: ein Gebirgszug – eine Halliginsel – die Verkehrsinsel einer Großstadt – eine Gefängniszelle – ein Luxusappartement – die Wüste – tropischer Urwald – ein Stall – eine Futterkrippe – ein Himmelbett – grüne und saftige Wiesen – schneebedeckte Weiten – ein moderner Büroraum – eine alte Schwarzwaldhütte – ein Kachelofen aus dem letzten Jahrhundert – eine vollklimatisierte Flughafenhalle ... dies alles sind ganz verschiedene Vorstellungen von Orten, und man kann schon beim langsamen Lesen spüren, welch unterschiedliche Ausstrahlung und Stimmung von solchen Vorstellungen ausgeht. Darum geht es Ignatius, nicht um den Ort als solchen, nicht um die bloße Dokumentation, sondern um den Ort als Raum des Menschen und darum als Ort mit Bedeutsamkeit.

Die Vorstellung des Ortes vollzieht in der Vorstellungskraft die Wahrheit nach, daß der Mensch situiert ist, daß er einen Lebensraum hat. Alles andere wäre eine Abstraktion. Inkarnation kann nur nachvollzogen werden, indem man „das gewaltige Fassungsvermögen (*capacidad*) und das weite Erdenrund, auf dem so viele und so verschiedenartige Völker wohnen", sowie „das Haus und die Gemächer Unserer Herrin in der Stadt Nazareth in der Provinz Galiläa" (EB 103) schaut. Sicher geht es hierbei nicht um eine genaue Fixierung – der Buchstabe tötet –, und doch wird durch die Anschauung des Ortes für manchen Israelfahrer etwa das Verhältnis zur Heiligen Schrift neu belebt, so wie ja auch für Ignatius die Begegnung mit den heiligen Stätten ein tiefes Erlebnis war. Wieviel bedeuten für Kinder doch die Weihnachtskrippen! Und wie bedeutsam ist es, „den Ort oder die Höhle der Geburt" zu schauen, „wie geräumig, wie eng, wie niedrig, wie hoch und wie sie eingerichtet war" (EB 112). Es macht einen Unterschied aus, ob jemand in einem Palast oder irgendwo am Straßenrand geboren wird. Der Ort sagt nicht nur etwas über sich selber aus, sondern über die Menschen an diesem Ort. So wie die Baracke in einem Elendsviertel oder die Essensreste nach einer Luxusparty über einen Menschen und sein Leben etwas sagen. – Besonders deutlich wird diese Vorstellung des Ortes bei Ignatius etwa in der Besinnung über die zwei Banner.[10]

„Sich bildlich vorstellen (*imaginar*), wie sich der Anführer aller Feinde in jenem weiten Feldlager von Babylon auf einem großmächtigen Thron aus Feuer und Rauch niederläßt, in einer schreckenerregenden und abscheulichen Gestalt" (EB 140). – „Entsprechend als Gegensatz soll man sich bildlich vorstellen den höchsten und wahren Befehlshaber, welcher ist Christus unser Herr ... erwägen (*considerar*), wie Christus unser Herr sich in einem großen Feldlager in jener Gegend von Jerusalem an einen bescheidenen Platz begibt, schön und liebenswürdig" (EB 143–144).

---

[10] Im Zusammenhang dieser Übung allerdings bereits als „erster Punkt" des „ersten" bzw. des „zweiten Teils" aufgeführt (EB 140 und 143–144), weil hier schon die Personen mit in den Blick genommen werden.

Wer ist da liebenswürdig? Christus? Der Ort? Der Ort als Spiegel Christi? Der Ort, den Christus sich aussucht und ihn dadurch zum „heiligen Ort" macht? – So gesehen ist das Schauen auf den Ort eine Vorstufe dafür, daß ein Ort zu einem „theologischen Ort" werden kann. „Der Berg" – das ist für ein israelitisches Ohr schon eine theologische Aussage, ein Vorzeichen, das etwas Wichtiges ankündigt: der Sinai des Mose, der Berg Moria, auf dem Gott auf Abraham schaut, der heilige Zionsberg Jerusalems, der Berg der Verklärung, der Berg der Kreuzigung – heilige Orte; Orte, an denen Heiligung geschieht.

Wenn man sich so innerlich schauend auf einen Ort einläßt, kann Vorbereitung. Einstimmung geschehen. Und Sammlung. Wenn die Phantasie ein stückweit bewußt gebunden wird, dann schweift sie nicht so leicht ab, was hilft, den Raum abzugrenzen, in dem man sich auf die Suche macht. Wahrscheinlich versteht niemand so gut wie der Kulissenmaler eines Theaters diese Vorübung. Er muß den Raum so aufbauen, daß dieser die Aussage des jeweiligen Stückes unterstreicht und unterstützt.

● Wer sich in diese Einstimmung *einüben* will, kann dies auf verschiedene Weise tun: zunächst einmal sich einfach verschiedene Orte länger *vorstellen* und ihrer unterschiedlichen Wirkung auf sich *nachspüren*: den Ort des „Ungemachs", eine Frühlingswiese, eine wilde Schlucht, einen gewaltigen Berg, die unendliche Weite des Meeres, den Sternenhimmel, zu dem Ignatius immer wieder staunend aufblickte. Wichtig ist dabei, daß man nach dem Schauen aufmerksam der Auswirkung in sich nachspürt.

● Man kann auch hingehen und sich *ganz konkrete Orte* vorstellen: ein Krankenhaus, einen Operationssaal, ein Gerichtsgebäude, die eigene Wohnung, eine Fabrikhalle, ein Wochenendhäuschen, ein Raumschiff, ein Gefängnis, einen Spielplatz, einen Wolkenkratzer usw. – und auch hier wieder nachspüren, wie sich dieses Schauen auf einen auswirkt.

● Eine andere Weise der Einübung kann sein, daß man einen ganzen *Spaziergang* macht durch verschiedene Landschaften und an einzelnen Orten verweilt und ihre Atmosphäre auskostet.

Ebenso könnte eine Weise der Einübung sein, sich eine Zeitlang *biblische Orte* vorzustellen: das Chaos am Anfang der Schöpfung; den heiligen Ort, an dem Jakob schläft; die Arche Noah; den Fischbauch, in dem Jona ist; die Löwengrube Daniels; den Feuerofen der drei Jünglinge; den Geburtsort Jesu; den Tempelplatz; den Ölberg; den Ort der Einsamkeit; den Kreuzigungsort; das Grab. Hier ginge es darum, den oft sparsamen Hinweisen der Evangelisten auf bestimmte Orte mehr Raum zu geben. Sie sind trotz der Knappheit oft bedeutsamer, als wir vielleicht meinen. Ähnlich wie die Zeitangaben bei Johannes: „Es war aber Nacht" – als Judas hinausging (Joh 13,30).

● Eine andere Weise der Vorstellung des Ortes ist mehr *symbolischer, allegorischer* Art. Ignatius erklärt sie bei den Sündenbetrachtungen:

„Bei der Betrachtung über einen unsichtbaren Stoff, wie z. B. hier über die Sünden, besteht der Aufbau des Schauplatzes darin, mit der Schau der Einbildungskraft zu sehen und zu betrachten, wie meine Seele in diesem verweslichen Leib eingekerkert ist und beide zusammen als ein Ganzes in diesem Erdental wie verbannt sind unter vernunftlosen Tieren; ich sage ausdrücklich: beide zusammen als Ganzes aus Leib und Seele" (EB 47).

Auch diese Weise der Vorstellung ist ein fast alltäglicher Vorgang, der auf verschiedenen Gebieten eingesetzt wird, z. B. der Didaktik (wenn sie etwa mit Schautafeln arbeitet), besonders der Karrikatur und der bildenden Kunst überhaupt. Ich denke da beispielsweise an ein Plakat mit der ironisch gemeinten Überschrift: ‚Ordnung muß sein'. Darauf abgebildet ist eine Pyramide – sie erinnert sofort an die Arbeit beim Bau der ägyptischen Pyramiden –, die aus lauter Menschen besteht. Je näher die Menschen an der Basis sind, um so mehr sind es, um so mehr müssen sie schuften, um so mehr drückt die Last der anderen auf ihnen. Je mehr es nach oben geht, um so angenehmer ist die Situation.

Diese bittere Karrikatur ist gemeint als Darstellung der Situation der Ungerechtigkeit in unserer Welt. Sie ist bildhafte Zusammenfassung und zugleich Vereinfachung einer komplizierten Wirklichkeit. So wie ein Begriff (z. B. Ungerechtigkeit) die Abstraktion aus vielen einzelnen Situationen ist (eben des Unrechts), so kann ein solches Bild viele Einzelereignisse als eine Grundsituation zusammenfassend darstellen: die Menschen im Zustand der Ungerechtigkeit.

Im obigen Beispiel aus dem Exerzitienbuch verdichtet sich der gemeinte Zustand in dem Bild von Eingeschlossensein in einem Zoo unvernünftiger Tiere oder in einem Gefängnis. Derselbe imaginative Vorgang kann sich aber im Blick auf die verschiedensten Lebensthemen vollziehen. Wer sich im Malen ausdrücken kann, für den kann es ein Schritt der Einübung sein, daß er Bilder für sich und seine Lebens- und Glaubenssituation zu malen versucht. Es kann aber auch genügen, einen anschaulichen Vergleich zu finden und den dann innerlich festzuhalten und anzuschauen. Vergleichbares geschieht oft in den Psalmen, etwa wenn der Psalmist von den Frevlern spricht, die ihn bedrängen: „Sie lauern mir auf, jetzt kreisen sie mich ein; sie trachten danach, mich zu Boden zu strecken, so wie der Löwe voll Gier ist zu zerreißen; wie der junge Löwe, der im Hinterhalt lauert!" Auch dies ist ein Bild für den Menschen, der sich zu Unrecht verfolgt sieht und an der Sünde leidet.

In einer der österlichen Erscheinungsgeschichten wird erzählt: „Auf einmal trat ihnen Jesus in den Weg und sagte: Seid gegrüßt! Sie gingen auf ihn zu, warfen sich vor ihm nieder und umfaßten seine Füße. Da sagte Jesus zu ihnen: Fürchtet euch nicht! Geht und bringt meinen Brüdern die Botschaft, sie sollen nach Galiläa gehen; dort werden sie mich sehen" (Mt 28, 9–10). – Darf diese Botschaft nicht auch – zwar exegetisch unzutreffend, aber doch vielsagend – so gedeutet werden: „Geh in deinem Meditieren nach Galiläa, geh an die Orte, sei dort – und du wirst mich sehen!"

(6) Das Gebet der Sehnsucht

Die dritte Vorübung bei Ignatius (bzw. zweite, wenn er die erste, d. h. die Erinnerung an die Geschichte nicht eigens genannt hat) ist die *besondere Bitte für die jeweilige Betrachtung.* Auch sie wird regelmäßig ausgesprochen, ändert aber je nach Betrachtung ihre Gestalt. Erstmals wird sie vorgestellt in der Betrachtung über die Sünde:

> „... von Gott unserem Herrn das erbitten, was ich begehre und ersehne. Die Bitte soll dem vorliegenden Gegenstand entsprechen; das heißt, wenn die Betrachtung über die Auferstehung ist, so ist Freude mit dem freudenreichen Christus zu erbitten; wenn sie über das Leiden ist, so sind Leid, Tränen und Qualen mit dem qualerfüllten Christus zu erbitten" (EB 48).

Auch diese Bitte kann wieder als etwas typisch Ignatianisches bezeichnet werden: Die Grundkraft des Wollens trägt das Beten. Dabei ist darauf zu achten, daß alle Dimensionen des Wollens gemeint sind: das bewußte Wollen, der Wunsch, wohl aber mehr noch die tiefer liegende Sehnsucht, d. h. das Wollen des Herzens, das Sehnen des Glaubens.

Am kürzesten ist dieses Sehnen wohl ausgedrückt in den letzten Zeilen des Neuen Testamentes: „Komm, Herr Jesus!" (Offb 22,20). So wie dieses Sehnen am Ende des Neuen Testaments steht, durchzieht es doch auch die ganze Heilige Schrift: Es gibt die Sehnsucht und die Freude der Weisheit, bei den Menschen zu sein; es gibt die Sehnsucht des „eifersüchtigen" Jahwe, bei seiner Braut Israel zu sein; und Ijob drückt sein Sehnen mit den Worten aus: „Ihn, den ich selber schauen werde, den meine eigenen Augen sehen und kein Fremder, mein Herz in mir schmachtet danach" (Ijob 19,27); die Seele des Psalmisten sehnt sich nach den Vorhöfen des Herrn (Ps 84,3) und seine Augen nach Gottes Wort (Ps 119,82); ja, die ganze Schöpfung, die ganze Kreatur sehnt sich – und seufzt und liegt in Geburtswehen: „Mehr noch: obwohl wir die Erstlingsgabe des Geistes haben, seufzen auch wir in unserem Herzen und warten darauf, daß wir mit der Erlösung unseres Leibes als Söhne offenbar werden. Denn an die Hoffnung ist unsere Rettung gebunden. Hoffnung aber, die man schon erfüllt sieht, ist keine Hoffnung; wie kann man auf etwas hoffen, was man sieht? Hoffen wir aber auf das, was wir nicht sehen, dann harren wir aus und warten geduldig" (Röm 8,22–25). Ja, es zeigt sich hier, daß es die heilige Grundströmung im Menschen – der Heilige Geist selbst – ist, die sein Beten trägt: „So nimmt sich auch der Geist unserer Schwachheit an. Denn wir wissen nicht, wofür wir in rechter Weise beten sollen; der Geist selber tritt jedoch für uns ein mit unaussprechlichem Seufzen. Und Gott, der die Herzen erforscht, weiß, was die Absicht des Geistes ist: Er tritt so, wie Gott es will, für die Heiligen ein" (Röm 8,26f).

Auch wenn man die konkreten Begegnungen verschiedener Menschen mit Jesus betrachtet, sieht man, wie sehr hier die Bitte, die Sehnsucht, das Wollen eine entscheidende Rolle spielen. Nicht nur, daß die Menschen mit ihren Anliegen bittend kommen: „Heile mich!", „Zeig uns den Vater!", „Herr, rette uns!" – Jesus selber fragt ausdrücklich immer wieder: „Was willst du, daß ich dir tun soll?!" Jesus heilt und heiligt nicht über den Willen der Menschen hinweg. Mit seiner Frage „provoziert" er die verborgene Glaubenskraft im Menschen, der schon empfangen hat, worum er bittet: „Betet und bittet, um was ihr wollt; glaubt nur, daß ihr schon empfangen habt, dann wird es euch zuteil" (Mk 11,24). Ohne diese Glaubenssehnsucht kann Jesus und können die Jünger nicht wirken.

So will im Gebet der Sehnsucht die innere Kraft des Herzens aktiviert werden. Die Sehnsucht ist das verborgene biblische Talent des Menschen. Die Sehnsucht ist jene Kraft in einem Weizenkorn, die es nach oben, nach dem Licht, nach der Sonne ausrichtet, auch wenn es verkehrt zu liegen gekommen ist in der dunklen Erde. „Die Sehnsucht ist der Anfang von allem", wie Nelly Sachs einmal sagt. Sie ist es, weil sich in ihr „schon und noch nicht", Vorgegebensein und Aufgegebensein verbinden. In der Sehnsucht, in den

Grundbedürfnissen offenbart sich, wer der Mensch in seinem Wesen ist. So ist es nicht verwunderlich, daß Ernst Bloch in einem Interview an seinem 90. Geburtstag sagte: „Ich habe in meinem Leben herausgefunden, daß die Sehnsucht die einzig ehrliche Eigenschaft des Menschen ist!" Dies bedeutet wohl: In allem kann der Mensch lügen und manipulieren, aber die Sehnsucht nach Nahrung, nach Wasser, nach Liebe, nach Freiheit, nach Gerechtigkeit – die kann er sich nicht andichten und anlügen, die gehören zu ihm wesentlich. Der Mensch *ist* seine Sehnsucht. Und was ihm sein Glaube sagt, ist, daß die Sehnsucht nicht eine „nutzlose Leidenschaft" ist, sondern sich in ihr schon die Gabe bekundet und die Erfüllung ankündigt. Es sei hier nochmals an das Gebet von Augustinus erinnert: „Ich rufe Dich herein in meine Seele, die Du bereitest, Dich aufzunehmen durch die Sehnsucht, die Du ihr einhauchst." Die von Gott gegebene Sehnsucht nach Gott ist der Anfang von allem. Die Sehnsucht des Menschen entspricht der Sehnsucht Gottes.

Wie grundlegend auch für Ignatius die Sehnsucht ist, wie ernst er sie nimmt, zeigt sich besonders deutlich im Aufnahmeverfahren für die Kandidaten seines Ordens. Ignatius läßt dort danach fragen, ob jemand das Verlangen, die Sehnsucht hat, das „Kleid des Herrn" zu tragen, d.h. Mühe, Schmähung, falsches Zeugnis usw. zu ertragen. Man frage den Kandidaten,

„ob er sich in diesem für die Vollkommenheit seiner Seele so sehr heilsamen und fruchtbringenden Verlangen finde. Wo er sich wegen unserer menschlichen Schwachheit und der eigenen Armseligkeit nicht in diesem solcherart in unserem Herrn brennenden Verlangen findet, frage man ihn, ob er irgendein Verlangen danach habe, sich in einem solchen Verlangen zu finden" (Examen generale, Nr. 44/45).

Also wenigstens das Verlangen nach dem Verlangen zu haben, das „desiderium desiderii", ist nötig, damit der Weg der Nachfolge beschritten werden kann. Wo keine Sehnsucht lebt, kein Wunsch, kein Verlangen, muß dies zuerst geweckt werden, sonst muß dauernd „der Hund zum Jagen getragen werden". Das Sprichwort meint noch eine harmlose Sache. Erschütternder ist es, wenn man einem Menchen begegnet, dessen Lebenswille fast zusammengebrochen ist und dem es vielleicht gerade noch ausreicht zu sagen: „Ich habe nur den einen Wunsch an diese Exerzitientage, wieder leben zu wollen!" – Das Gedicht einer Frau, die schon einen Selbstmordversuch hinter sich hat, drückt aus, was es heißt, wenn ein Mensch sein Wünschen und Sehnen immer unterdrücken muß:

> „Mein Tagwerk ist:
> mich zu begraben.
> Geduldig erlernen meine Hände das Handwerk,
> Stein um Stein auf meine Wünsche häufen,
> bis die Seele erstickt ist.
> Ich verwende Granit,
> um mein Herz zu erdrücken,
> und den feinen Sand,
> um meine Adern zu stopfen.
> So wächst von Stunde zu Stunde
> der Hügel über mir
> bis alles nur mehr ein Denkmal ist
> für ein Leben,
> das nie stattgefunden hat."

Wo Sehnsucht wach ist, da ist Leben; da bleibt ein Mensch auf der Spur des Gesuchten, so wie die Geliebte im Hohenlied der Liebe, die durch die Straßen eilt und die Wachen fragt: „Auf meinem Lager, des Nachts, suchte ich den Liebsten meiner Seele. Ich suchte ihn, doch fand ich ihn nicht. So will ich denn aufstehen und durchstreifen die Stadt, die Gassen und Plätze; will suchen den Liebsten meiner Seele. Ich suchte ihn, doch fand ich ihn nicht. Es trafen mich die Wächter bei ihrer Runde durch die Stadt. ‚Habt ihr ihn gesehen, den Liebsten meiner Seele?' Kaum war ich an ihnen vorüber, da fand ich den Liebsten meiner Seele" (Hld 3,1–4).

Daß alle Sehnsucht menschlichen Lebens – auch die des Hohenliedes – nur ein Abbild ist für die Gottessehnsucht, zeigt sich in einem Selbstgespräch bei Augustinus. Auf die Frage, was er denn wissen wolle, antwortet er: „Gott und die Seele!" Weiter gefragt, wie er sich denn nach Gott sehne, antwortet er: „Ich glaube nicht, daß ich etwas finden kann, wonach ich mich so sehne wie nach Gott." – „Wie ein Hirsch nach Wasserquellen sehnt sich meine Seele nach dir!" Auch dieses Psalmwort ist nur ein Vergleich für den, in dem die wirkliche Gottessehnsucht aufgebrochen ist und in dessen unauslöschlichem Durst sich der Quell des ewigen Lebens bekundet: Das Wasser, von dem kein Durst mehr zurückbleibt (vgl. Joh 4,14).

Die Frage ist nun: *Wie* soll man den Weg, den Brunnenschacht zur eigenen Sehnsucht freischaufeln? Auch hier ist es das Einlassen auf die befreiende Wahrheit, die weiterführt.

Man kann sich Zeit nehmen, sich seine eigenen Wünsche ehrlich einzugestehen – bei vielen fällt das gar nicht schwer –, sie aufzuschreiben und wahrzunehmen.

Man kann dies differenziert und besinnlich fragend tun: Was will ich? Was begehre ich? Was strebe ich an? Was wünsche ich? Was ersehne ich? Wo erfahre ich einen Widerstreit zwischen bewußten und nur halbbewußten Wünschen? Was will ich unbedingt? Was will ich nicht? Auf keinen Fall?

Man kann sich spielerisch fragen: Was würde ich tun wollen, wenn ich fünf Minuten, eine Stunde, einen Tag, ein Jahr freie Zeit hätte?

Man kann sich betend der Frage Jesu aussetzen: „Was willst Du, daß ich Dir tue?" Und dabei darf man darauf vertrauen, daß die eigenen Wünsche nicht nur egoistisch sind, sondern daß in ihnen immer auch das Sehnen, das Seufzen des Heiligen Geistes anwesend ist und zur Sprache kommen will.

In dem Maß, in dem sich das eigene Wollen, d. h. die eigene Freiheit zu Wort meldet, wird auch beim Gebet die

Bitte um das, „was ich begehre", immer stärker ihre verlebendigende Kraft entfalten.

(7) Die verschiedenen Weisen geistlicher Übungen

Auf dem Gang durch eine ignatianische Gebetszeit wäre jetzt der Ort, eine bestimmte Gebetsweise vorzustellen. Genauer gesagt: je verschiedene Weisen, die nach den Vorstellungen jetzt hier ihren Platz haben: die Besinnung, die Erwägung, die Betrachtung, die Anwendung der Sinne, die verschiedenen Weisen zu beten usw.

Auf diese verschiedenen Weisen wird noch eigens und ausführlich einzugehen sein.[11] Hier soll zunächst der schrittweise Gang durch die Gebetszeit, wie Ignatius sie anlegt, zusammenhängend dargestellt werden. Deshalb an dieser Stelle nur einige Bemerkungen zum eigentlichen Kern der Gebetszeit, die für alle Gebetsweisen und für ihr Ineinander gelten. Sie sollen hier nicht breit ausgeführt werden, sondern einen kurzen Ausblick auf das Ganze gewähren.

● Sinn aller Gebetshilfen ist, „unmittelbar den Schöpfer mit seinem Geschöpf und das Geschöpf mit seinem Schöpfer und Herrn wirken zu lassen" (EB 15). Wenn eine Gebetsweise dabei hinderlich ist, hat es keinen Sinn, sie auszuüben.

● Es ist der Geist Gottes selber, der den Menschen auf dem je eigenen Weg der Gottesbegegnung führt. Dies bedeutet, geistlich immer unterwegs zu sein, um die Weise der Begegnung zu finden, die einem auf einem bestimmten Wegabschnitt entspricht. Ignatius, der selber „in der Schule Gottes war", drückt dies im Gespräch mit Franz Borja mit den Worten aus:

---

[11] Ausführlich wird dies in den Kapiteln ab „Drei Weisen zu beten", S. 138 ff geschehen.

„Gott sieht und weiß, was für uns am besten paßt, und da er alles weiß, zeigt er uns den Weg, dem wir folgen sollen. Um ihn aber zu finden, müssen wir mit seiner Gnade viel suchen und mehrere Wege probieren, bevor wir den gehen, der sich klar als der unsrige erweist."[12]

● Für die Gebetsweisen gilt, was Pedro Ribadeneira, ein Gefährte von Ignatius, einmal sagte: „Wenn er irgendwelche Dinge zum Dienste unseres Herrn in Angriff nahm, so benutzte er alle menschlichen Hilfsmittel, um zum Ziel zu gelangen, und zwar mit solcher Sorgfalt und Wirksamkeit, als wenn von ihnen allein das gute Gelingen abhinge. Auf der anderen Seite vertraute er derart auf Gott und ergab sich so seiner göttlichen Vorsehung, als wenn alle menschlichen Hilfsmittel, die er gebrauchte, ohne jede Wirkung seien."[13] In diesen Worten zeigt sich, daß alle Gebetsweisen Vorbereitung, „dispositio", sind – unerläßlich und doch nicht das „eine Notwendige".

● Die Vielfalt der geistlichen Übungen entspringt der Fülle der menschlichen Wirklichkeit. Es darf das Liebesgebot auf das Beten hin abgewandelt werden: Du sollst zu Gott, deinem Herrn, beten mit deinem ganzen Denken, deinem ganzen Wollen, deiner Phantasie, deinem Gedächtnis, deinen Sinnen, aus deinem ganzen Herzen, mit deinem ganzen Wesen und mit allen deinen Kräften! Die Gebetsweisen unterscheiden sich also je nach der „Seelenkraft", die im Vordergrund ist, je nach der Tiefendimension, die stärker im Spiel ist. Eine Einschränkung auf eine einzige Weise käme einer Einschränkung des menschlichen Werdens gleich.

● Alle geistlichen Übungen der Exerzitien sind deren Zielsatz, dem „Prinzip und Fundament", untergeordnet, d.h. sie sind eingeordnet in das Verlangen, daß das ganze Leben sich auf Gott hin ausrichtet. Dies bedeutet: Beten heißt nie, sich einen Winkel einzurichten, in dem man sich wohlfühlen kann, sondern die Öffnung des menschlichen

---

[12] Zit. in Brou/Pies, 59.
[13] Ebd., 268 f.

Herzens, damit die Fülle des Lebens Gottes eindringen kann. Gebetsweisen sind nur sinnvoll als geistliche Lebensvorgänge.

● Die Gebetsweisen sollen dazu helfen, daß das Leben immer freier wird von allem einschränkenden Egoismus; d. h. daß ein Mensch immer mehr („magis") „indifferent" wird, offen für Gottes Liebeswillen: „Man soll nichts anderes wollen und suchen als in allem und durch alles das größere Lob und die größere Ehre Gottes, unseres Herrn. Denn das soll ein jeder bedenken, daß er in allen geistlichen Dingen nur insoweit Fortschritte machen wird, als er sich von seiner Eigenliebe, seinem Eigenwillen und seiner Eigensucht freimacht."[14] In der Gewissenserforschung, in den Erwägungen über die Sünde, im Blick auf Jesus, in der Betrachtung seines Lebens geschieht diese Reinigung auf je verschiedene Weise.

● Was „mehr hilft", auf immer „einfachere" Weise „Gott in allen Dingen" zu finden, das ist die Weise des Betens, die einem gerade gegeben ist; sie mag so einfach oder so kompliziert, so tief oder so „flach" sein, wie sie will.

(8) Der Abschluß

Wie für Ignatius die Vorbereitung eine große Rolle spielt, so auch der Abschluß bzw. die „Nachbereitung" der jeweiligen geistlichen Übung. Er läßt eine geistliche Übung nicht einfach aufhören oder gar abbrechen, sondern führt sie zu Ende. Zu diesem Zu-Ende-führen gehört für ihn Verschiedenes: Zunächst einmal soll der Übende schon am Anfang die Zeit für sich festlegen, die er betrachten möchte. Dies kann dem ganzen Geschehen eine gewisse Klarheit und Entschiedenheit geben.

Auch während der Übung selber gibt es so etwas wie einen ständigen Blick auf das Ende: Er zeigt sich in der Formulierung, man möge nach einer „Frucht" für sich selber

---

[14] Ebd., 268.

Ausschau halten. Die kann natürlich auch im Sinn einer unguten Zweckbestimmtheit verstanden werden, etwa die Predigt wird in der Meditation gemacht; Einsichten für die theologischen Examina werden gewonnen usw. usw. Natürlich darf dies geschehen, wenn es sich „ergibt". Das dominikanische Prinzip „contemplata aliis tradere" – das Betrachtete anderen weitergeben – gilt! Aber das eigentliche meditierende Beten kann sich nur in der Begegnung auf der Basis von Zweckfremdheit ereignen.

Den Abschluß des persönlichen Betens innerhalb der Meditation bildet für Ignatius dann das Vaterunser. In dieses Gebet, das Jesus seinen Jüngern gegeben hat, läßt er sein persönliches Beten ausmünden. Er setzt somit fast eine Art offiziellen Schluß, eine Einordnung in das Beten der Kirche – doch gefüllt von sehr viel eigenem. Dies wird vor allem klar, wenn man bedenkt, daß Ignatius das Vaterunser wohl oft betrachtet hat. Wort für Wort, und mit jedem Atemzug, wie aus der zweiten und dritten Weise zu beten klar wird (vgl. EB 249–260).

Wenn die Übung beendet ist, rät Ignatius, sich noch eine Viertelstunde Zeit zum Rückblick zu nehmen:

„Ist die Übung beendet, soll ich im Zeitraum von einer Viertelstunde, sei es sitzend, sei es auf und ab gehend, nachsehen, wie es mir in der Kontemplation (Betrachtung) oder Meditation (Besinnung) ergangen ist; und wenn schlecht, werde ich nach der Ursache sehen, von der dies ausgeht, und habe ich sie gefunden, bereuen, daß ich mich künftig bessere; wenn aber gut, werde ich Gott unserem Herrn Dank sagen und es ein andermal auf die gleiche Weise machen" (EB 77).

In diesem Zurückblicken liegen eine Reihe geistlicher Erfahrungen und Weisheiten beschlossen. Ein Zeuge dafür ist Franz Xaver mit seinem Wort, es helfe kaum etwas so sehr für den geistlichen Fortschritt, als wenn man immer wieder auf den Weg des eigenen Betens zurückblicke.

Dies ist das entscheidende Stichwort: *auf den Weg zurückblicken*. Ist dies nicht eine Erfahrung, die jeder Spaziergänger machen kann, daß es gut und interessant ist, auf einen Weg zurückzublicken? Er kann nochmals neue Perspektiven zeigen. Jeder Ausflügler weiß, daß es schön ist, wenn man am Abend zusammensitzt und sich austauscht über die Erlebnisse, und daß sie – wenn sie nacherlebt werden – manches zeigen können, was in der Fülle des unmittelbaren Erlebens fast untergegangen ist.

Anders gesagt: Erleben wird sinnvollerweise nicht einfach durch eine Vollbremsung zum Stehen gebracht, sondern es darf nachklingen, ausklingen. Sicher soll man einer Sache nicht ewig nachhängen, aber eben auch nicht einen angeschlagenen Akkord einfach abdämpfen. Wenn jemand mit einem Gast eine gute Begegnung hatte, dann wäre es schade, ja barbarisch, wenn er – kaum daß der Gast die Wohnungstür hinter sich zugemacht hat – gleich das Fernsehen anschalten und durch einen Krimi die Eindrücke des Gesprächs überdecken würde. Rückblick halten heißt also ausklingen lassen.

Rückblick halten heißt auch, bewußt einen Raum zu gewähren für den *Übergang* aus der meditativen Bewußtseinsstufe in das alltägliche Bewußtsein und Leben. Manches Unwirksamsein des Betrachtens kommt wohl daher, daß das Alltagsbewußtsein und das Gebetsbewußtsein zwei Bewußtseinsebenen auf sehr verschiedenem Niveau ohne richtige Verbindung bleiben. Es ist dies ein stückweit vergleichbar mit dem Traumbewußtsein und dem Tagbewußtsein. Für manche Menschen ist beides völlig getrennt, und sie können sich an keinen Traum mehr erinnern. In der Psychotherapie etwa kann eine fruchtbare Verbindung geschaffen werden zwischen diesen beiden Bewußtseinszuständen des einen Menschen, so daß sich beides ein stückweit gegenseitig erläutern und klären helfen kann. Wenn ein paar junge Leute nach einem begeisternden religiösen Wochenende auf der Heimfahrt zueinander sagen „Das war jetzt wahnsinnig toll, aber was bringt das für unseren Alltag?"; wenn jemand eine bedrückende Studie über Umweltproblematik gelesen hat, aus ihr aufwacht wie aus einem Alptraum und dann noch überlegt, wie das alles mit seiner konkreten Wirklichkeit zusammenhängt ... – dann geschieht da eine ähnliche Übergangsphase. Wenn die Brücken zwischen meditativem und alltäglichem Bewußtsein nicht zu schmal sind, dann ist die Gewähr größer, daß die Meditation kein Aussteigen ist, keine bloße Hinreise ohne eine Rückreise. Dann kann sie umgekehrt sogar wie ein verborgen wirkender Sauerteig für das alltägliche Leben sein, der mitten im „Teig des Lebens" gärt und den ganzen Teig aufgehen läßt, statt als unfruchtbares Konzentrat neben dem Teig zu bleiben, nur dann wird die Zeit der Meditation, des Gebets ein Weizenkorn sein, das den Tod im Boden des Alltäglichen nicht verweigert, sondern „reiche Frucht" bringt.

Der Rückblick trägt schließlich der Tatsache Rechnung, daß ein lebendiges, organisches Geschehen *Zeit* braucht. Es ist eine ziemlich häufige Erfahrung, daß eine wichtige Einsicht sich gar nicht während der Meditation selbst ereignet, sondern irgendwann nachher, beim ruhigen Umherspazieren oder sogar irgendwann später, wenn man an etwas ganz anderes denkt. Oft ist die Zeit der Meditation die Zeit des Säens, und wie bei allem Lebendigen ist die Zeit des Säens und die des Erntens immer mehr oder weniger weit auseinander. Es ist also gut, sich Zeit zu lassen.

Schließlich sollte man bedenken, daß sich der Rückblick auf die *verschiedenen Ebenen der Übung* beziehen kann:

Auf die äußere Ebene beziehen sich Fragen wie: Bin ich in die Meditation hineingestolpert? Habe ich mir echt Zeit genommen? Habe ich in der Meditation selber noch lange hin und her überlegt, worüber ich eigentlich meditieren will? Habe ich gesorgt, daß ich gestört werden konnte? Habe ich insgesamt das berücksichtigt, was zu einem sinnvollen Rahmen einer geistlichen Übung gehört?

Auf einer anderen Ebene liegen Fragen wie: Wie ging es mir während der Übung selbst? Welche Bewegungen verspürte ich? Wo wurde der Weg mühsam? Wo haben sich mir Aussichten eröffnet? (Man kann diese Aussichten und Einsichten auch notieren!) Wie hat sich meine allgemeine

Stimmungslage auf mein Meditieren ausgewirkt? Bin ich bei dem weitergekommen, was mich im Augenblick bzw. seit einiger Zeit als Thema meines Lebens besonders bewegt?

Noch einmal auf einer anderen Ebene liegen Fragen wie: Was ist geschehen in meiner religiösen Beziehung? Was wurde durch das Gebetsgeschehen an wachsender Begegnung gegeben? Verspüre ich meine Beziehung zum Vater, zu Jesus, zum Geist verändert, bereichert? Zeigt sich mir ein neuer Zug auf dem Antlitz dessen, „den meine Seele sucht"? Oder war in meinem Beten wie in manchem Gespräch sonst auch manches nur ein Versuch, wirkliche Begegnung zu vermeiden? Überließ ich mich – wie vielleicht gelegentlich bei einem Besuch – dem Eindruck: Jetzt haben wir uns schon lange nicht mehr gesehen und werden uns auch nicht mehr so schnell sehen – und ließ mich dann nur auf Belanglosigkeiten ein.

Bei solchem Fragen braucht Dankbarkeit oder Reue nicht mit einem lauten Wecker „erweckt" zu werden: Wer aufmerksam hinschaut auf die Sehnsucht des Herzens und auf die Begegnung, in dem wächst spontan Freude oder Traurigkeit, und so bereitet sich eine neue Begegnung vor.

Umgang mit der Heiligen Schrift

Auch im folgenden Zusammenhang geht es nicht darum herauszufinden, ob es bei Ignatius eine ganz spezifische Methode des Umgangs mit der Heiligen Schrift gibt; die wichtigsten Elemente sind alle bereits in den früheren geistlichen Traditionen zu finden. Worum geht es denn? „Nur" darum, in den ignatianischen Quellen kurz aufzu-spüren, welch eine Bedeutung die Heilige Schrift für Igna-tius hatte, wie er sie in den Exerzitien verwendete und wie man – in direktem oder indirektem Anschluß an Ignatius – die Heilige Schrift bei Exerzitien und Meditationstagen zu Worte kommen lassen kann: „Dein Wort ist Licht und Wahrheit, es leuchtet mir auf allen meinen Wegen" (vgl. Ps 119,105).

Die Heilige Schrift als Ort der Christusbegegnung im Leben des Ignatius

Weil sich – glücklicherweise – in der Schloßbibliothek von Ignatius, Bruder Bertram de Loyola keine Ritterromane be-fanden, gab man dem verletzten Inigo „Das Leben Christi" von Ludolf von Sachsen zu lesen. Da Inigo bis dahin solche Ritterromane als Lieblingslektüre hatte, las er die Heilige Schrift und die Heiligenlegenden spontan auf dieselbe Wei-se: als Möglichkeit, an den dort gezeigten Vorbildern seinen eigenen Lebensentwurf zu entwickeln – nach einem sehr einfachen Schema: „Wie wäre es, wenn ich all das täte …?" Was solche Überlegungen in ihm hinterließen, war die Empfindung des Trostes. Er fühlte sich nach der Lektüre in-nerlich gehoben und zu einem evangeliumsgemäßen Leben hingezogen: durch das Evangelium selber, aber vor allem auch durch die Heiligen, die in ihrem Leben das Evangelium existentiell auszulegen und auszu„leben" versuchten.

Wenn man von den Sonntagspredigten absieht, die Ignatius hörte, bestand die erste Weise seiner Schriftbegegnung darin, die Evangelien und die Erzählungen über das Leben von Heiligen in einer Art naiver Berührtheit und Begeisterung zu lesen: Ignatius war spontan von dem bewegt, was ihm da vor Augen trat, und er fühlte sich aufgerufen, selbst so zu leben. Vor allem die Radikalität und Entschiedenheit des gelebten Evangeliums hatten es ihm angetan.

Das Leben Christi sprach ihn sogar so sehr an, daß er etwas tat, was er wohl mit seinen Ritterromanen noch nicht getan hatte: Er fing an, sich Exzerpte zu machen. „So machte er sich daran, mit großer Sorgfalt ein Buch vollzuschreiben, das ungefähr dreihundert ganz beschriebene Blätter in Quartformat enthielt …, und zwar schrieb er die Worte Christi mit roter Tinte und die Unserer Lieben Frau mit blauer … Seine Zeit verbrachte er so teils mit Schreiben, teils mit Beten."[15]

Eines läßt sich jedenfalls sagen: Ignatius war zu dieser Zeit tief angesprochen vom Leben Jesu, und es ist wohl wahrscheinlich, daß das Leben Jesu auch in seinem Beten vorkam, da er die ganze Zeit über nur beschäftigt war mit dem Abschreiben und Beten. Wie sehr er die Heilige Schrift schätzte, zeigt auch die Aussage, daß er später nur zwei Bücher auf seinem Zimmer hatte: die Heilige Schrift und die „Nachfolge Christi".

Aus der Zeit von Manresa, einem weiteren Schritt auf seinem geistlichen Pilgerweg, findet sich eine interessante Äußerung zur Heiligen Schrift. Er berichtet über die Gnaden, die außerordentlichen inneren Erfahrungen, die ihm beim Beten zuteil wurden: daß „er während des Betens mit den Augen seiner Seele die Menschheit Christi" schaute „wie ein glänzender Körper, der nicht besonders groß,

---

[15] Ignatius von Loyola, Der Bericht des Pilgers. Übersetzt und erläutert von Burkhart Schneider. Verlag Herder Freiburg 1977 (zit. als PB).

noch besonders klein war, aber er konnte nicht die einzelnen Glieder erkennen ... Auch Unsere Liebe Frau hat er auf ähnliche Weise geschaut, ohne Einzelheiten zu erkennen. Das, was er damals in Erscheinungen sah, bestärkte ihn sehr und gab ihm für immer eine solche Sicherheit im Glauben, daß er oftmals bei sich dachte: Auch wenn es keine Heilige Schrift gäbe, die uns diese Glaubenswahrheit lehrt, wäre er entschlossen, für sie zu sterben, einzig auf Grund der Tatsache, daß er dies geschaut hatte" (PB 29).

Es soll hier nicht in einer spirituellen Psychologie dieser innere Vorgang gedeutet werden; er soll nur zur Illustration dienen, wie sehr sich die Evangeliumswirklichkeit in Ignatius eingesenkt hat.

Während der Studienzeit gab es eine andere Weise der Begegnung mit der Heiligen Schrift: die Schrifterklärung nach der damals üblichen Weise. Daß die Schrifterklärung ihm wichtig war, zeigt sich darin, daß er in die Konstitutionen schreibt: „Es wird nützlich sein, die Evangelien, die das Jahr über vorkommen, in besonderem und auf das Predigen ausgerichtetem Studium angesehen zu haben, ebenso einiges von der Schrift, um darüber Vorträge zu halten" (Nr. 404). Neben den Predigten waren von Anfang an Schrifterklärungen im Brauch. „Sie waren etwas Neues, wurden überall verlangt und erwiesen sich als nützlich, besonders gegen die um sich greifenden Irrlehren."[16] – Hier tritt also ein Umgang mit der Heiligen Schrift im apologetischen Kontext zutage, der anders ist als etwa der in den Exerzitien, die natürlich der erste Ort sind, um herauszufinden, wie Ignatius mit der Heiligen Schrift umging.

Einiges von der *Weise der Schriftbegegnung in den Exerzitien* ist in der zweiten Anweisung gesagt, die hier im vollen Wortlaut zitiert werden soll:

„Die Person, die einer anderen Weise und Ordnung für die Besinnung (*meditatio*) oder Betrachtung (*contemplatio*) vorlegt, muß

---

[16] Anton Huonder SJ: Ignatius von Loyola, Köln 1932, 306.

die geschichtliche Tatsache (*historia*) für eine solche Betrachtung oder Besinnung wahrheitsgetreu erzählen, wobei sie die Punkte nur mit kurzer oder zusammenfassender (*sumaria*) Erklärung durchläuft (*discurriendo*); wenn nämlich die betrachtende Person die unverfälschte (wahre) Grundlage der Geschichte erfaßt, indem sie diese selbständig überdenkt (*discurriendo*) und Schlußfolgerungen zieht (*raciocinando*) und hierbei irgendeine Sache neu entdeckt, welche die Geschichte ein wenig mehr aufhellt oder verkosten (*sentir*) läßt – sei es durch das eigene verstandesmäßige Eindringen (*raciocinación propia*), sei es, daß das Verständnis durch göttliche Kraft erleuchtet wird –, so bietet dies mehr Geschmack und geistliche Frucht, als wenn der, der die Übungen gibt, den Sinn der Geschichte viel erklärt und ausgeweitet hätte; denn nicht das Vielwissen sättigt und befriedigt die Seele, sondern das Verspüren (*sentir*) und Verkosten (*gustar*) der Dinge von innen her (*internamente*)" (EB 2).

Dieser Text zeigt auf kurzem Raum, wieviele Dimensionen es gibt, die Schrift zu erfassen bzw. sich von ihr erfassen zu lassen. Es geht um ein genaues Erfassen dessen, was im Text gemeint ist, also auch um ein gutes exegetisches Verständnis bei dem, der die Hinweise gibt. Die Schrift kann aufgenommen werden in der Weise der Besinnung (Meditation – wie Ignatius sagt) und der Betrachtung (Kontemplation). Der Betrachtende geht die Geschichte durch, überdenkt sie, sucht Gesichtspunkte, die ein neues Licht auf die Stelle werfen; und er läßt sich auf innere Vorgänge ein, die Ignatius mit Worten aus dem Bereich der Sinnlichkeit beschreibt wie „Verkosten" und „Verspüren". Hier deutet sich eine große Bandbreite von Bewußtseinsvorgängen und eine Vorstellung vom Erfassen in verschiedenen Tiefenschichten an.

Die Terminologie ist dabei nicht ganz eindeutig und konsequent durchgehalten; die verschiedenen Ebenen werden jedoch bei den Hinweisen zu den konkreten Übungen deutlich: die mehr rational-intellektuelle und die emotional-voluntativ-affektive Ebene.[17] *Erwägung* (23, 164–8),

---

[17] Vgl. „Korrespondenz zur Spiritualität der Exerzitien", Heft 34: Anleitung aus Erfahrung – Zum Gebrauch des Exerzitienbuches, 47 ff.

Übung der drei *Seelenkräfte* (50–52, 36–60, 149–157, 234–237), *Betrachtung* des Lebens Jesu (Person, Worte, Werke: 92–98, 106–108, 114–116, 140–146, 194–197, 222–224), *Anwendung der Sinne* (66–70, 121–125, 129, 159, 204–208, 226), *Wiederholung* zur Vertiefung oder Zusammenfassung (62–64, 99, 118–120, 148, 159, 208), das *Zwiegespräch* (53–54, 61, 71, 109, 117, 126, 147, 156, 168–199, 225, 247, 243, 248, 257), *Verweilen und Kosten* (2, 11, 76, 255).

Was hier zunächst nur mit den Zahlen aus dem Exerzitienbuch angedeutet ist, wird sich im folgenden etwas deutlicher zeigen. Schon jetzt aber können wir fragen, was sich zu einem Umgang mit der Heiligen Schrift, die im Anschluß an Ignatius geschieht, sagen läßt; oder anders gefragt: *Welche Spielregeln* waren für *Ignatius* bewußt und unbewußt *kennzeichnend?*

● Es ging Ignatius nie um einen bloß literarischen Umgang mit der Heiligen Schrift. Sie war ihm Medium, Ort der Umgestaltung seines Lebens im Blick auf das Leben Jesu. So ist es verständlich, daß Reinhold Schneider einmal schreibt: „Die Heilige Schrift ... kann man nicht lesen, wie man auch die Exerzitien des heiligen Ignatius nicht lesen kann. Man kann sie nur tun ... Es ist unmöglich, auch nur eine Zeile zu begreifen, ohne den Entschluß, sie zu vollziehen."

● Ignatius begegnet der durch das Wort vermittelten Wirklichkeit mit ganzem Herzen, mit ganzer Seele und mit allen seinen Kräften. Dies bedeutet: In der Begegnung mit der Heiligen Schrift dürfen alle Kräfte und Schichten des Menschen – Denken, Wollen, Wirken, Existenzmitte, Phantasie usw. – sich „ausleben". Dies bedeutet, daß von Ignatius her jede Weise, „die mehr hilft" zu verstehen, zu verkosten, verwandelt zu werden, angewendet werden darf.

● Es ist ebenfalls klar, daß es bei den Weisen der Schriftbegegnung ein Gefälle gibt, wie alles Ignatianische von der Dynamik des „magis", des Mehr, getragen ist: ein Gefälle zur wahreren, wirklicheren Ergriffenheit durch den Herrn. Insofern – aber auch nur insofern – sind diese verschiedenen Weisen nicht einfach gleichwertig, sondern lassen sich in Stufen fassen, wie im folgenden versucht wird.

● Schließlich zeigt schon der erste Blick auf das Exerzitienbuch, daß der Umgang mit der Heiligen Schrift den größten Teil der geistlichen Übungen ausmacht. Das Wort der Schrift ist das bevorzugte Medium, der häufigste Einstieg und Ort für die Gottes- und Christusbegegnung.

Weisen des Umgangs mit der Heiligen Schrift

Es gibt einen Vergleich des heiligen Bernhardin von Siena (derselbe, der das Zeichen IHS, das Ignatius so bedeutsam war, als sein Wappenzeichen überall in Italien verbreitete), der Stufung, Schichtung und Gefälle der Christusbegegnung vorstellt: „Es ist ein großer Unterschied zwischen Denken, Verstehen und Fühlen. Viele können denken, weniger sind, die verstehen, noch weniger, welche fühlen. Hier ist ein Beispiel, das zugleich einfach und tief ist. Wenn ein Mann auf offenem Platz gehenkt wird, dann läuft eine große Menge hin, ihn zu sehen, und sie wird denken an das, was er getan hat. Manche, die mehr Verständnis haben, werden den Mann selbst verstehen, die große Not, die er hat. Wenn aber seine Mutter oder sein Vater oder Sohn da wären, würden sie in ihrem eigenen Innern die Not des Mannes fühlen, der aufgehängt wird. Das ist es, was St. Paul meinte, was wir von dem gekreuzigten Heiland verstehen sollten, daß wir in uns selbst fühlen müßten, was er am Kreuz empfand: So sollt ihr in euch fühlen (Phil 2,5). Es ist ein großer Unterschied, ob man etwas von außen fühlt, von innen oder wirklich mitfühlt."[18]

Einfacher und einleuchtender können die Stufen der Begegnung der Empathie kaum dargestellt werden:

● eine erste Stufe, bei der der andere fast völlig unbe-

---

[18] Zit. in: Der heilige Bernhardin von Siena, zusammengestellt und übersetzt von L. Schlapfer OFMCap, eingeleitet von W. Schamoni, Düsseldorf 1965, 24 f.

kannt ist, bloß ein „irgendjemand" und als solcher nur interessant, insoweit er die eigene Neugier, die eigenen Gefühlsschauer in Bewegung bringt: das Fühlen von außen, das „Denken";

● die tiefere Stufe, wo ein Verstehen geschieht: Hier enthüllt sich der andere schon mehr und dringt tiefer ins eigene Innere und Fleisch;

● und schließlich eine Begegnungsweise von Herz zu Herz: ein Mitsein, ein „wirkliches Mitfühlen".

Wenn Bernhardin sich hier auf den Hymnus des Philipperbriefes (Phil 2, 5–11) bezieht, dann will dies ein Zweifaches besagen: Wir sollen so gesinnt sein, so gestimmt sein, so sein wie Christus – und wir können dies werden, wenn wir auf ihn schauen.

Weil hier der Sinn jeder christlichen Schriftbetrachtung – der Blick auf das Christusereignis, auf Jesus Christus selbst – so deutlich vor Augen tritt und dabei das Ignatianische „Christus immer tiefer erkennen, um ihn je mehr zu lieben und ihm nachzufolgen" verständlich wird, sei der ganze Hymnus zitiert:

„Seid untereinander so gesinnt, wie es dem Leben in Christus entspricht: Er war Gott gleich, hielt aber nicht daran fest, wie Gott zu sein, sondern er entäußerte sich und wurde wie ein Sklave und den Menschen gleich: Er erniedrigte sich und war gehorsam bis zum Tod, bis zum Tod am Kreuz. Darum hat ihn Gott über alle erhöht und ihm den Namen verliehen, der größer ist als alle Namen, damit alle im Himmel, auf der Erde und unter der Erde ihre Knie beugen vor dem Namen Jesu und jeder Mund bekennt: ‚Jesus Christus ist der Herr' – zur Ehre Gottes, des Vaters."

(1) Die Stufe des „mehr äußeren Verstehens"

Zum „mehr äußeren Verstehen", wie es Bernhardin nennt, gibt es eine Reihe von Hinweisen, die freilich nicht genau abgegrenzt werden können gegen tiefere Weisen des Verstehens. Man ist nicht „sicher", nicht auch beim einfachen, unbedachten Lesen der Schrift plötzlich getroffen und bewegt zu werden in einer Weise, wie man es sich nicht vorgestellt hat. Und umgekehrt garantieren Vorbereitungen, die tiefer dringen wollen, nicht auch schon dieses Ergebnis. Es kann sich bei der Dreiteilung der Hinweise also nur um Richtungen, Akzentsetzungen und fließende Übergänge handeln.

(2) Die Heilige Schrift lesen – einen Wortweg gehen

Es ist fast ärgerlich einfach und wie ein Vorwurf klingend, aber es ist gut, sich immer wieder zu sagen: Wenn wir die Heilige Schrift lesen, dann sollten wir sie auch wirklich lesen! „Verstehst du auch, was du liest?" lautet die Frage des Philippus an den äthiopischen Kämmerer – dies ist schon eine zweite Frage. Die erste ist: Liest du auch wirklich und aufmerksam, was du liest?

Es ist eine häufige Erfahrung: Man kann eine Stelle der Heiligen Schrift schon zum fünfzigsten Mal gelesen haben, wenn man sie ganz genau ein einundfünfzigstes Mal liest, entdeckt man wieder etwas Neues. Gerade wenn man die Heilige Schrift oft gelesen hat, dann tritt fast so etwas wie ein Abschaltmechanismus auf: Kaum wird der Anfang gesprochen – etwa beim Sonntagsevangelium –, dann weiß man als eifriger Bibelleser ja schon, was kommt. – Meint man! Aber es kann beispielsweise sehr lange dauern, bis einem beim Lesen des Gleichnisses vom verlorenen Sohn auffällt (Lk 15,11–32), daß es heißt: „Da ging er zu einem Bürger des Landes und *drängte sich ihm auf.*" – Der, der wegging von daheim, der es daheim nicht mehr aushielt, muß sich nun einem Fremden *aufdrängen.* Was muß da geschehen sein! Was für eine Not muß der junge Mann spüren, damit er sich jemandem aufdrängt! (Und wenn man Griechisch versteht, dann schwingt in dem Wort „aufdrängen" noch die Bedeutung mit: „sich aufdrängen – wie eine Dirne").

Oder – um beim gleichen „so bekannten" Gleichnis zu bleiben – wer weiß, was für ein Wort kommt, wenn es vom Vater heißt: „Der sah ihn schon von weitem kommen und ..." Und? – „und eilte ihm entgegen", „und rief die Knechte", „und fiel ihm um den Hals"?! Nein! Dies wird, wenn man danach fragt, normalerweise zur Antwort gegeben. Aber es kommt etwas anderes. Es folgt ein Ausdruck wie bei der Erzählung vom barmherzigen Samariter, wo es heißt, „der Priester sah ihn und – ging vorüber. Der Levit sah ihn und – ging vorüber. Der Samariter sah ihn und – hatte Mitleid mit ihm". Der Vater „sah ihn schon von weitem kommen und – hatte Mitleid mit ihm!" Sicher, so etwas bringt noch nicht eine große Erleuchtung (vielleicht gelegentlich und in einer bestimmten Lebenssituation doch), aber es ist doch wohl das, was Ignatius meint, wenn er schreibt: „wenn nämlich die betrachtende Person ... irgendeine Sache neu entdeckt, welche die Geschichte ein wenig mehr aufhellt oder verkosten läßt ..., so bietet dies mehr Geschmack und geistliche Frucht ..." (EB 2).

Daß Ignatius die Heilige Schrift genau gelesen hat, sagt die schon erwähnte Tatsache, daß er aus dem „Leben Christi" des Ludolf von Sachsen dreihundert Seiten herausgeschrieben hat – „die Worte Christi mit roter und die Unserer Lieben Frau mit blauer Tinte". Wenn man so Wort für Wort schreibt, fällt einem mehr auf, als wenn ein Wortschwall bloß am Ohr vorbeigleitet.

Also: Wenn man die Heilige Schrift liest (und in den Exerzitien empfiehlt dies Ignatius ausdrücklich: „Für die zweite Woche und die folgenden ist es sehr förderlich, zuweilen aus den Büchern der ‚Nachfolge Christi, *oder der Evangelien* und der Leben der Heiligen zu lesen" EB 100), – dann sollte man sie genau lesen.

Man kann sie dabei so lesen, wie wenn man in Ruhe einen Spaziergang macht: Schritt für Schritt. Man kann sich dazu „zwingen", indem man nur ein einziges Wort liest und alles andere abdeckt und dann denkt: „Was kommt denn jetzt, was müßte denn jetzt kommen – wenn ich mich recht erinnere?" Da kann man dann echte Überraschungen erleben. „Wenn das Weizenkorn nicht in die Erde fällt und stirbt, dann ..." Ja, was dann? „Dann bringt es keine Frucht!" Nein, „dann bleibt es allein!" Da bleibt einem nichts anderes übrig, als nachzudenken! Warum wird hier die ganz natürliche Reihenfolge – Säen/Sterben/Keimen/ Fruchtbringen – nicht eingehalten? Und wenn einem das bei einer Stelle aus dem 1. Johannesbrief auch so geht, kommt man noch mehr ins Nachdenken: „Was wir gesehen und gehört haben, das verkündigen wir auch euch, damit auch ihr ...? – „dies seht, dies wißt!" – Nein! sondern: „ ... damit auch ihr Gemeinschaft mit uns habt". Es scheint also im christlichen Leben, in der christlichen Verkündigung um Einsamkeit, Alleinsein, Gemeinschaft haben zu gehen. Um dies deutlich zu machen, sind Überraschungen gut – wenn man sie bemerkt und nicht drüberhinwegsegelt. Um dies nicht zu tun, bietet sich die ganz einfache „Methode" an: Wort für Wort lesen! Das ist alles.

(3) Die Heilige Schrift laut im eigenen Dialekt und in einem Zug lesen

Wer normalerweise das Wort der Heiligen Schrift nur gelesen oder im Sonntagsgottesdienst gehört hat, der wird spüren, was für einen Unterschied es macht, wenn er vor einer kleinen oder großen Gemeinde selber laut vorliest. Man wird da zum genaueren Zuschauen gezwungen. Man kann da nicht einfach drüberweglesen, sondern muß genau herausfinden, wo der richtige Akzent liegt. Und auf der Suche nach dem rechten Akzent und Ton ist man zugleich auf der Suche nach dem rechten Sinn. Lesen kann man flach, gleichförmig: Vorlesen in einem gleichmäßigen Singsangton ist schon schwieriger, weil man da selber spürt, daß dann das Profil eines Textes gar nicht herauskommt. Natürlich liegt eine Wirkung des lauten Lesens schon darin, daß man den Wortweg langsamer geht, als wenn man die Worte nur mit den Augen überfliegt; mehr noch aber darin, daß man sich bemüht, den Text mit Ausdruck zu gestalten.

Es gibt die experimentell erhärtete Erfahrung, daß Leute, die erhaltene Aufgaben laut sprechend zu lösen versuchen, schneller und besser vorankommen als die Kontrollgruppe, welche die gleichen Aufgaben still zu lösen hat. Durch das laut gesprochene Wort wird man zu größerer Klarheit und Entschiedenheit angehalten als durch das bloß leise Denken. Auch hier ist die ganze „Methode" recht einfach: *Lies doch mal die Schrift laut!*

Eine andere Methode auf der gleichen Linie wäre: Lies die Heilige Schrift laut – *in deinem Heimatdialekt.* Das weiß jeder, der in der Fremde – das muß gar nicht gleich das Ausland sein – gelebt hat, was es um den Unterschied zwischen der Muttersprache, dem Heimatdialekt und dem in der Schule erlernten Hochdeutsch ist. Die Heimatsprache ist dem eigenen Ich ein Stück näher, urtümlicher, mehr mit dem eigenen, persönlichen Empfinden verbunden. Es kann ein kleines Abenteuer sein, mal eine Perikope in den eigenen Dialekt zu „übersetzen", zu schaueøn, was da herauskommt, und dabei mitzubekommen, wie sich das anhört und anfühlt, wenn man's in der Heimatsprache ausspricht.

Im Nachlaß des vor Jahren verstorbenen Jesuitenprovinzials P. Hailer fand man einige Psalmenübersetzungen ins Bayrische, die er selber angefertigt hat. Als Beispiel sei der Psalm 1 vorgestellt. Freilich kann er nur den bayerischen Lesern und Sprechern etwas vermitteln – den andern vielleicht das Gefühl einer größeren Fremdheit und den Mut, diesen Psalm oder einen andern im eigenen Dialekt zu lesen:

> „Der mo ist guat dro,
> der net aufmirkt auf dös,
> wos dö schlechtn Leit sangt.
> Der net higeht
> wo de Schlecht'n hingengant;
> der si net zuabösitzt zu dö g'feitn Leit.
> A söchana Mo hod sei Freid an dem,
> was unser Herrgod aschafft.
> Tog und Nocht kunnt er über des nachdenga.

A söchana Mo kommt ma via wia a Baam,
der neman Boch steht.
A so a Baam trogt, wan sei Zeid is,
nachat wernd seine Blattln net gelb.
An söchan Mo geht ois auss: –
Bei dö Schlecht'n is's net a so, o na.
Dö sand wie a Staub,
den da Wind trogt.
Und wo de recht'n Leit zsamkemmand,
dort ko mas net braucha.
Unser Herrgod schaut se auf de Guat'n
und de Schlecht'n gengand z'grund."

Zu den Lesemethoden gehört auch noch das *Lesen in einem Zug*. Es geht uns viel verloren, wenn wir die Schrift immer nur stückchenweise vorgesetzt bekommen. Sicher, die Evangelien sind auch aus vielen Stücken zusammengesetzt, wenn man sie aber in einem Schwung durchliest, dann kommt doch ein anderer Eindruck zustande. Man merkt manches weit deutlicher, wenn man sich ein paar Stunden Zeit zum Lesen in einem Zug nimmt. Die Wiederholungen der Rahmen, die Steigerung, der Weg wird sichtbarer im Überblick. Auch die dichte Einfachheit des Textes. Da gibt es keine barocken Schnörkel; da gibt es keine Längen, wo man auch nur eine halbe Seite ausruhen könnte, weil nicht „geredet" oder nur wiederholt wird. Fast jeder Satz ist eine eigene Aussage, ein eigener Anspruch.

Es gibt eine Schallplatte des ganzen Markusevangeliums in einer Übersetzung von Fridolin Stier. Es heißt, daß der Sprecher sie in eineinhalb Stunden an einem Stück lesen mußte; man konnte keine Pausen machen, da sich sonst die Stimmungsqualität der Stimme geändert hätte. Der Sprecher soll nach den anderthalb Stunden ganz durchgeschwitzt gewesen sein, weil es der intensivste Text war, den er je gelesen hatte. Von dieser Intensität kann jeder etwas spüren, wenn er mal sich selber zwei Stunden Zeit nimmt, das Markusevangelium laut zu lesen.

(4) „To learn by heart" – einen Text auswendig lernen

Eine weitere Weise, einem Text nicht auszuweichen, ihn nicht zu umgehen, kann das Auswendiglernen sein. Der englische Ausdruck für „auswendig lernen" heißt „to learn by heart", wörtlich ins Deutsche zurückübersetzt heißt das, daß Auswendiglernen so viel bedeutet wie „mit dem Herzen lernen". Auswendiglernen ist also eigentlich ein „Inwendiglernen". Was draußen war, wird hineingenommen: Sicher kann das ein rein mechanischer Prozeß sein, so wie wenn man noch schnell vor dem Abfragen im Unterricht sich einige Lateinwörter eingeprägt hat. Aber das Auswendiglernen kann doch auch mehr bringen, als daß man eine Hausaufgabe gemacht hat. Es kann beim „learning by heart" passieren, daß solche auswendig gelernten Dinge immer tiefer in einen sinken, daß sie einem immer geläufiger werden, daß gelernte Worte einem plötzlich kommen und ein neues Licht auf eine Situation werfen.

Außerdem: Wenn man mit einem solchen Text (etwa dem Sonntagsevangelium) einen Tag oder eine Woche lebt, dann ist es fast unvermeidlich, daß sich einiges Leben an die Schriftworte anlagert. Man fragt sich halbbewußt oder bewußt, was diese Worte für das Leben besagen; man bringt durch sie das Leben zum Sprechen.

(5) Lesen mit einer bestimmten Fragestellung

Eine für Exerzitien, aber auch allgemein fruchtbare Weise der „Annäherung" an das Evangelium ist es, mit einer ganz bestimmten *Frage im Hintergrund* große Teile der Schrift durchzulesen. Dieses Lesen kann ruhig diagonal geschehen. Man braucht bloß bei den Stellen länger stehenzubleiben, die der besonderen Fragerichtung entsprechen. Als Frage nimmt man, was einen eben gerade besonders interessiert; dies kann alles sein, etwa: Wie begegnet Jesus den Menschen (heilend, ermunternd, herausfordernd, usw.)? Oder spezieller: Wie geht Jesus mit seinen Jüngern um? Was fordert er in der Nachfolge? Oder: Wie erklärt das Leben Jesu seine Worte (z. B. „Wenn dich einer auf die linke Backe schlägt, halte auch die rechte hin" – durch sein Verhalten gegenüber dem Soldaten: „Warum schlägst du mich?" – und vor Pilatus). Wer auf diese Weise die Schrift liest, wird große Entdeckungen machen.

Wenn man etwa die Briefe des Neuen Testaments oder auch die Evangelien selbst mit der Frage durchliest, wie eine christliche Konfliktbewältigung aussieht, dann wird man Überraschendes sehen: erstens einmal, daß in den Briefen insgesamt etwa 80 Konflikte zum Ausdruck kommen, die sich auf ca. 40 verschiedene Situationen zurückführen lassen und diese wieder auf einige Hauptfelder wie: Konflikte um die Liturgie, um die Bruderliebe, um die Ämterfrage usw. Und dann kann man anfangen zu entdecken, wie Paulus damit umgeht: wie er die Konflikte von seinem eigenen Bekehrungserlebnis her angeht, wie er im Zentrum die Konfrontation des Konflikts mit dem Christusereignis steht, wie er auf verschiedene Grundhaltungen und christliche Lebenseinsichten verweist und schließlich auch ganz konkrete Anweisungen gibt. – Dies sollte hier nur angedeutet werden, um auf den Geschmack zu bringen.

Eine Hilfe für dieses Querlesen mit einer Fragerichtung ist die *Wortkonkordanz*, also ein Handbuch, in dem die Worte der Schrift unter bestimmten alphabetisch geordneten Stichworten wie „Anfang", „Hören", „Schweigen" usw. zusammengestellt und aufgeschlüsselt sind. Es ist interessant, Stichworte wie „Berg", „Brüder", „Stille" usw. nachzuschauen und dann die angegebenen Stellen in der Heiligen Schrift nachzuschlagen und zu lesen. Man bekommt dadurch ein Gespür für die Breite und Fülle der Aussagen und auch ein Gespür für die geschichtliche Dimension der Heiligen Schrift, weil man ja Texte aus einem Zeitraum von fast 1000 Jahren liest und miteinander vergleicht.

Man kann da etwa spüren, in welchem Denk- und Vorstellungsstrom allein so ein Wort wie „Wolke" steht und was für eine theologische Aussage damit gemacht wird.
– „Meinen Bogen habe ich gesetzt in die Wolken" (Gen 9, 13)

- „Die Herrlichkeit des Herrn erschien in einer Wolke"
  (Ex 16,10)
- „Es bedeckte eine Wolke den Berg" (Ex 24,15)
- „Da bedeckte die Wolke die Hütte des Stifts" (Ex 35,38)
- „Der vor euch herging ... des Tags in der Wolke"
  (Dtn 1,33)
- „Die Worte, die der Herr redete aus der Wolke"
  (Dtn 5,19)
- „Deine Wahrheit reicht, so weit die Wolken gehen"
  (Ps 36,6)
- „Die Wolke erfüllte den inneren Vorhof" (Ez 10,3)
- „Es kam einer in des Himmels Wolken" (Dan 7,13)
- „Unser Leben fährt dahin, als wäre eine Wolke dagewesen" (Weish 2,4)
- „Da überschattete sie eine lichte Wolke" (Mt 17,5)
- „Eine Wolke nahm ihn vor ihren Augen weg" (Apg 1,9)
- „Unsere Väter sind alle unter der Wolke gewesen"
  (1 Kor 10,1)
- „Siehe, er kommt mit den Wolken" (Offb 1,7)

Dies ist nur ein Teil der „Wolken-Stellen", aber man mag schon etwas ahnen, daß es hier um verschiedene Wolken geht: um Wolken, die Gleichnis sind für das eigene Leben; um Regenwolken, die Gleichnis sind für die herabflutende Gnade Gottes; um Wolken, die „theologische Wolken" sind, d.h. durch die die geheimnisvolle Nähe des unsichtbaren Gottes ausgesagt werden will; es können „spirituelle Wolken" sein, die ausdrücken, was dem betenden Menschen passieren kann, wenn er bei seinem betenden Aufstieg „auf den Berg Karmel" in das Hell-Dunkel einer Taborwolke gerät.

Was ohne dieses Querlesen oft unverständliche Einzelheit bleibt, kann durch eine breit angelegte und fragende Lektüre zum Leuchten kommen und Einsicht gewähren. – Wenn Ignatius empfiehlt, man solle in den Exerzitien die Heilige Schrift lesen – warum nicht auf eine Weise, die so weiterführen und bereichern kann?!

Für ein solches Lesen mit einer bestimmten Fragerichtung kann man sich auch durch heutige geistliche und geistige Bewegungen oder moderne Wissenschaften Perspektiven für die Lektüre aufzeigen lassen:

Läßt nicht die *charismatische Bewegung* mit ihrem Zungenreden plötzlich Stellen aus dem 1. Korintherbrief viel plastischer sehen, als dies vor Jahrzehnten noch der Fall war? Hat nicht die *Jesus-people-Bewegung* zu einer Konzentration auf die Gestalt Jesu helfen und zeigen können, daß es undogmatische und dogmatische Zugänge zu ihm gibt – heute wie damals! Machen nicht die *Weltuntergangssekten* auf manche apokalytische Dynamik in uns selbst wie in der Geheimen Offenbarung und anderen Stellen der Schrift aufmerksam? Schärfen die Erkenntnisse der *Gruppendynamik* nicht unsere Augen für manches, was unter den Jüngern lief, etwa der „Rangstreit" um den ersten Platz im Himmelreich und die vielfachen Probleme in den Gemeinden? Lehrt uns nicht die *Psychologie*, das Innere von Menschen mehr zu verstehen, die wie die Jünger „Feuer und Schwefel vom Himmel regnen lassen wollen", weil Menschen sich nicht bekehren, – während Jesus sie anherrscht: „Seid ihr denn verrückt?!" Macht uns die *Soziologie* nicht auf soziale Vorgänge aufmerksam wie die Ablösung von der Synagoge, Initiationsritus, Entstehen neuer Bräuche usw.? Zeigt nicht die *politische Theologie,* daß Jesus zwar kein politischer Revolutionär war, daß aber die Reich-Gottes-Botschaft auch politische Implikationen hat und daß die Befreiung von Gefangenen, die Jesus verkündet, nicht nur rein spirituell zu verstehen ist? Bringt nicht die *Begegnung mit dem Judentum* neu zu Bewußtsein, daß Jesus ein Jude war und nur vom Judentum, vom Alten Testament her zu verstehen ist? Werfen nicht die Erfahrungen mit *Gebetsheilungen* und ein Stück weit auch die Parapsychologie manches Licht auf das Tun Jesu, und kann man nicht so Wundern einen neuen und alten Sinn abgewinnen? Kann nicht die *Literaturwissenschaft* mit der Erforschung der verschiedenen literarischen Gattungen ein nuanciertes Verstehen mancher Texte bringen, wenn sie erkennen läßt, was Gleichnis, Parabel, Metapher usw. sind?

Es ist hier nur in jeweils einem Satz angedeutet, wozu sich ein Buch schreiben ließe, aber vielleicht genügt dies, um deutlich werden zu lassen: Wenn man mit bestimmten Fragerichtungen an einem Text herangeht, dann kann er mehr zeigen, als wenn man dies nicht tut. Freilich wird damit auch deutlich geworden sein, daß sich sehr wenig zeigt und man sich verrennt, wenn man nur mit einer oder mit wenigen Fragen an ein Buch mit überfließendem Reichtum herangeht.

(6) Spielerischer Umgang mit der Heiligen Schrift

In den Bemerkungen von Ignatius zum Umgang mit der Schrift findet sich neben anderen Spannungsbögen der folgende: Auf der einen Seite weist er darauf hin, daß man die zu betrachtende Geschichte „wahrheitsgetreu" erzählen soll (vgl. EB 2), auf der andern Seite erlaubt er sich Freiheiten im Umgang mit der Schrift. So heißt es etwa in der Nummer 299 des EB: „Die Auferstehung Christi unseres Herrn; seine erste Erscheinung. Zuerst erschien er der Jungfrau Maria. Obgleich dies nicht in der Heiligen Schrift ausdrücklich gesagt wird, so betrachtet man es doch als mitgesagt, da berichtet wird, er sei so vielen andern erschienen. Denn die Schrift setzt voraus, daß wir verständige Einsicht haben, wie geschrieben steht: Seid auch ihr ohne Einsicht?"

Es geht darum, Einsicht und Verständnis zu gewinnen, und dies kann auch in einem spielerischen Umgang geschehen. Dabei handelt es sich um ganz normale geistige Vorgänge, die wir fast spontan benutzen, wenn wir Klarheit gewinnen wollen: Vergleiche suchen, etwas karikieren, etwas übertreiben, einmal die Gegenannahme machen usw. – Dies sind natürliche geistige Vorgänge im Verstehensprozeß. Einige von ihnen seien kurz angedeutet und durch konkrete Beispiele verdeutlicht.

Eine Weise, schärfer zu sehen, liegt darin, zum Gesagten

Gegenformulierungen zu finden. Wie würde denn das genaue Gegenteil aussehen von dem, was in der Schrift gesagt ist? Wie würde zum Beispiel das Gegenteil der Seligpreisungen aussehen? Im folgenden Text [19] wird es deutlich, wie man von Gegenformulierungen her mehr Einsicht gewinnen kann.

> „Endlich einer, der sagt:
> ‚Selig die Armen!' und nicht:
> Wer Geld hat, ist glücklich!
>
> Endlich einer, der sagt:
> ‚Liebe deine Feinde!' und nicht:
> Nieder mit den Konkurrenten!
>
> Endlich einer, der sagt:
> ‚Selig, wenn man euch verfolgt!'
> und nicht: Paßt euch jeder Lage an!
>
> Endlich einer, der sagt:
> ‚Der Erste soll der Diener aller sein!'
> und nicht: Zeige, wer du bist!
>
> Endlich einer, der sagt:
> ‚Was nützt es dem Menschen, wenn er
> die ganze Welt gewinnt!' und nicht:
> Hauptsache vorwärtskommen!
>
> Endlich einer, der sagt:
> ‚Wer an mich glaubt, wird leben
> in Ewigkeit!' und nicht:
> Was tot ist, ist tot."

Wenn man sagen würde: ‚Weh euch ihr Trauernden, denn es gibt keinen Trost für euch!'; ‚Heil euch, ihr Wortführer der Welt, ihr Gelehrten, ihr Klugen, denn euer ist die Kraft und die Macht und die Herrlichkeit und die Offenbarkeit der Geheimnisse Gottes!' – was wären das für Aussagen!

---

[19] Josef Dirnbeck/Martin Gutl: Ich begann zu beten, Innsbruck, 44.

Kann man dabei nicht in eine innere Dankbarkeit geraten, daß Jesus gesagt hat: „Vater, ich danke dir, daß du dies den Kleinen geoffenbart hast!" „Selig ihr Trauernden, denn ihr werdet getröstet werden!"

Man kann auch verständniserweiternde Gegenformulierungen für ganze Texte finden, die so zu einem Anti-Gleichnis werden. Ein Gleichnis in den Worten des Evangeliums lautet: „Was meint ihr? Wenn jemand hundert Schafe hat und eines von ihnen sich verirrt, läßt er dann nicht die neunundneunzig auf den Bergen zurück und sucht das verirrte Schaf? Und wenn er es findet – amen, ich sage euch: er freut sich über dieses eine mehr als über die neunundneunzig, die sich nicht verirrt haben" (Mt 18,12–13).

Wie sähe zu diesem Gleichnis ein Anti-Gleichnis aus? Es würde wohl etwa so lauten: „Was meint ihr? Wenn jemand hundert Schafe hat und eines von ihnen sich verirrt, wird er dann nicht bei den neunundneunzig auf den Bergen bleiben und nicht dem einen dummen Schaf, das sich verirrt hat, nachlaufen?! Und wird er nicht bei sich sagen: ‚Gottlob, daß ich meine Schafe so gut zusammenhalten konnte. Ich bin aber auch immer bei ihnen geblieben. Bloß eines ist verlorengegangen. Was ist das doch für eine Freude, der Anblick einer so großen, schönen Herde von neunundneunzig Schafen! Was macht da schon ein verlorenes Schäfchen aus?!"

Ist dieses Anti-Gleichnis nicht fast einleuchtender? Wäre es nicht fast normal, so zu denken? Denkt nicht ein Lehrer so, der „100" Schüler hat, von denen einer dumm ist? Wird der nicht sagen: Ich kümmere mich um die neunundneunzig Hochbegabten und Mittelbegabten und nicht um den einen, der geistig daneben liegt. – Kann man auf dem Hintergrund eines solchen Anti-Gleichnisses nicht besser verstehen, wenn es bei Matthäus dann heißt: „So will auch euer himmlischer Vater nicht, daß einer von diesen Kleinen verlorengeht" (Mt 18,14), und bei Lukas, der auf seine Weise frei mit dem Text umgegangen ist (oder war es Matthäus oder vielleicht beide?): „Ebenso wird auch im Himmel mehr Freude herrschen über einen einzigen Sünder,

der umkehrt, als über neunundneunzig Gerechte, die eine Umkehr nicht nötig haben" (Lk 15,7)?

Gerade an diesem Text, an der verschiedenen Ausdeutung und Akzentuierung zeigt sich, daß schon das Evangelium selber mit sich, mit seinen Vorlagen „spielerisch" umgegangen ist, daß es Akzente gesetzt, daß es versucht hat, das Wort – ohne Verfälschung – auf den jeweiligen Hörer und die jeweilige Situation hin auszuformulieren.

● Dies legt es nahe, daß auch die *Aktualisierung*[20] eines Textes neuen Aufschluß geben kann, wenn sie mit leichter Hand geschieht, d.h. wenn man sich fragt: Wie würde denn das in heutiger Sprache heißen? – dabei aber durchaus offenläßt, daß nicht jede Formulierung haargenau die Realität von damals wiedertrifft. Zum Ahnen der Wucht und der Aktualität des Wortes kann sie genügen. Als ein Beispiel für diese Aktualisierung diene die „Übersetzung" des Psalmes 79 von Ernesto Cardenal[21]:

„Jerusalem ist ein Trümmerhaufen

O Gott,
Jerusalem ist ein Trümmerhaufen,
das Blut Deines Volkes ergoß sich auf die Straßen,
rann am Rinnstein entlang,
floß durch die Kanalisation.

Die Propaganda macht uns lächerlich,
vom Haß diktiert ist alles Reden über uns.

Wie lange noch willst Du uns zürnen, Herr?
Wie lange wird Dein Zorn noch brennen,
wie nukleares Feuer, das kein Wasser löschen kann?
Weshalb sollen die Atheisten sagen:
,Wo ist euer Gott?,

---

[20] Zu verschiedenen Weisen der Aktualisierung eines Schrifttextes vgl. auch: Willi Erl/Fritz Gaiser: Neue Methoden der Bibelarbeit, Tübingen 1969.
[21] Ernesto Cardenal: Lateinamerikanische Psalmen, Hamburg 1972, 128.

Möge das Stöhnen der Gefangenen,
das Gebet der zu Zwangsarbeit Verurteilten,
das Gebet der zum Tode Verurteilten,
das Flehen aus allen Konzentrationslagern
Dein Ohr erreichen.

Und wir,
Dein Volk,
wollen ewig Dich loben,
wir wollen Dich preisen
von Generation zu Generation."

Sicher gehört der Klagepsalm 79 nicht zu den Stellen der Heiligen Schrift, die eine Übersetzungsarbeit sehr notwendig machen, weil er in vielem auch unser heutiges Sprachempfinden noch unmittelbar anspricht. Aber man kann doch spüren: Wenn die „Gottlosen", wie es in der normalen Übersetzung heißt, „Atheisten" genannt werden, „die Schmach in den Augen der Nachbarn" zur „Propaganda" wird, die „lächerlich macht", und die „Todgeweihten" zu „Menschen in Konzentrationslagern" werden – dann ist es schwieriger, dem Anspruch des Textes auszuweichen als bei einer altertümelnden Sprachgestalt.

Sicher, man muß mit solchen Übersetzungen vorsichtig sein. Die Titel „Rabbi" oder „Herr" mit „Boß", „Jesus unser Chef" zu übersetzen, klingt zwar sehr aktuell und heutig, geht aber an der Wirklichkeit Jesu vorbei. Dennoch: Im Rahmen der gebotenen Vorsicht kann die Aktualisierung zur Verlebendigung dienen.

Die Stufe des „mehr inneren Verstehens"

(1) Die benediktinische Methode: lectio – meditatio – oratio

Die benediktinische Methode ist eine Weiterführung und Vertiefung des aufmerksamen Lesens. Ihre drei Schritte sind lectio/Lesung – meditatio/Meditation – oratio/Gebet.

Für die *Lesung* empfiehlt es sich, einen Text zu nehmen,

der einem schon etwas geläufig ist, wo man sich also nicht jedes Wort, jeden Satz erst geistig neu und erstmals erarbeiten muß. Wenn man sich einen solchen Text – einen Schrifttext etwa – gewählt hat, macht man es am besten wie bei einem Spaziergang: Man geht so dahin, in dem Tempo, in dem man sich wohlfühlt – und bleibt dort stehen, wo es einem gefällt. Also: Man liest ein paar Worte oder einige Sätze oder eine halbe Seite, bis man sich irgendwo angesprochen fühlt. Beispielsweise: „Wenn das Weizenkorn nicht in die Erde fällt und stirbt, bleibt es allein."

Jetzt beginnt die *Meditation*, d. h. eine bestimmte Weise der Meditation. Meditieren in seinem hebräischen Sinn bedeutet ja so etwas wie „im Mund hin-und-her-bewegen", Wiederkäuen. Allein durch dieses „Wiederkäuen" – ein Bild, das in der geistlichen Tradition oft gebraucht wird – ändert sich das Wort, so wie Speise sich ändert, wenn sie eingespeichelt und gekaut wird. Also einfach den Satz immer wieder wiederholen: „Wenn das Weizenkorn nicht in die Erde fällt und stirbt, bleibt es allein"; „wenn das Weizenkorn ..." Immer wiederholen; den ganzen Satz oder einzelne Teile oder einzelne Worte.

Das geschieht zum Beispiel ja auch beim Spaziergang: Man bleibt stehen, um etwas genauer anzusehen. Man bleibt stehen, damit nicht ein neuer Eindruck nach dem anderen sich einstellt, damit die Eindrücke sich nicht gegenseitig verwischen. Bleiben! Anschauen! So wie man mit dem Auge nicht nur einen Augenblick auf einen schönen Baum schaut, sondern viele Augenblicke unverwandt bleibt, so geschieht dies beim wiederholten Hören und Sprechen des Wortes.

Dann geht es einen Schritt weiter: zum *Gebet*, zum nachdenkenden, erwägenden, ansprechenden Gebet, d. h. zu einem Sprechen, das im Bewußtsein der Auferstehungsgegenwart des Herrn geschieht: „Wenn das Weizenkorn nicht stirbt!" Muß das wirklich sein, Herr? Dieses Sterben? Ist das das Gesetz des Lebens, daß man stirbt? Ja, ich werde sterben müssen. Herr, auch ich sehe die Erde, das Grab vor mir. Muß das sein? Es wird sein? Und was wird mit mir sein? „Wenn das Weizenkorn nicht stirbt …" – „Mußte der Menschensohn nicht sterben?" Dein Wort an die Jünger, Herr! Sterben, um zu leben? Auch ich? Um zu leben und um Gemeinschaft zu haben … Ja, ich habe es heute wieder erlebt, wie sehr mir Gemeinschaft fehlt, – aber Sterben? „Wenn das Weizenkorn nicht stirbt …" Ja, du bist gestorben für die Liebe des Vaters; für die Liebe unter den Menschen, du hast Gemeinschaft gestiftet durch deinen Tod. Sollte auch ich …? Herr, … Es gibt so vieles, was mich von diesem Sterben, das zum Leben führt, abhält … Willst du es nicht wegnehmen, was das wahre Leben in mir hindert? Ich will hierbleiben und warten, bis ich bereit bin … „Wenn das Weizenkorn nicht stirbt …"

Dies sind Worte des Gebetes. Sie sind es, wenn sie von innen kommen, wenn sie persönliche Aussage sind. Es sind dies viele Worte. Vielleicht zu viele. vielleicht kommt irgendwann in diesem Beten auch der Augenblick, wo die eigenen Worte aufhören und man mehr ins Hören, ins Vernehmen kommt. Dann erst ist das Gebet nicht nur eine „Ansprache", die man auf Gott hin hält, sondern ein Aussprechen, ein inneres Geben und Vernehmen.

Es kann sein, daß man auf dem benediktinischen Weg an einem Tag nur eine Station macht oder auch weitergeht und nochmals an einem anderen Wort anhält, das einen anspricht, und darüber ins Meditieren und Beten kommt.

(2) Die Västerås-Methode

Eine andere, etwas strukturiertere Weise, einen Text der HeiligenSchrift besser zu verstehen, ist die sogenannte Västerås-Methode – so benannt nach einem Ort in Schweden, in dem eine spezielle Weise der biblischen Gesprächsführung entwickelt wurde. Deren erster, individueller Teil sei kurz vorgestellt.

Man liest einen Text Vers für Vers, mit einem Bleistift in der Hand. Mit diesem Bleistift macht man überall ein kleines Zeichen, wo dies angebracht erscheint. Dabei werden drei Zeichen verwendet: erstens ein Fragezeichen, das man überall da setzt, wo man mit etwas nicht zurechtkommt, es nicht versteht, wo sich einem eine Frage stellt; zweitens ein Ausrufezeichen, das man überall dorthin schreibt, wo einem beim Lesen etwas klargeworden ist; das dritte Zeichen ist ein Pfeil, den man überall dorthin zeichnet, wo man sich von einem Wort, einem Satz betroffen fühlt. – Sicher, man braucht das nicht so zu machen. Man kann auch ohne Zeichen fragend, erkennend, betroffen lesen, aber wenn man es so handgreiflich tut, zwingt man sich selber ein wenig dazu, langsam, bedächtig und aufmerksam einen Text wahrzunehmen. – Der eigentliche betende Umgang ist dies noch nicht, aber doch eine Möglichkeit zum Verstehen und zur Vorbereitung und eine liebevolle Aufmerksamkeit. So wie wenn man bei einem Vortrag etwa wirklich zuhört und nicht nur dahinträumt; wie wenn man mit dem Gesagten in eine echte Auseinandersetzung kommen will und nicht nur seine Allgemeinbildung durch das „Überfliegen" eines Buches, „das man gelesen haben muß", unter Beweis stellen will.

(3) Die psychographische Lektüre

Vom Geographieunterricht in der Schule her sind jene Landkarten wohl bekannt, an deren Rand unten eine sogenannte Karten-Legende angebracht ist. Dort werden die Farben und Symbole der Karte aufgeschlüsselt: z. B. dunkelbraun kennzeichnet die höchsten Berge, grün die tiefer gelegenen Landstriche etc. Man kann dadurch auf einer solchen Karte die Struktur einer Landschaft erkennen: die physikalische, die wirtschaftliche, die meteorologische Struktur. Man weiß, welche Zeichen einen Brunnen, ein Schloß, einen Wasserlauf, eine Eisenbahnlinie usw. bedeuten.

Die Heilige Schrift nicht geographisch, sondern „psychographisch" zu lesen will besagen: Die Schrift, jeder Text ist wie ein geheimnisvolles Land, das Bekanntes und Unbekanntes birgt: Hohes und Tiefes und Flaches, Wasser und Wüsten, Abgründe und Schätze. All dies nun wirkt anziehend, einladend, abstoßend oder irritierend auf unser Empfinden – so wie auch verschiedene Landschaften auf verschiedene Fluggäste verschieden wirken können. Es ist verschieden, ob man in einem Suchflugzeug, einem Aufklärer, einem Reise-Jet oder in einer Sportmaschine über eine Landschaft gleitet.

Aus dem Bild in Klartext übersetzt: Wir reagieren auf Schriftworte gelangweilt, gefesselt, fasziniert, beunruhigt, erzürnt, ängstlich, aufgebracht, traurig usw. – Es passiert dem Leser von heute wohl Ähnliches – oder kann doch gelegentlich passieren –, was den Hörern des Wortes Jesu damals auch geschah: Sie waren empört über seine „harte Rede", hingerissen von der Macht seiner Botschaft, traurig über seinen Verzicht fordernden Nachfolgeruf, jubelnd vor Freude über die demütige Liebe Gottes, tränenvoll vor Dank über die verzeihende Zusage des Heils, geängstigt durch Klarheit und vielleicht auch gelegentlich gelangweilt, wenn er Gleichnisse erzählte, die wohl andere, aber nicht sie persönlich betrafen.

Man kann sich nun, wenn man diesen inneren Berührungen durch das Wort nachgehen will, eine eigene Karten-Legende anlegen und für verschiedene Empfindungen verschiedene Farben gebrauchen: etwa grau für Schriftstellen, die mich nicht sonderlich berühren; rot für Sätze, die mich provozieren; blau für Worte, die eine eigentümliche Ruhe auf mich ausstrahlen; grün für Worte, die in mir Hoffnung entstehen lassen; orange für Worte, die Freude und Liebe in mir aufbrechen lassen; schwarz für Worte, bei denen ich dunkel sehe und die mich änstigen. So kann ich dann langsam einen Text lesen und auf die Empfindungen achten, die in mir dabei wachgerufen werden, und den Text entsprechend unterstreichen.

In einem weiteren Schritt kann ich mich dann fragen: Warum habe ich da eigentlich so und nicht anders reagiert? Warum erfüllt mich das Wort vom Weltgericht mit Ängstlichkeit – oder: Warum berührt es mich nicht? Welchen

Farbton hat etwa – auf dem Hintergrund meiner Lebensgeschichte – das Wort: „Wollt auch ihr gehen? – Herr, wohin
sollten wir gehen?! Du allein hast Worte ewigen Lebens!"

Was man so für einen einzelnen Text macht, kann man
auch für größere Stücke tun. Man kann dabei einiges über
sich selber, über seine eigenen Reaktionen, aber auch über
das Wort Gottes erfahren. Es ist klar: Dabei geht es nicht
ums Malen, sondern ums aufmerksame Lesen. So wie es
Ignatius um Jesus ging, als er sich mit blauer und roter
Tinte aus dem „Leben Christi" Auszüge machte, und nicht
ums Schönschreiben. Die Saiten der eigenen Empfindungen ganz dicht an den Text heranzuhalten und zu schauen,
welche in Schwingung geraten; mit dem Seismographen
des eigenen Herzens die Erschütterungen, die von einem
Wort ausgehen, aufzuzeichnen und auf diesem Weg dem
Anruf der Heiligen Schrift zu begegnen – darum geht es bei
der „psychographischen" Weise des Umgangs mit ihr.

(4) Die Heilige Schrift als Textbuch für ein Rollenspiel

Wer gelegentlich in einem Kindergottesdienst oder im Religionsunterricht Kinder ein katechetisches Spiel spielen
sah, hat eine Vorstellung davon, wie sehr dadurch die Aussage eines Textes zum Sprecher kommen kann. Freilich
geht es dabei nicht immer ganz streng biblisch zu. Als Kinder einer Schulklasse die Stelle von der Begegnung des
Auferstandenen mit Maria spielten, sagte der Jesusdarstel-
ler programmgemäß: „Halte mich nicht fest!" – Die Maria
aber hielt sich nicht an die Textvorlage, sondern packte den
Jesus fest und sagte: „Naa! – wenn i di bloß hob!" Sicher ist
dies ein sehr freier Umgang mit dem Text, und man
braucht es nicht darauf anzulegen, das Gesagte ins Gegenteil zu verkehren, aber in einem solch freien Umgang mit
dem Text kommt man näher an inneres Geschehen heran
als durchs bloße Lesen.

Wie kann man nun selber, für sich allein, mit einem Text
„dramatisch" umgehen? – Man kann eine Schriftstelle ein-

mal als kurzes Exposé für einen Kurzfilm oder als Grundlage für ein Theaterspiel in einer Jugendgruppe ansehen und sich selber dabei als Regisseur. Dieser muß sich ja in alle Rollen einfühlen, muß gleichzeitig die Umgebung, das ganze Szenarium im Auge haben. Vor allem muß ihm die eigentliche Grundidee des Stückes klar sein. Der dramatische Umgang mit der Heiligen Schrift bedeutet also, daß man sich innerlich in die verschiedenen Rollen hineinversetzt und sie durchdenkt und durchfühlt. Wenn ich den Petrus darzustellen hätte oder einen Pharisäer oder Maria oder Jesus – wie würde ich da wohl agieren, denken, fühlen, sprechen? Dies ist die Aufgabentellung: sich in die entsprechenden Personen richtig einzufühlen, so als ob man sie glaubwürdig und im Rahmen der vorgegebenen Spielvorlage darzustellen hätte. Was etwa bei Passionsspielen in Oberammergau in großem Stil getan wird, tue ich hier auf eine bescheidenere innerlichere Weise selber, um das Geschehen und seine Dimensionen besser zu verstehen.

Ignatius selber benützt eine solche dramatische Weise des Umgangs mit der Schrift. Dies wird etwa deutlich in der Betrachtung von der Geburt Jesu:

„Die Personen sehen, nämlich unsere Herrin sehen und Josef und die Magd und das Kind Jesus, nachdem es geboren ist; ich mache mich dabei zu einem kleinen armen und unwürdigen Knechtlein, das sie anschaut, sie betrachtet und ihnen in ihren Nöten dient, ganz so, als wäre ich gegenwärtig, mit aller nur möglichen Ergebenheit und Ehrfurcht" (EB 114).

Hier ist also sogar eine Rolle dazu erfunden worden, um sich so mitten in ein Spiel der Phantasie hineinzubegeben und imaginativ das Geschehen zu erfassen, eine möglichst lebendige Vorstellung zu bekommen – „zu beten mit allen Kräften". Dabei geht es nicht darum, beherrschend, manipulativ, mit der Hand eines kräftigen Regisseurs und frei nach eigenen Ideen herumzuwerfen, sondern, „mit aller nur möglichen Ehrerbietung und Ehrfurcht" dabeizusein.

Für Ignatius ist dieses Dabeisein noch nicht der letzte Schritt. Er gibt einen nächsten an: „Und danach mich auf mich selbst zurückbesinnen, um irgendeinen Nutzen zu ziehen" (EB 114). Dies heißt: Nachdem ich durch das ehrfürchtige Spiel der Phantasie etwas innerlich erlebt habe, gilt es herauszuspüren, was dieses Geschehen mir sagen will, welche Bedeutung es hat für das eigene Leben.

Auch diese Rückbesinnung auf sich selbst ist für Ignatius jedoch noch nicht der letzte Schritt. In EB 117 schreibt er:

„Schließen mit einem Zwiegespräch, so wie in der vorhergehenden Betrachtung", bei der es hieß: „Zum Schluß ist ein Zwiegespräch zu halten; überlegen, was ich den drei göttlichen Personen oder dem menschgewordenen Ewigen Wort oder Unserer Mutter und Herrin sagen soll; entsprechend dem, was jeder in sich verspürt, bitten darum je mehr Unserem Herrn, der soeben Mensch geworden ist, nachzufolgen und ihn nachzuahmen; dann ein Vaterunser beten."

Es wird also das innere Ereignis ausgewertet und das im imaginativen Spiel Erlebte in ein Gespräch übersetzt. Wenn das, was ich da innerlich als Wahrheit und Wirklichkeit erspürt habe, sich mit meiner Sehnsucht nach dem Herrn verbindet, – was kann, ja was „muß" ich dann zu ihm sagen? Dieses Wort, das aus innerem Erleben gewachsen ist, kann dann zur betenden Anrede werden. Und diese betende Anrede kann wieder eine Vorstufe zu betendem Hinhören sein. Durch das imaginative Spiel sollen Worte gefunden und durch das Gespräch den Worten eine Richtung gegeben werden auf das göttliche Du hin.

Auch hier sieht man wieder, daß es im Beten ein „Gefälle" gibt: von der dramatischen Vorstellung zum Verstehen und weiter zur inneren Begegnung.

(5) Die Suche nach dem Wort, das „sich heute erfüllt hat" an mir

Im vierten Kapitel des Lukasevangeliums wird berichtet, daß Jesus nach seiner Gewohnheit am Sabbat in die Synagoge ging und eine Schriftstelle aus Jesaja vorlas: „Der Geist des Herrn ruht auf mir; denn er hat mich gesalbt, er hat mich gesandt, um den Armen die Heilsbotschaft zu bringen, um den Gefangenen die Befreiung und den Blinden das Augenlicht zu verkünden, um die Zerschlagenen in Freiheit zu setzen und ein Gnadenjahr des Herrn auszurufen" (Lk 4,18–19). Danach setzt sich Jesus und sagt: „Heute hat sich das Schriftwort, das ihr eben gehört habt, erfüllt."

Es wird hier also die Verbindung hergestellt zwischen einem Ereignis, einem Heilsereignis und dem Wort der Schrift. Leben wird gedeutet als Erfüllung von religiöser Erwartung.

So ein Vorgang kann immer auch im eigenen Leben stattfinden. Wie? Indem man zunächst versucht, die eigene Situation zu sehen, zu verstehen – und sich dann auf die Suche nach einer Schriftstelle begibt, die auf die eigene Lebenssituation ein Licht wirft bzw. in ihr zur Erfüllung gekommen ist: Vielleicht ist ein Wort der Verheißung zur Erfüllung gekommen, vielleicht ein Gerichtswort. Man darf davon ausgehen, daß jede Situation irgendwie in einer inneren Verbindung zum heiligen Gotteswort steht. Man ist lau oder verhärtet oder hörend oder liebevoll oder wie die Pharisäer oder wie ein Zöllner, zerschlagen oder erhoben. – Was hat sich heute erfüllt an mir? Wie sieht die Perikope meines heutigen Tages aus? Wo findet sich das Evangelium *meines* Lebens wieder im Evangelium *des Lebens*? Man kann auch den umgekehrten Weg gehen: irgendein beliebiges Schriftwort nehmen und dann anfangen zu suchen, wie und wann sich dieses Wort schon einmal oder oft in meinem Leben ereignet hat.

Was in jedem Fall geschieht, ist, daß *Leben* und *Schriftwort* zur Begegnung gebracht werden und damit ein *gegenseitiger Verlebendigungsprozeß* einsetzen kann. Auch bei Ignatius ist immer diese Doppelbewegung zu sehen. Es geht ihm nie um ein Schriftverständnis um des Schriftverständnisses willen und nie um einen Lebensprozeß, der sich neben dem Evangelium, am Evangelium vorbei ereignet. Vor allem die oft gebrauchte Formulierung bei den Schriftbetrachtungen „und dann sich zurückbesinnen auf sich selber" ist ein Zeugnis dafür, daß Ignatius mit zwei

Augen schaut: auf das Evangelium und auf sich selber; darauf, wie sein Leben, er selber – „als Dienerlein" –, im Evangelium vorkommt und wie das Evangelium, der Ruf Christi sich in seinem Leben ereignet.

Vielleicht können *zwei Beispiele* die Bewußtseinsprozesse, die sich bei der Begegnung von Leben und Evangeliumswort abspielen, etwas verdeutlichen: Das erste stammt aus der Autobiographie einer Frau, die Muselmanin und Kommunistin war und dann den Weg zum christlichen Leben fand. Sie schreibt: „Habe eben, endlich, mit meinem ganzen Wesen des Gleichnis von Maria und Martha begriffen, das mich immer geärgert hatte; die Vorwürfe, die Jesus der in Hausarbeiten erstickenden Martha gemacht hat, sind mir immer als Gipfel der Ungerechtigkeit vorgekommen. Aber eben vorhin habe ich erlebt, daß es mich mehrere Male heftig zum Gebet drängte und ich trotzdem jedesmal einen Vorwand fand, es nicht zu tun; und ich ließ mich ablenken, übrigens durch eine nützliche Beschäftigung, nicht durch etwas Vorgetäuschtes. Und da begriff ich plötzlich, was ich war: Martha! An mich hatte Christus jene vorwurfsvollen Worte gerichtet, und sie erhielten nun einen neuen Sinn. Ja, es war klar, ich zog es vor, mich zu betätigen, statt mich zu seinen Füßen zu setzen, statt mich zu sammeln, um seinem Wort besser lauschen zu können."[22]

Was geschieht hier? Ein Mensch lebt in einer bestimmten Lebenssituation, die er als verkehrt erfährt, und da fällt ihm plötzlich das Schriftwort ein. Genau das ist es! Genau das hat sich heute erfüllt, in dieser Stunde: Ich bin ja Martha! Hier geschieht ein unbewußtes Suchen und Finden.

Diese Frau hat vermutlich nicht gefragt: Welche Schriftstelle „paßt" jetzt dazu? Aber sie war wohl immer unbewußt auf der Suche nach dem Verständnis – sie hatte sich ja immer geärgert – und jetzt wird ihr das, was sie geärgert hat, zum Licht für die Lebenssituation.

Der umgekehrte Weg – sehr bewußt gewählt – zeigt sich

---

[22] Banin: Ich habe das Opium gewählt. Graz 1960, 257 f.

in dem „Gleichnis vom großen Terminkalender". Da hat wohl ein Prediger versucht, zum Sonntagsevangelium die passende Stelle im Leben, den „Sitz im Leben" von heute zu finden, und ihn in der Hetze seines eigenen Lebens gefunden und dies dann literarisch gestaltet: Der Tor des Evangeliums, der seine Scheunen füllt und baut, ist nicht nur eine Gestalt der Schrift, sondern eine, die es im Leben – in meinem Leben gibt:

Das Gleichnis vom großen Terminkalender: Ein Mann hatte einen großen Terminkalender und sagte zu sich selbst: „Alle Termine sind eingeschrieben, aber noch sind die Tagung X und die Konferenz Y sowie die Sitzung der Unterausschüsse und die Treffen unseres Teams nicht eingeplant. Wo soll ich sie alle unterbringen?" – Und er kaufte sich einen größeren Terminkalender mit Einteilungsmöglichkeiten der Nachtstunden, machte aus Abendessen – Arbeitsessen, aus Wochenenden – Klausurtage, disponierte noch einmal, trug alles sorgfältig ein, und sagte zu sich selbst: „Nun sei ruhig, liebe Seele, du hast alles gut eingeplant, versäume nur nichts!" Und je weniger er versäumte, umso mehr wuchs sein Informationsvorsprung – er konnte überall klug mitreden; er stieg im Ansehen und wurde in den Ausschuß B und in den Vorstand K gewählt, zweiter und erster Vorsitzender, Ehrenmitglied, – und eines Tages war es dann so weit, und Gott sagte: „Du Narr, diese Nacht stehst Du auf meinem Terminkalender!"

Diese Begegnungsweise mit der Schrift ist nicht mehr nur ein äußerliche, nicht mehr nur „Denken", wie Bernhardin sagt, sondern schon ein Verstehen oder sogar schon ein „Begreifen mit meinem ganzen Wesen".

(6) Inneres Verstehen durch Vergleichen

Was tut Jesus selber?, könnte man auf der Suche nach tieferen Verstehensmöglichkeiten der Schrift ja auch einmal fragen. Was er tut, wird in der oftmaligen Frage, ja Formel, deutlich: „Womit sollen wir das Himmelreich vergleichen?" Durch Vergleiche aus dem alltäglichen, heimatlichen, bekannten Leben wird Außergewöhnliches, Fremdes, Geheimnisvolles verständlicher gemacht. Dies ist bei jedem, der sich verständlich machen will und spürt, daß das Gegenüber nicht recht mitkommt, ein natürlicher und spontaner Vorgang: daß er nach Vergleichen sucht, um das Gemeinte verständlicher zu machen. Auch Ignatius gebraucht oft und sehr bewußt den Vergleich, um das Wort der Schrift besser zu verstehen. Gerade die zentrale Betrachtung „vom Ruf Christi" bringt ausführlich diese vergleichende Geistesbewegung, mit der Ignatius sich und andere zu größerem Verstehen und durch dieses zu intensiverer Nachfolge motivieren will:

„Der erste Punkt ist: sich einen menschlichen König vor Augen zu stellen, von Gott unserem Herrn selber gewählt, dem alle Fürsten und alle Christenmenschen Ehrfurcht erweisen und gehorchen.

Der zweite: schauen, wie dieser König alle die Seinen anredet und spricht: Mein Wille ist es, das ganze Land der Ungläubigen zu unterwerfen; deshalb, wer mit mir kommen will, der hat damit zufrieden zu sein, zu essen wie ich und ebenso zu trinken, sich zu kleiden usw. Ebenso muß er wie ich bei Tag sich abmühen und bei Nacht wacher usw., damit er so nachher auch mit mir Anteil am Sieg erhalte, wie er teilhatte an den Mühen.

Der dritte: erwägen, was die guten Untertanen einem so freigebigen und menschenfreundlicher König antworten müssen; und folgerichtig, wenn einer den Bittruf eines solchen Königs nicht annehmen würde, wie sehr er wert wäre, vor der ganzen Welt getadelt und als entarteter Ritter angesehen zu werden.

Der zweite Teil dieser Übung besteht darin, das oben erwähnte Gleichnis des zeitlichen Königs auf Christus unseren Herrn anzuwenden, entsprechend den drei angeführten Punkten.

Zum ersten Punkt: Wenn wir schon einen derartigen Ruf des zeitlichen Königs an seine Untergebenen erwägen, um wieviel mehr ist es dann der Erwägung würdig, Christus unseren Herrn, den Ewigen König, zu schauen und vor ihm die ganze, allumfassende Welt, an die Er (als ganze) sowie an jeden einzelnen im besonderen Seinen Ruf richtet und spricht: Mein Wille ist es, die ganze Welt und alle Feinde zu unterwerfen und so in die Herrlichkeit (Glorie) meines Vaters einzugehen. Wer deshalb mit mir kommen will, hat sich zusammen mit mir abzumühen, damit er, wie er mir in der Mühsal folgte, so mir auch folge in der Herrlichkeit (Glorie).

Der zweite: erwägen, daß alle, die Urteil und Vernunft haben, ihre ganze Person zu jenen Mühen anbieten werden" (EB 92–96).

Ignatius geht also von seiner eigenen Lebenswirklichkeit und von der seiner Zeit – einer christlichen Kreuzzugmentalität – aus. Von hierher will er motivieren: Wenn wir schon bereit sind, uns für einen irdischen König so einzusetzen, um wieviel mehr für den himmlischen König – Christus. Auch in der Betrachtung „von den Menschengruppen" geht Ignatius von einem Vergleich, von einem Beispiel aus, um eine Situation deutlich zu kennzeichnen und so einen Entscheidungsraum für den Exerzitanten herzustellen: Geht meine innerste Sehnsucht nach der ersten, der zweiten oder der dritten Menschengruppe? Was will ich eigentlich? Wohin fühle ich mich eigentlich gerufen?

Auch in der Heiligen Schrift finden sich – wie eingangs schon angedeutet – die gleichen geistlichen Vorgänge: wenn Jesus etwa das Beispiel von der zudringlichen Witwe erzählt (Lk 18,2–8) oder von dem Freund, der schließlich Brot leiht, weil der Nachbar so aufdringlich klopft; Jesus schließt daran die Frage an: „Wenn nun schon ihr, die ihr böse seid, euren Kindern Brot gebt und nicht eine Schlange, wenn sie um einen Fisch bitten – *um wieviel mehr* wird der Vater euch den Heiligen Geist geben, wenn ihr darum bittet!" (Lk 11,5–13). Wenn schon kein Spatz vom Himmel fällt ohne den Willen des Vaters – um wieviel mehr wird er sich für jeden von euch sorgen! Ja, jedes Haar auf eurem Haupt ist gezählt! Ihr braucht euch also nicht ängstlich zu sorgen (vgl. Mt 6,25–34). Jesus will durch Einsicht zu einer neuen Haltung, zu einer neuen Lebensperspektive, zu größerem Vertrauen motivieren. Er will helfen, daß seelische „Schlüsse", d. h. „Ent-schlüsse", leichter gezogen werden. Eine Lebenswirklichkeit, mit der man ineinsgeht, mit der man sich identifiziert hat, wird wachgerufen, um so die Augen zu öffnen für die noch viel größere Wirklichkeit: den „Deus semper maior", den immer größeren Gott.

(7) Das Wort tun, *um es zu verstehen*

Es gibt verschiedene Untersuchungen im Rahmen der Lernpsychologie, die statistisch den Unterschied im Aufnehmen erfassen: je nachdem, ob man etwas liest, liest *und* hört oder liest, hört *und* tut. Mögen die Prozentzahlen bei den einzelnen Untersuchungen auch verschieden ausfallen und verschieden deutbar sein, so wird doch klar: Mit Abstand am meisten versteht, lernt und behält man, wenn man etwas *tut*. Das wird jeder Hausfrau sofort einleuchten: Es ist ein Unterschied, ob sie ein Rezept in einer Zeitschrift überfliegt, ob sie es von einer Freundin genau geschildert bekommt, nachdem sie deren Kuchen gelobt hat, oder ob sie selber hingeht und das Rezept unter Anleitung einmal ausprobiert.

Aber es ist nicht nur so, daß man durchs Tun etwas besser behält; man versteht durchs Ausprobieren auch vieles gründlicher. Gerade unsere Zeit mit ihrem Hang zum Experiment, zur Erfahrung hat dafür ein deutliches Gespür. Ein Arzt, der selber mal an Ischias gelitten hat, entwickelt ein viel genaueres Gespür fürs Kranksein, als wenn er bloß theoretisch darüber Bescheid weiß oder mal etwas über den menschlichen Umgang mit Kranken gehört hat. Hundert Beispiele ließen sich für diese Wahrheit anführen.

Auch die Heilige Schrift ist ein Buch zum Tun. Nicht nur ein Buch, das zum Tun auffordert, das uns sagt, daß jene nicht gerettet werden, die nur „Herr, Herr" sagen und im übrigen tun, was ihnen selber paßt. Die Schrift ist vor allem ein Buch, das sich erst im Tun richtig erschließt. Petrus, der auf den Wogen geht, ist ein sprechendes Zeugnis dafür. Es ist nicht ausgeschlossen, daß die Jünger im Boot auch ihren Glauben hatten – Kleinglaube wird er oft genannt –, aber was es wirklich heißt zu vertrauen, das hat Petrus wohl besser verstanden im Blick auf die Wogen, die ihn zu verschlingen drohten.

„Hört das Wort nicht nur an, sondern tut es; sonst betrügt ihr euch selbst. Wer das Wort nur hört, aber nicht danach handelt, ist wie ein Mensch, der sein Gesicht im Spiegel betrachtet: Er betrachtet sich, geht weg, und schon hat er vergessen, wie er aussah. Wer sich aber in das vollkommene Gesetz der Freiheit vertieft und bei ihm bleibt, wer es nicht nur hört, um es wieder zu vergessen, sondern danach handelt, der wird durch sein Tun glücklich sein" (Jak 1,22–25).

Vielleicht kann man diesen Text aus dem Jakobusbrief so deuten: Die bloße Betrachtung ist ein zu weiches Element; die Selbsterkenntnis in der Betrachtung des Schriftwortes reflektiert das eigene Antlitz und das Jesu Christi nur wie das Wasser; d. h. solange man hineinschaut. Das Tun ist ein festeres, im Alltag verankertes Element. Es reflektiert auf eigene Weise das eigene Antlitz und das Jesu Christi. Wenn das meditierende Beten eine Dimension des Menschen ausschließt – das konkrete Tun und Leben –, dann verblaßt die Erkenntnis. Umgekehrt: Wenn einer das Evangelium tut, dann kann er es und auch sein Verhältnis zu ihm im Medium, im Spiegel des Lebens erblicken und verstehen: Vom Altar umkehren und sich um Versöhnung mühen, beim Beten in die „stille Kammer" gehen (und nicht neben dem Telefon sitzenbleiben), den Becher Wasser dem Durstigen geben, den Betrübten trösten, auf Rechthaberei stillschweigend verzichten, doppelt geben, – dies sind Weisen, das Evangelium „auszuprobieren", um so seiner Wahrheit näherzukommen.

Eine der Geschichten aus der Autobiographie von Ignatius zeigt, wie er mit dem Wort experimentiert hat – mit dem Wort, die Boten des Evangeliums sollten ohne Geldbeutel unterwegs sein (Lk 9,3). Ignatius bezieht sich zwar nicht ausdrücklich auf diese Stelle, aber es geht ihm wohl um diese Einladung, d. h. um das Leben aus Vertrauen:[23]

„So brach er denn zu Anfang des Jahres 1523 nach Barcelona auf, um dort an Bord eines Schiffes zu gehen. Obgleich

---

[23] Vgl. dazu das Stichwort, unter dem Ignatius und seine ersten Gefährten ihr Grundanliegen zusammenfaßten: in Armut predigen (vgl. dazu das gleichnamige Buch von Günter Switek, Würzburg 1972).

sich ihm mehrere Möglichkeiten einer Reisegesellschaft anboten, wollte er doch lieber allein reisen. Denn sein ein und alles war, Gott allein als Zuflucht haben. Eines Tages redeten einige gar sehr auf ihn ein, er solle sich doch ja einer bestimmten Reisegesellschaft anschließen, da er weder die italienische noch die lateinische Sprache verstehe; und sie wiesen darauf hin, wieviel Hilfe er damit fände, und waren voll des Lobes über jene Gruppe. Da sagte er, selbst wenn es der Sohn oder der Bruder des Herzogs von Cardona wäre, würde er nicht in seiner Begleitung die Reise machen. Denn er wünsche drei Tugenden ganz zu besitzen: Liebe, Glaube und Vertrauen. Falls er nun die Reise in Begleitung von jemandem mache, würde er von diesem Hilfe erwarten, wenn er einmal Hunger haben sollte; und wenn er einmal stürze, würde er damit rechnen, daß sein Begleiter ihm wieder auf die Beine helfe ... Entsprechend diesen Überlegungen war er gewillt, nicht bloß allein, sondern auch ohne jeden Mundvorrat an Bord zu gehen. Wie er sich nun um einen Schiffsplatz bemühte, erreichte er zwar von einem Kapitän des Schiffes, daß er ihn umsonst mitnähme, da er keinen Pfennig Geld habe; aber jener stellte die Bedingung, daß er seine Ration Zwieback als Zehrung auf das Schiff mitzubringen habe, andernfalls, ließe man ihn um keinen Preis der Welt an Bord .. " (PB 35, 36).

Schließlich sammelt Ignatius auf den Rat des Beichtvaters Geld, kauft den Zwieback, läßt aber die paar Pfennige, die übrigbleiben, auf einer Bank am Strand liegen. Vielleicht ist auch das ein bißchen noch ein Abschnitt auf dem Lern-Weg des „dummen Schülers Gottes", wie Ignatius sich selber sieht. Vielleicht. Sicher aber ist, daß Ignatius deutlicher gespürt hat, als eine bloße Lektüre jemals vermitteln könnte, was es heißt, als Armer und aus Hoffnung und „vom Gnadenbrot" zu leben.

Wo für den einzelnen die Bänke am Strand stehen, auf denen man die letzten Pfennige oder etwas anderes liegenlassen kann, das mag verschieden sein. Daß das Verstehen des Evangeliums aber im Tun geschieht, wird deutlich geworden sein. Damit ist dann auch klarer geworden, wie Jesus selbst den Zugang zur Evangeliumswahrheit sieht: „Die Juden staunten und sagten: Wie kann er die Schrift kennen, ohne unterrichtet zu sein? Jesus antwortete ihnen: Meine Lehre stammt nicht von mir, sondern von dem, der mich gesandt hat. Wer bereit ist, den Willen Gottes zu tun, wird erkennen, ob die Lehre von Gott stammt oder ob ich von mir aus spreche" (Joh 7,15–17).

Hier wird also das Tun des Wortes, des Willens Gottes als Unterscheidungskriterium angegeben, um herauszufinden, ob das Wort der Schrift, das Wort Jesu von Gott stammt oder ob es nur menschliche Worte und Weisheiten sind. Wer das Wort tut, der wird zur Erkenntnis seiner Wahrheit gelangen, er wird an der Wirkung die Wirk-lich-keit dieses Wortes erfahren.

Die Stufe des „innersten Mitfühlens"

Der Bereich des innersten Mitfühlens, von dem Bernhardin von Siena spricht, ist nicht mehr methodisch erschließbar – es sei denn, man würde das Leben selber als Weg, als Weise, als Methode verstehen. Der Weg ist das, was für Maria der Weg zum Kreuz hin war, oder für Maria von Magdala der Weg zum Grab. Da wird man dann in Begegnung hineingenommen, hineingerissen, in der man selber aber inaktiver wird. Von diesen Ereignissen gibt es nur Zeugnisse, nicht Gebrauchsanweisungen. Lassen wir solche Zeugnisse sprechen.

Etwa wenn Ignatius „mit den Augen seiner Seele" (PB 29) Christus sieht unter der Gestalt der Sonne oder wenn er „in Andacht versunken ... so dahingeht" und sich niedersetzt und für eine Weile auf den Fluß schaut, „der tief unten dahinfloß": „Wie er nun so dasaß, begannen die Augen seines Verstandes sich ihm zu öffnen. Nicht als ob er irgendeine Erscheinung gesehen hätte, sondern es wurde ihm das Verständnis und die Erkenntnis vieler Dinge sowohl über das geistliche Leben wie auch über die Wahrheiten des Glaubens und über das menschliche Wissen geschenkt.

Dies war von einer so großen Erleuchtung begleitet, daß ihm alles in neuem Licht erschien" (PB 30).

Ignatius erfährt hier die Wirklichkeit der Glaubenswahrheit der Heiligen Schrift, so daß er sagen kann: „Auch wenn es keine Heilige Schrift gäbe, die uns diese Glaubenswahrheit lehrt, wäre er entschlossen, für sie zu sterben, einzig auf Grund der Tatsache, daß er dies geschaut hatte" (PB 29).

Das ganze Geistliche Tagebuch von Ignatius [24] ist ein einziges Zeugnis für eine Weise der Beziehung, die Methoden übersteigt. Sicher steht er noch gelegentlich vom Gebet auf und geht ins große Zimmer hinüber, um „für Ruhe zu sorgen" (GT 152); sicher betet er die Meßgebete usw. – aber die Ruhe und das Beten allein bewirken nicht eine mystische Erfahrung. Meßgebete beten so viele, ohne innere Erfahrung von der Art zu machen, wie Ignatius sie hatte. Sein Beten bewegt sich im Raum wechselseitiger Freiheit, nicht gegenseitiger mechanischer Beeinflussung. Ein solches Beten bewegt sich auch in einem Raum, der über die Worte hinausreicht: „Ich verspürte, wie der Sohn sehr zur Fürsprache geneigt war, und die Heiligen (alle zusammen) schaute ich auf eine solche Weise, daß man es nicht aufschreiben kann, wie sich auch die anderen Dinge nicht erklären lassen" (GT 154).

Das ganze geistliche Leben ist hierzu die Vorbereitung, der Weg. Und da kann es sich dann schon ereignen, daß man auf einem ganz alltäglichen Weg dahingeht und einem „die Augen aufgehen", so wie den Emmausjüngern die Augen aufgingen. Bei der Schrifterklärung hatten sie wohl ihr Herz brennen gespürt, aber ihre „Augen waren gehalten".

Die Vorbereitung kann intensiv im Raum und Rahmen eines geistlichen Umgehens mit der Heiligen Schrift geschehen. Der Weg zur Begegnung kann aber auch die Suche nach Sinn sein, wie etwa bei dem russisch-orthodoxen

---

[24] Ignatius von Loyola: Das geistliche Tagebuch. Hrsg. von Adolf Haas SJ und Peter Knauer SJ. Freiburg i. Br. 1961 (zit. als GT).

Erzbischof Anthony Bloom, der einmal – zum erstenmal –
das Evangelium las und dabei sein Emmauserlebnis hatte:
„Ich sah ein höchst abstoßendes Bild von Christus und der
Christenheit vor mir. Als der Vortrag vorüber war, eilte ich
heim, um die Wahrheit des Gesagten zu prüfen. Ich fragte
meine Mutter nach einem Neuen Testament, da ich wissen
wollte, ob der häßliche Eindruck, den der Vortrag auf mich
gemacht hatte, dem Evangelium entsprach. Ich erwartete
von meiner Lektüre nichts Gutes. Darum zählte ich die Kapitel der vier Evangelien, um auf jeden Fall nur das kürze-
ste zu lesen. Ich hatte nicht vor, meine Zeit zu vergeuden.
Ich begann, das Evangelium nach Markus zu lesen. Beim
Lesen des Markus-Evangeliums – ich war noch nicht beim
dritten Kapitel angelangt – hatte ich plötzlich den Eindruck, auf der anderen Seite meines Schreibtisches befinde
sich jemand. Ich war so sicher, daß Christus es war, der da
stand, daß ich es niemals vergessen konnte. Dieses Erlebnis
wurde für mich zum Wendepunkt. Weil ich erfahren hatte,
daß Christus lebte, konnte ich mit Sicherheit sagen, das
Evangelium verkünde die Wahrheit, wenn es von der
Kreuzigung des galiläischen Propheten sprach. Ebenso
hatte der römische Hauptmann recht, wenn er ausrief:
‚Wahrhaft, dieser war Gottes Sohn!' Im Licht der Auferstehung las ich das Evangelium voll Zuversicht, da ich seine
Wahrheit erkannte. Das unglaubliche Ereignis der Aufer-
stehung war für mich eine Tatsache. Sie sehen, ich ent-
deckte das Evangelium nicht von seinem Anfang her, der
Verkündigung an Maria. Es erschloß sich mir nicht als eine
Geschichte, die man glauben oder ablehnen konnte. Das
Evangelium enthüllte sich mir als ein Ereignis, vor dem alle
Probleme des Unglaubens schwanden. Mir wurde eine un-
mittelbare, persönliche Erfahrung zuteil." [25]

Dies war immer so in der Geschichte, daß ein Wort, das
zum erstenmal ans Ohr drang oder auch zum hundersten-
mal, ein Leben umgewandelt hat: Der Mönchsvater Anto-
nius ging auf ein solches Wort ein und verließ alles und

---

[25] A. Bloom, aaO., 15 f.

ging in die Wüste. Augustinus vernimmt jenes ‚Nimm und lies!' und liest eine Stelle aus dem Römerbrief und kommt ins innere Weinen, löst sich und tut einen weiteren entscheidenden Schritt auf seinem Umkehrweg. Und viele Exerzitienerfahrungen zeigen, daß plötzlich ein Wort, das vielleicht nur im Nebensatz gesagt wurde, ins Innerste dringt und einem Leben eine neue Perspektive, eine neue Ausrichtung gibt.

Vorbereitung? Ja und nein. Alles und nichts ist Vorbereitung. Die Vorbereitung sieht wohl so aus, daß man sich meditativ auf verschiedenste Weisen vorbereitet und diese Vorbereitung dann noch einmal öffnet durch den geduldig wartenden Glauben. „Der Glaube kommt vom Hören" (Röm 10,17). Meditation ist der Versuch, so lange hinzuspüren, bis man spürt, daß die Kraft des Glaubens und Vertrauens in einem wächst. Dieser Glaube selber ist dann die Öffnung, durch die der Herr wirksam werden kann und wirksam wird. Das gläubige Vertrauen ist die Tür, durch die er eintritt und Wohnung nimmt.

„Drei Weisen zu beten"

Im Anschluß an die Hinweise zur „vierten Woche" der Exerzitien stellt Ignatius im Exerzitienbuch „drei Weisen des Betens" vor (EB 238–260). In diesen Gebetsweisen ist eine Reihe von Anregungen enthalten, die es wert sind, eigens bedacht zu werden. Für alle drei Weisen zu beten gilt es, den allgemeinen Rahmen des Gebetes herzustellen.[26] Ignatius weist eigens darauf hin: „ ...vor dem Eintreten in das Gebet komme der Geist ein wenig zur Ruhe; man setze sich oder gehe umher, wie es jeweils besser erscheint, wobei man erwägt, wohin ich gehe und mit welchem Ziel" (EB 239). „Dann ein Vorbereitungsgebet ..." (EB 240). Auch für das Ende der Übungszeit verweist Ignatius wieder auf das gewohnte Zwiegespräch: „schließen mit einem Zwiegespräch, je nach dem vorliegenden Stoff" (EB 243).

Die „erste Weise zu beten" (EB 238–248)

Die „erste Weise zu beten" ist im Grunde eine Weise der Gewissenserforschung. Ignatius läßt hier den Exerzitanten die zehn Gebote oder die sieben Hauptsünden oder die drei Seelenkräfte (Gedächtnis, Verstand, Wille/Fühlen) oder über die fünf Sinne des Leibes betrachten.

Bemerkenswert an dieser Weise sind vor allem zwei Beobachtungen: (1) einmal, daß Ignatius die Gewissenserforschung nicht als eigentliche Weise des Betens ansieht, sondern mehr als eine Vorbereitung; zum Beten wird die Gewissensforschung erst durch das Gebet am Anfang und das Zwiegespräch am Ende; (2) zum zweiten, daß Ignatius

---

[26] Vgl. S. 62 dieses Buches.

138

verschiedene Weisen der Aufmerksamkeit auf den eigenen inneren Zustand vorschlägt. Das gibt eher die Möglichkeit, aus einem eingefahrenen Schema auszubrechen. Wer denkt schon spontan daran, daß es eine gute Weise der Gewissenserforschung sein könnte, sich beobachtend auf sein eigenes Erinnern, Verstehen, Wollen und Fühlen einzulassen? Oder wer nimmt als Ausgangspunkt einfach seine eigenen Sinne? Über diese „erste Weise zu beten" soll an dieser Stelle nicht mehr gesagt werden, da sie im Rahmen der Ausführungen über die Gewissenserforschung ihren Platz finden wird.[27]

Die „zweite Weise zu beten" –
Das Beten ‚Wort für Wort'

Die „zweite Weise des Betens" besteht darin, daß man die Bedeutung jedes einzelnen Wortes eines Gebetstextes betrachtet. Wenn man sonst nur eine halbe Minute für ein Vaterunser, ein Ave Maria, ein Credo, ein „Seele Christi …" braucht, so kann man sich in dieser Weise des Betens eine ganze Stunde dafür Zeit lassen (EB 253). Ja, mehr noch: „Wenn die Person, die das Vaterunser betrachtet, in einem Wort oder in zweien reichlichen Stoff zum Denken und Verkosten und Trost findet, so sorge sie sich nicht, weiterzugehen, auch wenn die Stunde mit dem, was sie findet, zu Ende geht. Und ist sie zu Ende, so bete sie den übrigen Teil des Vaterunsers auf die übliche Weise" (EB 254).

Man kann sich also für ein einziges Wort eine ganze Stunde Zeit lassen! Oder auch mehr – solange man „verkosten" und „Trost finden" kann. An dieser Bemerkung wird klar, wie sehr es Ignatius um das geistliche „Wohlbefinden" geht und wie sehr es dabei auf den einzelnen ankommt, aber auch daß die Betrachtung vor allem darin besteht, daß sich jemand Zeit läßt. Bei etwas zu „bleiben" (ein Lieblingswort des Evangelisten Johannes), ist entscheidend. Die

---

[27] Vgl. S. 212 ff.

Weise, wie man bei einem solchen Wort bleiben kann, führt Ignatius näher aus, wenn er angibt, daß „die betreffende Person ... mit geschlossenen oder auf einen Ort gerichteten, nicht umherschweifenden Augen das Wort Vater spricht und bei der Erwägung dieses Wortes so lange verweilt, als sie Bedeutungen, Vergleiche, Verkosten *(gusto)* und Trost bei den auf dieses Wort bezüglichen Erwägungen findet" (EB 252).

Um diese knappen Ausführungen etwas zu verdeutlichen und das Gemeinte zu veranschaulichen, soll im folgenden am Beispiel des ersten Wortes „Vater" diese Weise vor-exerziert, also Erinnerungen, Erlebnisse, Gedanken zu diesem Wort aneinandergereiht werden – wobei dies natürlich bei jedem Menschen wieder anders aussehen wird:

Vater – Vater! Wie kann ich dieses Wort sagen? Vater? Ich kenne meinen Vater nicht. Er ist im Krieg gefallen ... er hat mich nie gesehen ... ich ihn nie ... ja, aus Erzählungen weiß ich um ihn ... daß er schon Zeichnungen angefertigt hatte für Kindermöbel für mich ... noch bevor ich geboren war ... das war seine Weise der „Vorsehung" ... eine andere hat eingegriffen, ein anderer Vater ... war es der „Vater aller Väter", der es zuließ,. daß die kleine Vorsehung in der großen Voraussicht unterging? – eine liebevolle Vorsehung mit den Kindermöbeln ... nicht jeder hat so eine Erinnerung ... Im Religionsunterricht sagte mir einer auf die Frage, was ihm einfalle, wenn er an einen großen, schrecklichen Bären denke: „mein Vater!!" ... sie sind verschieden, die Väter ... die ihre Kinder schlagen ... hat nicht Paulus gesagt: „Ihr Väter, unterdrückt eure Kinder nicht und reizt sie nicht zum Zorn!"? ... Ja, auch in der Schrift sind die Erfahrungen mit Vätern zwiespältig ... Jahwe hat die Züge eines Vaters; auch die des strengen, strafenden, autoritären ... und doch: Setzt er sich nicht auch von allen Vätern und Müttern ab? „Selbst wenn Vater und Mutter dich verließen, ich verlasse dich nicht!" ...Es ist jetzt eine solche Fülle von Worten aus der Schrift, die mir in den Sinn kommen ... „Wer Vater und Mutter nicht haßt (,hintansetzt' übersetzen

140

manche vorsichtiger), der ist meiner nicht wert!" ...Sagt
dies auch eine Abnabelung vom Vaterhaus aus? ...meint
das Jesus? ...Welche unaufgearbeiteten Über-Ichs gibt es
bei mir? ... „Vor lauter Vätern bekomme ich kaum mehr
Luft", hat mir ein Mitbruder mal gesagt, „der Vater im
Himmel, und der Heilige Vater in Rom, und das Vaterland,
und mein leiblicher Vater, und die Väter der Gesellschaft
Jesu, die Patres – mein Gott, wieviele Väter habe ich! – und
doch: Leben wir nicht, wie es heißt, in einer „vaterlosen Gesellschaft"? ... ist diese Schutzlosigkeit, die Erfahrung feh-
lender Autorität oder überzogener Autorität für mich, für
uns nicht gefährlich? ... Und was war es für eine urchristli-
che Erfahrung, die sich in den Worten Jesu kundtut: „Ihr
sollt zu niemandem Vater sagen, denn nur einer ist euer
Vater, der im Himmel" . . nur einer ist mein Vater? ... der
im Himmel ... du im Himmel ... und auf Erden ... Ach, ich
habe jetzt erst angefangen, ein wenig nachzudenken über
dich ... ich möchte nicht nur nachdenken, Erinnerungen
und Vergleiche kommen lassen ... ich möchte mich einlassen können auf dich ... ich möchte ahnen können, was es
heißt, daß ich ein Sohn, dein Sohn bin ... „im Sohn sind wir
alle Söhne" ... von dir gezeugt? ... du mehr Vater als „mein
Vater"? ... und du mehr Mutter als alle Mütter? ... ich bin
so froh, daß man anfängt, wieder mehr von deiner Mütter-
lichkeit zu sprechen ... mehr als Vater, mehr als Mutter ...
ich komme mir vor, als stünde ich in meinem Verstehen
noch vor dem Anfang des Anfangs ... Du kommst mir dadurch näher? Du anfangloser Anfang aller Anfänge! ... unbekannter als mein Vater und doch in meinem Blut, in meiner Seele, meinem Geist ... unbekannter Vater und doch
mir innerlicher als ich mir selbst?" ... und doch sichtbar;
sichtbar auf dem Antlitz Jesu: „Philippus, wer mich ‚sieht',
sieht den Vater" ... wenn die Augen meines Herzens sich
öffnen würden! Wenn ich Jesus sehen könnte! Wenn ich auf
seinem Antlitz deine Züge erkennen könnte ... „Niemand
kennt den Vater als der Sohn und niemand kennt den Sohn
als der Vater und der, dem er es offenbaren will" ... wann
werde ich den Sohn in mir erkennen? ... wann werde ich

aus dem Schatten hinaustreten ins Licht? In den Glanz, deinen göttlichen Glanz, der vom Antlitz deines Sohnes widerstrahlt ... Ehre sei dem Vater ...und dem Sohn ... und dem Heiligen Geist ... in Ewigkeit ... Amen.

Nein, eine Stunde reicht nicht für ein Wort! Stunden und Tage kann man bei einem Wort *bleiben*, verweilen. An „einem oder innerhalb mehrerer Tage" (EB 256) könne man damit meditierend und betrachtend umgehen, meint Ignatius. Wieviel steckt in all den vielen Worten des einen Grundgebetes, das Jesus uns gegeben hat, im „Vaterunser"! Und wie lebendig wird jedes Wort, wenn wir die Bitte ums tägliche Brot sprechen in einer Welt, in der von drei Menschen nur einer wirklich satt wird und alle satt werden könnten; wenn wir ... wenn wir wirklich in seinem Wort blieben.

Was sagt die zweite Weise des Betens? Zumindest dies eine: Bleib im einen Wort, laß dir Zeit. So wie ein Stück Brot mit dem Kauen seinen Geschmack zeigt und ändert, so wie ein Mensch sich erst im Lauf der Zeit offenbart, so wird sich die Kraft und Wahrheit eines Wortes erst durch den behutsamen und geduldigen Umgang erweisen. Wenn du betest, bete langsam!

Die „dritte Weise zu beten" – nach dem ‚Zeitmaß'

(1) Das Beten nach dem Atemrhythmus

Der entscheidende Text zu dieser Gebetsweise im Exerzitienbuch lautet: „Die dritte Weise des Betens besteht darin, daß man zu jedem Atemzug oder Atemholen geistig *(mentalmente)* betet, indem man ein Wort des Vaterunsers ausspricht oder eines anderen Gebetes, das gerade verrichtet wird, so daß zwischen dem einen und dem anderen Atemzug nur ein Wort gesprochen wird und in der Zwischenzeit von einem Atemholen zum andern die Aufmerksamkeit hauptsächlich auf die Bedeutung dieses Wortes gelenkt

142

wird oder auf die Person, zu der man betet, oder auf die eigene Niedrigkeit oder den Abstand zwischen der so großen Hoheit und der so großen eigenen Niedrigkeit. Und nach derselben Weise und Regel verfahre man bei den übrigen Worten des Vaterunsers" (EB 258).

Auch diese Weise des Betens gehört zu den meist nur wenig beachteten Hinweisen von Ignatius und sicher nicht zu denen, „die Schule gemacht" hätten. Deshalb lohnt es sich, hier etwas näher darauf einzugehen und den mehr grundlegenden Gedanken in diesem Abschnitt drei konkrete Übungsanleitungen folgen zu lassen.

Was nun für diese dritte Weise zu beten kennzeichnend ist:

● daß rhythmisch gebetet wird (statt „Rhythmus" könnte man auch übersetzen „nach einem Zeitmaß" oder „mit einem Intervall", wenn man der ersten lateinischen Übersetzung des Exerzitienbuches folgt);

● daß die geistige Aufmerksamkeit auf Verschiedenes gewendet sein kann; Ignatius gibt als Beispiele an:
auf die Bedeutung des Wortes,
auf die Person, zu der man das Gebet spricht,
auf die Beziehung der Demut gegenüber Gott.

Weiter kann man fragen: Was ist der Sinn solchen rhythmischen Betens? Was bewirkt es?

● Schon die Tatsache, daß man sich einem natürlichen Rhythmus *überläßt* – hier dem Atem – hat eine Auswirkung: Man läßt sich vertrauensvoll los auf ein natürliches, aus dem Unbewußten kommendes Ereignis. Man gibt sich somit ein wenig aus der Hand, indem man nicht aktiv steuernd eine Atem*technik* einübt, sondern durch das Geschehenlassen die geistliche Wahrheit ausdrückt: Ich brauche nicht alles zu tun! Entscheidendes geschieht „von selbst". Ich darf mich überlassen. Ich brauche bloß nicht bewußt dagegen angehen; das genügt schon. Mein Teil des Übens ist das aktive Zulassen.

● Neben solchem Sich-Überlassen an die Natürlichkeit des Rhythmus hat die mit dem Rhythmus gegebene *Wie-*

derholung ihre Auswirkung: Im Normalfall bewirkt Wiederholung eine Beruhigung, Sammlung, Vergegenwärtigung. Der heilige Augustinus sagt es einmal so: „Friede ist die aus der Ordnung hervorquellende Ruhe." Auch aus der natürlichen Ordnung des Atems, des Herzschlages kann dieser Friede hervorquellen – wenn man nicht allzusehr durch die Unordnung eines Tages aus dem Tritt geraten ist; da kann die Ruhe manchesmal erst kommen, wenn zuvor geistig Ordnung geschaffen wird. [28]

● Weiterhin ist zu beachten, daß bei solchem rhythmischen Beten die *innere Ausrichtung* und die *geistige Vollzugsweise* verschieden sein können: Offensichtlich gibt es eine Weise, die mehr auf den Sinngehalt eines Wortes gerichtet ist, z. B. „Vater", „Sünde" usw. und bei der die ausdrückliche Beziehung im Hintergrund ist, während das anderemal mehr die direkte Beziehung oder eine Grundstimmung (etwa der Demut oder Dankbarkeit usw.) im Vordergrund steht.

Daraus wird klar: Es geht bei diesem Beten um ein liebevolles „In-Gegenwart-von-Sein". Der Atemrhythmus ist „nur" so etwas wie der Taktstrich in der Musik, gleichsam die Rhythmusbegleitung. Er gibt eine gewisse Ordnung, einen Raum – entscheidend aber ist die innere Ausrichtung. Anders gesagt: Der Ton macht die Musik – nicht der Takt – und doch: Wer wollte eine „taktlose" Musik anhören? Auf die musikalische Inspiration kommt es an und auf die Freude am Tanz, – aber eben sie ist getragen vom Rhythmus!

Im obengenannten Text aus dem Exerzitienbuch spricht Ignatius von ganzen Gebeten, die in diesen Rhythmus hineingegeben werden („das ganze Vaterunser" usw.). Er hätte wohl wenig Schwierigkeiten, auch bei der „dritten Weise zu beten" eine ähnliche Abwandlung zu treffen, wie er sie bei der „zweiten Weise" trifft. So wie er dort sagt, daß „man sich bei einem oder zwei Worten des Vaterunsers während

---

[28] Vgl. „Korrespondenz zur Spiritualität der Exerzitien", Heft 45: Betend leben lernen. Wege – Hilfen – Grundhaltungen, 15 ff.

einer ganzen Stunde" aufhalten (255) könne, so läßt sich dies wohl auch auf das Gebet im Rhythmus anwenden: daß während der ganzen Gebetszeit ein Satz oder ein Wort in diesem Rhythmus gebetet wird.

(2) Sich den Atemwogen überlassen

Der Sinn der Übung
Die einfachste Weise, sich auf das Beten im Atemrhythmus einzuüben, besteht darin. sich einfach diesem Rhythmus zu überlassen – ohne Worte, ohne Nachsinnen.

Zur Verdeutlichung und zum Einstieg mag es dienlich sein, sich vorzustellen, man liege an einem schönen Sommertag an einem Meeresstrand oder auf einem Floß: Der Wind weht sachte, mild, nicht einschläfernd; mit halb geschlossenen Augen liegt man da, nimmt vielleicht das Glitzern der Sonne wahr, hört das Kommen und Gehen der Wellen, das Herrauschen und Wegrauschen der Wogen. Diesen Wogen überläßt man sich, läßt sich tragen und schwingt auf dem „Meditationsfloß" liegend im Rhythmus des Atemmeeres.

Keine Technik ist nötig, kein Zählen, kein Achten auf Brustatmung oder Bauchatmung. Nötig ist nur die Einstellung, sich einem elementaren Geschehen ganz zu überlassen. Dann wird sich alles von selber einstellen. Die ganze Aufmerksamkeit bei der Übung ist gelenkt auf den Rhythmus: nichts anderes betrachten, überlegen, wollen.

Diese so „natürliche" Übung kann einen großen geistlichen Hintergrund haben, einen Hintergrund, auf dem das „vordergründige", biologische Atmungsgeschehen „nur" wie eine Insel über der Oberfläche sichtbar ist, die aber aus dem tiefsten Lebensgrund aufsteigt. Weil es nicht selten vorkommt, daß solche Übungen als zu einfach, zu primitiv usw. abgeurteilt werden, soll etwas ausführlicher gezeigt werden, was bei dieser Übung „eigentlich" geschieht. Was hier gesagt wird, gilt entsprechend für andere leibnahe Übungen.

145

Was heißt Atmen? Atmen ist nicht irgendeine biologische Funktion. Atmen heißt leben; Atem ist Leben, Odem, Lebensodem: „Da bildete Gott der Herr den Menschen aus dem Staub der Ackerscholle und blies in seine Nase den Atem des Lebens; so ward der Mensch zu einem lebendigen Wesen" (Gen 2,7). Atmend lebt und ist der Mensch. Mit dem ersten Atemzug nach der Geburt beginnt er sein Leben auf der Welt – in der Welt ist er schon im Mutterschoß; und mit dem letzten Atemzug gibt er es auf. Mit dem Einatmen beginnt der Mensch das Leben und mit dem Ausatmen beschließt er es, wird es beschlossen. Liegt in diesem Doppelrhythmus von Einströmen-lassen und Ausströmen-lassen nicht das ganze Geheimnis des Lebens? Der Mensch lebt, indem er sich be-gaben, beschenken läßt und indem er weitergibt, abgibt. Geht ein Mensch nicht in die Richtung des Todes, wenn er sich weigert anzunehmen, sich selber anzunehmen, oder wenn er das Empfangene festhält und nicht weitergibt? Im kommenden und gehenden Atem offenbart sich ein unbändiger Wille zum Leben: ein Lebenswille, der über die bewußten Willensregungen weit hinausgreift. Man kann versuchen, die Luft anzuhalten, aber bald schon beginnt ein wortloses, drängendes inneres Sprechen: „Ich will atmen, ich will leben. Mach doch kein solches Spiel. Ich lasse dir nicht mehr viel Zeit. Ein paar Sekunden vielleicht noch, dann überschwemme ich die von dir errichteten Dämme, dann breche ich durch, dann überschwemme ich dich mit meinem Atem, wie ein weit-machendes Meer, ein atmendes Meer, das dir Weite, Befreiung und Leben bringt!"

Hunderte von Millionen von Jahren hat die Weisheit des Lebens in der Evolutionsgeschichte des Lebens daran gearbeitet, das Atmen zu „erfinden" und die Atmungsorgane auszubilden. Die Weisheit des gottgeschaffenen Kosmos trägt unser Atem. Mit dem Atem nehme ich das Geschenk des Lebens aus Gottes Hand an: „Leben und Huld hast du mir geschenkt und deine Fürsorge hat meinen Atem bewacht" (Ijob 10,7).

Aufmerksam zu *atmen* heißt, aufmerksam zu sein auf ein

Geschenk Gottes, heißt die Kostbarkeit und Köstlichkeit des Lebens zu verkosten. – Wem die Gabe des Atmens einmal schwer wurde im Leben, der weiß, welch ein Geschenk der freie Atem ist. Wer einmal asthmatisch mit jedem Atemzug hat ringen müssen, kann dankbarer sein als der, welchem der Lebensatem immer eine Selbstverständlichkeit geblieben ist. Wenn sich das Leben selber wie ein Alp auf die Brust gelegt, wessen Leib auf seelische Vorgänge reagiert hat im psychosomatischen Zusammenspiel, der weiß, was freies und was gepreßtes Atmen bedeutet.

Die Wogen des Atems wogen im Rhythmus des Lebens: Die Brust wogt vor Freude; es holt einer tief Atem, bevor er mutig etwas anpackt; es stockt einem vor Schrecken der Atem; es hechelt jemand, wenn er innehält auf der Flucht oder weil ihm eine Anstrengung fast den Atem genommen hat; es atmet einer schwer unter einer Last, es atmet jemand im Schlaf regelmäßig, oder er versucht, durch das Gleichmaß des Atmens sich selber zu beruhigen; man kann mit angehaltenem Atem lauschen; mit einem Seufzer der Erleichterung atmet man aus, wenn etwas von einem weicht; man wagt aus Angst, entdeckt zu werden, fast nicht zu atmen; „wutschnaubend" heißt es, ist Saulus nach Damaskus gestürmt; „halt die Luft an!", ist die etwas großspurige Drohung unter Streitenden; vor Überraschung kann einem die Luft wegbleiben; eine Angst oder eine unmenschliche Atmosphäre kann erstickend sein; zaghaft haucht jemand eine Bitte; ein Todesröcheln kann den letzten Kampf eines Menschen bedeuten ... Die Grundwoge des kommenden und gehenden Atemlebens ist überlagert von all den Wellen, die die Winde des Tages aufwerten oder aufpeitschen; von den Wellen die an der Oberfläche spielen oder auch das Atemmeer bis schier zum Grunde aufwühlen.

Leben und Atem gehen in eins. Dies wird noch deutlicher beim Blick auf die Heilige Schrift. Bei den Menschen der Bibel, die dieses ursprüngliche Zusammengehen noch deutlicher und lebendiger gespürt haben, drückt sich dies so aus. Gott der Herr ist es, „der die Erde formte und ihre Ge-

147

wächse, der Atem gab dem Volke auf ihr und Lebenshauch denen, die auf ihr wandeln" (Jes 52,5). Für den alttestamentlichen Menschen fließen Atem – Hauch – Leben – Geist – Geist Gottes ineinander: „Es ist der Geist im Menschen, der Atem des Allmächtigen, der ihn verständig macht" (Ijob 32,6). „In-spiration" ist hier noch das Einatmen des Gottesgeistes und „Kon-spiration" das Zusammenatmen von göttlichem und menschlichem Geistatem und nicht das „konspirative" Zusammengetuschel und Gehechel der Gottlosen.

Der Atem kann Anzeichen werden von zerworfener Beziehung: „Mein Atem ist zuwider meinem Weibe, und übel rieche ich den leiblichen Geschwistern" (Ijob 19,17). Atem ist das Richterschwert, das über Leben und Tod entscheidet: „Den Gewalttätigen schlägt er mit dem Stab seines Mundes und tötet den Frevler mit dem Hauch seiner Lippen" (Jes 11,4). Wenn der Herr seinen „Atem wieder zu sich nimmt, so muß alles Fleisch sterben" (vgl. Ijob 34,15).

Es gäbe viel zu sagen, vom „Lufthauch" der Eitelkeit des Lebens, wie Kohelet es sieht, vom Geistatem, der alles neu erschafft (Ps 104,30), der die Totengebeine belebt (Ez 37,1–14), vom „Geist, der weht, wo er will" (Joh 3,8). Das bisher Angedeutete mag genügend verdeutlichen, wie sehr für einen ursprünglichen Menschen ein so elementarer Vorgang wie das Atmen Dimensionen hat, die Leib-Seele-Geist, Biologisches und Spirituelles umfassen. – Solches Leben kann sich verstehen als ein Ausatmen Gottes, das im Einatmen entgegengenommen wird; als ein Wiederbeatmet-werden, wenn man selber in die Ohnmacht der Sünde gefallen ist; das Sterben ist das Ausatmen des Menschen, das sich dem Einatmen Gottes überläßt. – Dies ist der *Rhythmus des Lebens* selbst! – nicht bloß eine rhythmische Übung, eine „Übung im Rhythmus". Aber wenn die einfache Übung in ernsthaft-gelassener Weise geschieht, dann geschieht viel: Leben. Dann geschieht Atmen des Geistes in der demütigen Materie des Leibes und in der Weite des Herzens:

Atme in mir, Heiliger Geist,
daß ich Heiliges denke.
Treibe mich an, Heiliger Geist,
daß ich Heiliges tue!
Locke mich, Heiliger Geist,
daß ich Heiliges liebe!
Stärke mich, Heiliger Geist,
daß ich das Heilige behüte!
Hüte mich, Heiliger Geist,
daß ich das Heilige niemals verliere!

(Augustinus)

Ist es auf diesem Hintergrund nicht verständlich, daß das Beten als „Atemholen", als Atmen der Seele umschrieben wurde? Und könnte man nicht sagen, daß das Atmen das Gebet des Leibes ist, des beseelten und begeistet-begeisterten Leibes?

Zur Übung selbst
Die Weise der Aus-übung ist einfach:
1. sich auf eine Decke ausgestreckt hinlegen
2. sich dem Kommen und Gehen des Atems überlassen, das ganze Bewußtsein und die Aufmerksamkeit mit dieser Bewegung einswerden lassen.

Dazu kann man vielleicht noch folgendes beachten:
● nicht zählen (ist zwar möglich, aber nicht nötig);
● nicht den Atem forcieren; höchstens zu Beginn einige Male tiefer Atem holen oder, wenn man sich neu auf eine solche Übungsweise einläßt, um überhaupt ein Gespür für den Atem zu bekommen;
● falls der Atem unregelmäßig wird, nicht gewaltsam korrigieren, sondern tiefer in sich hineinlauschen;
● es kann eine Hilfe sein, seine Aufmerksamkeit auf die Atembewegung im Hara (etwas unterhalb des Bauchnabels) zu lenken.

(3) Das Lebenswort im Atemstrom

Der Sinn der Übung

In dieser Übung wird versucht, ein Wort, eine in ein Wort gefaßte Wirklichkeit und Wahrheit mit dem Atemstrom einswerden zu lassen, d. h. die geistige Dimension, die im voraus und immer alles unbewußt durchwaltet, bewußt aufzunehmen.

Es wird also ausdrücklich und bewußt vollzogen, was unwillkürlich geschieht, wenn jemand aufatmend sagt „gottlob, das wär, geschafft", oder wenn er mit dem Zittern der Liebe, des Begehrens, der Sehnsucht einem andern seine Zuneigung versichert: „Du, ich hab' dich so gern", oder tief und regelmäßig atmend sich sagt: „Und ich werde es schaffen" oder betroffen von der treuen Besorgtheit eines andern: „Du wirst das für mich übernehmen?!"

Es geschieht hier die Einung von Wort und überworthafter Wirklichkeit – in der ganzen Spannung dieses Geschehens: Das Wort faßt wirklich Wirklichkeit, ja kann sie sogar – in der Zusage, im Jawort der Liebe – ursprünglich schaffen; es ist Ausdruck von Wirklichkeit, geht unter und auf in ihr.

Der Sinn dieser Übung erschließt sich in einer Aussage von Dorothee Sölle, in ihrem Buch „Die Hinreise", in dem sie die Entdeckung der meditativen Dimension mit ihrem Recht und ihrer Problematik beschreibt: „Man kann Worte zu Hilfe nehmen, die man sich im Rhythmus des Atmens sagt. Einatmend sagt man: ‚Der Herr ist mein Hirte', die Worte dem Atmen anzupassen und nicht, wie gewöhnlich, umgekehrt.

Das meditative Vorsichhinsprechen ist ein Versuch, die andere Stimme mit Leib und Seele aufzunehmen, so daß sie ‚par coeur' bei uns ist. Wir machen die Erfahrungen, die in einem so zum ‚Mantra' erhobenen Wort ausgedrückt sind, zu unseren eigenen, wir lassen uns ein auf die Erfahrungen der anderen, so wie ein Mensch sich auf einen Menschen einläßt. Wir ‚verinnerlichen' diese Erfahrung, nicht in dem schlechten Sinn, den das Wort bei uns hat, als blinde Übernahme fremdbestimmter, nichtausgewiesener Annahmen, sondern in vollständiger Freiwilligkeit und Bewußtheit ...

Aber wie kann das sein? Wenn ich ,mir wird nichts mangeln' sage, so regt sich natürlich Widerspruch und Kritik, die dazu führen können, daß ich dieses Mantra als für mich unbrauchbar und falsch weglege. Zwang kann hier überhaupt nichts ausrichten. Aber es ist auch möglich, daß ich meine Zweifel in das ,mir wird nichts mangeln' hineinnehme, ich atme schweigend ein und wiederhole ,mir wird nichts mangeln'. Meine Verinnerlichung dieser Sätze ist dann nicht blind oder fremdbestimmt, sie drücken vielmehr meine Sehnsucht aus; indem ich – gegen mich, dem sehr vieles mangelt – diese Worte setze, erinnere ich mich an alles, was mir fehlt. Erinnerung an meine Erfahrungen und Bedürfnisse, an meine Schmerzen und Niederlagen gehört in den Vollzug des meditierenden atmenden Sprechens hinein. Ich lasse mich selber, verlasse meine unruhigen Bewegungen und hin- und her-hüpfenden Gedanken, lasse mich fallen und höre, um das Gespräch mit mir selbst zu beginnen, auf eine andere Stimme. Ich übe mich ein in der Fähigkeit, ein Versprechen zu hören – und die wichtigsten Texte sind Versprechen ...“ [29]

Mit diesen Worten ist nicht nur ein Sinn und eine bestimmte Weise des Betens im Atemrhythmus angegeben, sondern auch auf eine Schwierigkeit dieses Betens – und vielen Betens überhaupt – eingegangen: Wie ehrlich kann ich solche Worte sagen? Sind sie nicht zu groß für mein Herz? Nehme ich nicht „den Mund zu voll"?! – Dies mag wohl bis zu einem gewissen Grad immer so sein, daß man den Mund zu vollnimmt – nicht nur dann, wenn man – wie die Psalmen vom Lästerer sagen – „das Maul aufreißt bis zum Himmel". Aber man kann ja behutsam beten, zart beten, so beten, daß man dabei dem Windhauch des Heiligen Geistes gehorcht: „Der Herr ist mein Hirt" – das kann Frage sein: „Ja, – ist er Hirt? Ich sein Schaf?"; es kann Ausdruck geistlicher Lebenserfahrung sein: „Ja, ich weiß, er hat mich

---

[29] Dorothee Sölle: Die Hinreise. Stuttgart 1976, 95 f.

aus der Dornenhecke herausgezogen, in die ich verwickelt war; aus der Wüste zurückgeholt, in die ich verrannt war! Ja, mein Hirt!"; es kann ein Wort des Vertrauens sein: „Es wird sich zeigen! Ich vertraue darauf, daß sich seine Sorge immer mehr verdeutlichen wird in der Sprache meiner Lebensgeschichte!" Es kann sein, daß in einem solchen Wort alle drei Töne mitklingen, gleich stark oder verschieden akzentuiert. Jedes Wort, das wir beten, ist Wort der Erfüllung, Wort des Gerichts und Wort der Verheißung. „Der Friede mit euch!" – Das ist Erfüllung, Gericht und Verheißung: Der Friede ist uns gegeben! Wir schaffen Unfrieden! Wir leben in der Zuversicht der Verheißung voller Frieden!

Weil dies so ist, ist es gut, behutsam zu beten; mit angehaltenem Atem zu beten, daß sich jeweils zeigen kann, was die Wahrheit des Augenblicks, die Wahrheit meines Lebens ist. Nur dieses freilassende Beten ist wirklichkeitsnah und nicht der negativ-autosuggestive oder magisch-manipulative Durchsetzungsversuch der eigenen Vorstellungen und Wünsche in einem Pseudogebet.

Zur Übung selbst

Im Anschluß an das bisher Gesagte soll nun noch praktisch einiges zur Weise der Einübung – die sich in verschiedenen Stufen vollziehen kann – ausgeführt werden.

● *Die erste Stufe:* eine eigene oder fremde Lebens-/Glaubenssituation aufgreifen.

Hier geht es darum, eine spirituell gewichtige Situation auszusuchen, die man erlebt oder mit-erlebt hat: ein Streit, nach dem man sich völlig deprimiert findet; ein besonderes Ereignis, das für die augenblickliche Lebens- und Glaubenssituation besonders kennzeichnend ist – etwa die Begegnung mit einem geliebten Menschen; die Suche nach einer tieferen Christusbegegnung, die Auseinandersetzungen um eine bräutlichere Kirche usw.

Es können dies Situationen sein, die direkt aus dem eigenen Leben entspringen. Es können aber auch Situationen sein mit ihren Problemen und Lösungen, die andere Menschen und andere Zeiten uns vor Augen stellen: Vor allem bieten sich hier für den Christen die Heiligen Schriften an. Nicht nur das, was in einer subjektivistisch verengten Weise nicht ganz persönlich, gerade jetzt (und in 10 Minuten nicht mehr) interessiert, betrifft, ist von Bedeutsamkeit, sondern auch (vor allem vielleicht) das, was mich über mich hinausweitet; all das, was Widerstände der Langeweile, des Unverständnisses oder des Ärgers in mir weckt und mich dazu provoziert – d. h. herausruft aus der Beheimatung in meinem Ego –, mich ins Größere zu übersteigen.

● *Die zweite Stufe:* ein einfaches Wort, einen rhythmischen Satz suchen, der diese Situation ausdrückt.

Es geht also um zweierlei: um den genauen Hinblick auf eine Lebenswirklichkeit und um ein Wort, das diese einfach ausdrückt. Es kann sein, daß man da ein wenig an dem Wort bzw. Satz herumschnitzen muß, bis Wort und Situation sich ineinander fügen, aber auch hier gilt es, Maß zu bewahren und nicht pedantisch zu sein. Auch auf hinkenden Versfüßen läßt sich's gehen, wenn sie nicht direkt dem Rhythmus widerstreben. Außerdem gibt es ja eine Vielzahl von Worten in der religiösen Sprache, die rhythmisch sind, weil an ihnen schon „herumgebetet" wurde und sie in Rhythmus der Jahrhunderte zurechtgebetet wurden, bis sie sich als Stoßgebet, als bewährte Gebetsformel angeboten haben. Zur Anregung einige Beispiele für solche Stoßgebete, die sich gut im Rhythmus von Einatmen (erster Teil des Satzes) und Ausatmen (zweiter Teil des Satzes) beten lassen:

Von John Henry Newman: „Nimm mich, wie ich bin – (und) mach mich, wie du (mich) willst".

Von Ignatius: „Gib mir demütige Liebe – und liebende Ehrfurcht."

Oder das Herzensgebet der russischen Kirche: „Herr Jesus Christus – erbarme dich meiner."

Oder ein Wort von Augustinus, das er im Blick auf die erbetene Reinheit ausspricht: „(Herr) gib, was du verlangst – (dann) verlange, was du willst!"

Die Klammern in den Doppelsätzen deuten an, daß man solche Worte vereinfachen kann: damit sie rhythmischer und leichter, schlichter werden: Herzensworte. – Die Vereinfachung darf ruhig bis dahin gehen, daß nur noch ein Wort übrigbleibt: etwa beim Doppelsatz von Augustinus bis zum Doppelwort: „Gib (dich) – nimm (mich)."

Es kann sein, daß eine solche Vereinfachung in der Vorbereitung oder beim Beten eintritt; es kann sein, daß man längere Zeit mit einem längeren Satz gebetet hat, aber nach einiger Zeit nur noch bei einem Doppelwort oder gar bei einem einzelnen bleibt.

Einige Beispiele sollen noch verdeutlichen, worum es bei der Suche nach einem der jeweiligen Lebenssituation gemäßen Gebetswort geht:

Situation: Mein Leben schwankt zwischen Laschheit und Verkrampfung hin und her – *Gebetswort:* Fassen – lassen.

Situation: Ich verspüre die Sehnsucht nach Befreiung aus dem engen Käfig meines eigenen Egoismus – *Gebetswort:* „Gib Dich mir – nimm mich mir" (Nikolaus von der Flüe).

Situation: Ich will mich einspüren in eine biblische Situation, etwa die eines Blinden, der Heilung sucht (ist es nicht auch meine eigene Situation?!) – *Gebetswort:* „Herr, was ich will? – Mach, daß ich sehe!"

Situation: Ich habe Sehnsucht nach dem Kommen des Herrn, so wie die Christen der ersten Zeit – *Gebetswort:* „(Ach) Herr – (so) komm!" oder einfach: „Maranatha" (Offb 22,20).

● *Dritte Stufe:* Sich eine Zeitlang dem Atemrhythmus überlassen. – Nachdem das Wort gefunden und gleichsam zurechtmodelliert ist, gilt es, ruhig zu werden und sich dem Atemrhythmus zu überlassen – so wie es in der ersten Übung dargestellt ist. Dann, wenn dieser Rhythmus sich eingestellt hat, kann man weitergehen.

● *Vierte Stufe:* Das Gebetswort in den Atemrhythmus hineingeben. In den ruhig hin- und her-wogenden Rhythmus das Wort hineingeben; so wie man vielleicht ein kleines Schiffchen in einen ruhig-bewegten See hineingibt. Und sich dann von diesem Atem-Wort-Rhythmus tragen lassen.

● *Fünfte Stufe:* Gebetswort-Atemrhythmus und Wirklichkeit immer mehr eins werden lassen. – Nicht die Worte sind wichtig, sondern die Wirklichkeit, auf die sie hinweisen, die sie vermitteln. Weil dies so ist, kann es sein, daß die Worte immer mehr schwinden, daß sie nur noch leise bemerkbar sind, so wie die durchsichtigen Quallen im Meer mit den Wogen schwingen und fast durchdringbar sind für die wogende Meereswirklichkeit.

Vielleicht läßt sich all das Gesagte mit dem schon früher erwähnten Hinweis auf das Musizieren verdeutlichen: Am Anfang des Einübens eines Musikstückes liegt die Faszination: „Das hat mich beeindruckt! Das ist ein wunderbares Stück! Das will ich mir jetzt aneignen, in mein Repertoire aufnehmen!" Nach dieser Inspiration kommt die „Transpiration", d. h. die zuweilen mühevolle Kleinarbeit der Einübung: die Notenbilder, das saubere Spielen im Takt, bis das Stück schließlich in Fleisch und Blut übergeht und die ursprüngliche Inspiration neu und persönlich entstehen kann. Da braucht man sich dann nicht mehr um Viertelnoten, Taktstriche, Pausenzeichen, Tempoangaben zu kümmern: Die Zeichen verschwinden in dem Maß, in dem die bezeichnete Wirklichkeit hervortritt und sich offenbart. – So ist es auch beim Wortgebet: Die Worte geben eine Richtung an, aus der sich eine Wirklichkeit zeigt: Worte sind wie Türrahmen, durch die Wirklichkeit eintritt. Beim „Auftritt" der Wirklichkeit treten sie ab. – So darf es auch beim Beten im Atemrhythmus geschehen, wenn das Wort-Floß – getragen vom Atemmeer – ankommt am Land der Wirklichkeit …

Zur Aus-übung seien die einzelnen Stufen noch einmal stichwortartig zusammengefaßt:

1. eine eigene oder fremde Lebens-/Glaubenssituation suchen,
2. ein einfaches Wort oder Doppelwort oder einen Doppelsatz suchen, der diese Lebens-, Glaubenssituation ins Wort faßt,
3. sich dem Atemrhythmus überlassen, bis man in sein Schwingen gerät,

4. in den schwingenden Atemrhythmus das Wort hineingeben,
5. Atemrhythmus und rhythmisches Wortspiel und sich
selber in der sich offenbarenden Wirklichkeit einswerden lassen.

(4) Herzmeditation (Übung)

Der Sinn dieser Übung
Wohin soll man die Gebetsweise einordnen, die ich jetzt etwas vorstellen möchte: die „Herzmeditation"? Unter das
„Beten im Rhythmus", weil der Rhythmus, der Rhythmus
des Herzens, der Ausgangsort dieses Meditationsweges
ist? Oder unter die Übung mit den „Seelenkräften", besonders mit der Kraft des Gedächtnisses, weil bei diesem Beten
die Erinnerung Vergangenes gegenwärtig machen und Ver-
sunkenes neu „zu Herzen gehen lassen" soll? Zur inneren
„Vorstellung des Ortes", weil da jemand, den man „ins
Herz geschlossen hat", mit seiner Liebe neu gegenwärtig
werden soll? Zum Beten mit den „geistlichen Sinnen", weil
es hier um die „Augen des Herzens" geht?
   Um das „Aufgehen" und Erwachen dieser „Augen des
Herzens" geht es bei der Herzmeditation, denn – wie der
Fuchs dem Kleinen Prinzen verrät – „man sieht nur mit
dem Herzen gut". Und im Brief an die Epheser ist zu lesen,
daß wir nur mit diesen „Augen des Herzens" den Reichtum der Offenbarung erkennen können. „Der Gott unseres
Herrn Jesu Christus, der Vater der Herrlichkeit, gebe euch
den Geist der Weisheit und Offenbarung, damit ihr ihn erkennt. Er erleuchte die Augen eures Herzens, damit ihr
versteht, zu welcher Hoffnung ihr durch ihn berufen seid,
welchen Reichtum die Herrlichkeit seines Erbes den Heiligen schenkt und wie überragend groß seine Macht sich an
uns, den Gläubigen, erweist durch das Wirken seiner Kraft
und Stärke" (Eph 1,17–19).
   Selbst unsere *Alltagssprache* gibt Zeugnis dafür, wie sehr
das Herz und die Innerlichkeit des Menschen miteinander

verbunden sind: „Es geht einem etwas zu Herzen" – wenn man bei der Nachricht von einem Todesfall oder dem glücklichen Ausgang eines Abenteuers nicht nur an der Oberfläche geritzt wird; und es „klopft einem das Herz bis zum Hals" vor Lampenfieber oder Vorfreude, es kann einem „das Herz fast stillstehen" vor Schrecken; ein großes Leid kann einem „das Herz brechen"; man kann sich nicht nur den Kopf, sondern auch das Herz zerbrechen vor Sorge und Hetze – „Herzinfarkt" lautet dann der medizinische Befund; bevor das „Herz bricht", kann einem das „Herz schwer" werden und etwas wie eine „Last auf dem Herzen liegen" oder nach einem befreienden und erlösenden Gespräch „ein Stein vom Herzen fallen" (manchmal fällt man sich selbst vom Herzen, weil man selbst die große Last ist, die man trägt); wo Menschen einander lieben, da „herzen" sie sich und sind, wie es in der Apostelgeschichte heißt, „ein Herz und eine Seele" (Apg 2,44). – Es ließen sich noch mehr Herzensworte finden und Worte, die zum Herzen sprechen, die man sich zu Herzen nimmt, so daß man daraufhin vielleicht „beherzt" etwas anpackt; aber es ist wohl genug, um die leibseelische Einheit und Ganzheit des Menschen zu verdeutlichen. Diese Einheit ist eine inwendig erfahrene, nicht nur eine auswendig gewußte Wahrheit.

Ohne Zweifel weiß gerade die *Sprache des Alten und Neuen Testamentes* um sie: Wohl zweihundertmal spricht die Heilige Schrift vom Herzen, und es braucht nur an einige Worte erinnert zu werden, die zeigen, wie sehr sie Zentrales aussagt auf das Herz hin:

„Du sollst den Herrn liebhaben von ganzem Herzen" (Dtn 6,5); „Du sollst deinen Bruder nicht hassen in deinem Herzen" (Lev 19,17); „Du allein kennst das Herz aller Kinder der Menschen" (1 Kön 8,39); „Der Herr hat sich einen Mann ersucht nach seinem Herzen" (1 Sam 13,14); „Es verband sich das Herz Jonathans mit dem Herzen Davids" (1 Sam 18,1); „Die Toren sprechen in ihrem Herzen: Es ist kein Gott" (Ps 14,1); „Laß dir wohlgefallen das Gespräch meines Herzens" (Ps 19,15); „Mein Herz ist in meinem Leibe wie zerschmolzenes Wachs" (Ps 22,15); „Schaffe in mir, Gott, ein reines Herz" (Ps 51,12); „Gib mir, mein Sohn, dein Herz" (Spr 23,26); „Ihr Herz ist fern von mir" (Jes 29,13); „Ich will mein Gesetz in ihr Herz geben" (Jer 31,33); „Ich will das steinerne Herz wegnehmen und ein Herz aus Fleisch geben" (Ez 11,19; 36,26); „Maria bewahrte alles in ihrem Herzen" (Lk 2,51); „Er schalt ihren Unglauben und ihre Hartherzigkeit" (Mk 16,14); „ …gekommen, zu heilen die zerschlagenen Herzen" (Lk 4,18); „Brannte nicht unser Herz in uns, da er mit uns redete?" (Lk 24,32); „Die Liebe Gottes ist ausgegossen in unser Herz" (Röm 5,5); „So man von Herzen glaubt, wird man gerecht" (Röm 10,10); „Christus wohne durch den Glauben in euren Herzen" (Eph 3,17); „Gott hat einen hellen Schein in unsere Herzen gegeben" (2 Kor 4,6); „Der Friede Gottes regiere in euren Herzen" (Kol 3,15); „Ihr seid unser Brief, in unser Herz geschrieben" (2 Kor 3,2); „Singet und spielet dem Herrn in euren Herzen" (Eph 5,19); „Der verborgene Mensch des Herzens" (1 Petr 3,4); „Und wenn uns unser Herz auch anklagt, Gott ist größer als unser Herz" (1 Joh 3,20); „Ich bin es, der die Nieren und Herzen erforscht" (Offb 2,23).

Die Reihe solcher „Herzworte" macht greifbar, daß es keine Heilswahrheit gibt, die nicht im Herzen verankert wäre und nicht dort Wurzel fassen sollte durch den Glauben. Nur die gut verwurzelte Wahrheit bringt lebendige Früchte und verdorrt nicht: „Auch uns ist die Freudenbotschaft verkündet worden wie jenen; doch hat ihnen das Wort, das sie hörten, nichts genützt, weil es sich nicht durch den Glauben mit den Hörern verband" (Hebr 4,2), – sie haben nicht mit den Augen des Herzens gesehen, sind „Unbeschnittene an Herzen und Ohren" (Apg 7,51), lauschen nicht mit den Ohren des Herzens, haben „Ohren und hören nicht" – haben Herzen und beherzigen nicht.

Nach dem Gesagten, zeigt sich, *was mit Herz gemeint* und was nicht gemeint ist: Gemeint ist nicht das „oberflächliche Herz", sondern der Pulsschlag, der nicht nur er selber, sondern zugleich die Offenbarung der Tiefe, der Mitte, der

Existenz des Menschen ist: das Herz als der Seismograph des inneren Menschen, als das Herz, das jedes Erlebnis des Menschen registriert, das Herz, mit dem der Mensch unmenschlich, ja herzlos oder menschlich, herzlich ist.

Das Herz meint den geheimen Quellgrund, aus dem alles Gute und Böse kommt, klares ewiges Quellwasser oder verschmutzte Gesinnungsgewässer: „Nicht was in den Menschen von außen hineingeht, macht ihn unrein, sondern was aus dem Herzen kommt", sagt Jesus (vgl. Mt 15,17–20). Damit ist „exakt" bezeichnet, was mit Herz gemeint ist: der Ort, wo Haß und Liebe, Neid, Eifersucht, Güte, Barmherzigkeit, Freiheitsstreben, sexuelle Triebhaftigkeit, Zartheit, Engherzigkeit und Weitherzigkeit ursprünglich beheimatet sind – dies ist das Herz des Herzens!

Zur Übung selbst
Es geht in dieser Übung um das Hineinspüren in den Herzensraum, nicht in das biologisch geschlossene Herz, sondern in das christologisch offene Herz: Es geht um „offenherziges" Meditieren, d. h. um Meditation, die durch das eigene Herz, die Mitte des Menschen, sich zum „Herz der Welt" (so ein Buchtitel von Urs von Balthasar) hindurchspürt; hindurchspürt – wenn der Vergleich erlaubt ist –, wie man durch einen feinen Handschuh zu einer Wirklichkeit sich hindurchspürt. Es geht bei diesem Fühlen nicht darum, den Handschuh zu erspüren, das Herzklopfen als solches zu erspüren, sondern mit diesem Herzen, in diesem Herzen die Wirklichkeit der Liebe zu erspüren.

● Auf einer *ersten Stufe* läßt man einen Menschen innerlich gegenwärtig werden, dem man sich mit Sympathie und Zuneigung verbunden fühlt, so daß, ihm zu begegnen, „das Herz höher schlagen läßt"; da ist das Pochen des Herzens zu hören: so schnell, so ruhig, so rhythmisch, so unrhythmisch, so ängstlich, so freudig – wie es eben schlägt und schlagen will. Die ganze Aufmerksamkeit schaut, spürt auf dieses pochende Geheimnis hin.

● Auf einer *zweiten Stufe* läßt man einen Menschen innerlich gegenwärtig werden, den man „ins Herz geschlossen" hat; einen Menschen, bei dem es einem ganz von selber „warm ums Herz wird", wenn man sich an ihn erinnert; einen Menschen, den man nicht mit sogenannter „christlicher Nächstenliebe" oder gar „Feindesliebe" in dieses Herz hineinzwingen und hineinzwängen muß – den man nicht mit gutem Willen und knirschenden Zähnen an der Tür seines Herzens erwartet, sondern: ihn dort gegenwärtig werden lassen, wo er schon drinen ist und wo er nur durch die Erinnerung aufgeweckt zu werden braucht.

Sicher wird es so sein, daß dieser Mensch, von dem man Wohlwollen, Annahme, Zuneigung, Liebe erfahren hat, einem kurz vor Augen tritt, daß ein Ereignis sich zeigen will. Die Bilder kann man kommen und gehen lassen. Wichtiger ist es hier, auf die ganzmenschliche Wirklichkeit hinzuspüren, auf die den Augen entzogene Quelle jener Wärme, die einem das Wissen um Geborgenheit und Nähe gibt.

• Auf der *dritten Stufe* kann man fragend in sich hineinspüren, ob und wie Jesus Christus auch in dieses Herz eingeschlossen ist, ob man ihn so kennengelernt hat – vielleicht beim Lesen der Heiligen Schrift, vielleicht in den Augen eines andern, dem man einen Becher Wasser gereicht hat –, daß man wie die Emmausjünger sagen und fragen kann: „Brannte nicht unser Herz ...?"

Solches Herzbrennen hat wohl auch Gregorius vom Sinai – einer der Mönche, der im 13. Jahrhundert auf dem Sinai lebte – beim Jesusgebet, beim Herzensgebet verspürt. Er schreibt zur Unterweisung: „Je mehr das Christus-Gebet sich dem Herzen verbindet, um so stärker erwärmt sich das Herz, um so selbsttätiger wird auch das Gebet, so daß das Feuer des Geisteslebens sich entzündet und fortwährt."[30]

Man kann fragend hinspüren wie Maria, die Jesus „unter ihrem Herzen" und in ihrem Herzen trug und für die es ein unfaßbares Geheimnis war: „Wie soll dies geschehen ...?" – „Heiliger Geist wird über dich kommen und die Kraft des Höchsten dich überschatten."

Vielleicht hat man auch die Mutter Jesu, Maria, in sein

---

[30] Alla Selawry: Das immerwährende Herzensgebet, 1970, 87.

Herz geschlossen: diese wunderbare Frau und Mutter, die ihr wunderbares Kind herzte und deren Leben unter der „Verheißung" des greisen Simeon stand, daß „ein Schwert ihre Seele", ihr Herz durchbohren würde (vgl. Lk 1 und 2).

● Auf der *letzten Stufe* des Weges kann man hinspüren zum „bei Menschen Unmöglichen" – zur Wirklichkeit Gottes im eigenen Selbst, im eigenen Herzen die Anwesenheit des Barmherzigen, der für die Armen ein Herz hat in sich selber.

Hinhören in Geduld und ständiger Achtsamkeit, bis mit den Augen des beschenkten Glaubens die Anwesenheit des Anwesenden erspürt wird; hinspüren, bis im Pochen des eigenen Herzens das große Pochen verspürt wird, von dem es heißt: „Siehe, ich stehe vor der Tür und klopfe an!" (Offb 3,20). Von dem, der liebend wachsam wartet, wird versprochen: „Siehe, wir werden kommen und Wohnung bei ihm nehmen!" (Joh 14,23) – in einer „Herzenskammer".

Hinhören, wie dies dem Mystiker Heinrich Seuse gegeben war, über dessen eine seiner geistlichen Erfahrungen es heißt: „Eines Tages war es ihm, wie wenn das väterliche Herz in geistlicher Weise so unsagbar ohne jedes Hindernis zärtlich an sein Herz geneigt wäre."[31]

Nehmen wir zum Schluß den Weg nochmals *in einem Blick* *zusammen:*

1. In der gewählten Meditationshaltung eine Zeitlang auf den Rhythmus des Herzens, der Herzgegend hinlauschen,
2. einen Menschen, den man ins Herz geschlossen hat, durch Erinnerung liebend nahekommen lassen,
3. die Aufmerksamkeit auf Jesus richten, der Herzen zum Brennen bringen kann,
4. die Aufmerksamkeit auf das Herz lenken als den Raum, in dem Gott Wohnung genommen hat: im Tempel des Leibes.

---

[31] C. Gröber: Der Mystiker Heinrich Seuse. Freiburg i. Br. 1941, 221.

Die Weise der Besinnung
(meditación)

Der Sinn der „Besinnung" nach Ignatius

Zu den ignatianischen geistlichen Übungen, die das Exerzitienbuch darlegt, gehört die Besinnung (*meditación*) [32] sowie die ihr verwandte Erwägung (*consideración*).

Wenn man einfach und in bezug auf alltägliche, natürliche Bewußtseinsvorgänge ausdrücken sollte, was mit der „Besinnung" gemeint ist und wie sie geschieht, könnte man wohl sagen: Wenn du dir Zeit und Ruhe läßt für etwas, was für dich bedeutsam ist: für ein Lebensereignis, eine Glaubenswirklichkeit, einen Schrifttext, – dann ist das, was dabei von selber geschieht, Besinnung! Von selber werden sich da die verschiedenen Seelenkräfte eines Menschen betätigen, welche die Tradition und mit ihr Ignatius nennt: Gedächtnis, Verstand, Wille (bei dem das Fühlen inbegriffen ist). [33]

---

[32] Trotz des Gleichklangs ist das spanische „meditación" nicht mit dem heute gängigen Begriff „Meditation" gleichzusetzen. Zum einen ist dieser Begriff im zeitgenössischen Sprachgebrauch sehr breit gefächert und wird für sehr unterschiedliche geistig-geistliche Vorgänge verwendet wie z. B. Bildmeditation, Musikmeditation, Zenmeditation, gegenstandslose Meditation – bis hin zu transzendentaler Meditation: zum andern liegt das, was all diesen verschiedenen Weisen gemeinsam sein mag, gerade nicht da, wo die im Exerzitienbuch mit „meditación" bezeichnete Weise ansetzt: zunächst durchaus im Rational-Diskursiven beginnend und von dort aus zum affektiven Betroffensein weiterführend, wobei bewußt verschiedene „Seelenkräfte" angesprochen und miteinbezogen werden. Auch das hier – und in den deutschen Fassungen des Exerzitienbuches – gewählte Wort „Besinnung" sagt über diese Weise des Betens wenig aus, weckt aber zumindest nicht so leicht falsche Assoziationen.

[33] Vgl. die im Mittelalter seit Augustinus gängige Trias von „memoria – intellectus – voluntas".

Was geschieht beispielsweise, wenn im Leben einer Frau „Trauerarbeit" geschieht über den Tod ihres Kindes? Wenn diese Frau also nicht versucht, das Geschehen zu verdrängen, sondern in Ruhe sich darauf einzulassen? Es werden ihr die wesentlichen Erinnerungen an das Leben ihres Kindes kommen, die Erlebnisse, welche die Beziehung zu ihrem Kind und ihr Bild von ihm geprägt haben: die Erwartung des Kindes, das Kranksein, das Feiern von Festen, die Schulerlebnisse usw. Und es ist klar, daß diese Erinnerungen nicht bloße Bilder sein werden, sondern daß die ganze Gemütswelt, die mit ihnen verbunden ist, aufsteigen wird: die Freuden, der Ärger, die Ängste, die Trauer.

Schließlich werden sich ganz von selber die verschiedensten Fragen stellen: Hätten wir früher zum Arzt gehen sollen? Habe ich meinem Kind in seinem Leben alles gegeben, was ich ihm geben konnte? Wie bin ich selber durch dieses Kind oft herausgefordert und beschenkt worden? Was gibt mir der Tod zu bedenken für die Erziehung meiner anderen Kinder? Was bedeutet uns diese Lücke in unserem Familienleben? Warum mußte mein Kind sterben? Warum hat Gott dies so zugelassen? Sorgt er sich nicht um mich und die Meinen?

Da braucht jemand nicht erst das Meditieren gelernt zu haben und nach Seelenkräften getrennt und punktweise etwas durchzugehen: Wenn Raum, d.h. Freiheit und Zeit, d.h. Ruhe, da ist, dann *geschieht* so etwas. Und dann kann auch langsam eine Antwort heranreifen. Dann kann jemand erspüren: Ja, wir haben uns zu wenig Zeit genommen vor lauter beruflicher Arbeit und Geldverdienen. – Ein Kind ist ein freier Mensch, der zwar gefördert, aber auch durch die beste Erziehung nicht abgehalten werden kann und darf, seinen eigenen Weg zu gehen. – Wie dankbar bin ich für das, was wir füreinander sein konnten. – Wie sehr ist mir das Kind gerade in der Zeit des Sterbens nahegekommen. – Ja, ich bin auch schuldig geworden. – Ich trage mit an der Unverständlichkeit dieser Welt. – Es bringt mich nicht weiter, wenn ich Gott Vorwürfe mache. – Die Ahnung von einer Nähe, die den Tod überdauert. – Oder das Verspüren der Wahrheit des Psalmwortes: „Und muß ich auch wandern in finsterer Schlucht – ich fürchte kein Unheil, denn du bist bei mir" (Ps 23,4).

Dies ist eine Besinnung, wie sie im Leben eines Menschen geschehen kann: Das Suchen und Fragen nach Sinn in dem, was sich ereignet, was einem im Leben, in der Heiligen Schrift, irgendwo begegnet, ist „Besinnung".

Auch von der Schule her sind wir Besinnung gewöhnt. Etwa beim Besinnungsaufsatz. „Wir leben im freien Westen. Heißt das auch, daß wir freie Menschen sind?" So ähnlich hieß das Thema meines Abituraufsatzes. Und da hatten wir vier Stunden Zeit, einen Besinnungsaufsatz zu schreiben. Sicher ist die äußere Situation eines Schulaufsatzes nicht gerade „besinnlich", aber die inneren Vorgänge haben doch etwas mit Besinnung zu tun. Was heißt „freier Westen"? Ist das nicht manchmal eher ein „wilder Westen"? Mit seinen eigenen Zwängen? Und was heißt es, darin frei zu sein? Wann ist ein Mensch wirklich frei? – Wie sieht es damit in meinem Leben aus? Wo lasse ich mich nur widerwillig mitreißen? Wo nütze ich den Spielraum der Freiheit, der mir gegeben ist, zu sinnvollen, verantworteten Entscheidungen aus? Welche Unwahrheit belastet mich am meisten? Welche Wahrheit würde mein Leben befreien? Dies konkret und ruhig fragen und eine Antwort heranwachsen lassen, ist Besinnung.

Diese Weise der Besinnung hat in ignatianischen Exerzitien ihr Daseinsrecht und ist eine Weise der Übungen, die Ignatius einige Male vorlegt. Im Gegensatz zu manchen anderen Weisen geistlicher Übung spielt bei Ignatius das Moment des *Überlegens, Fragens, Antwortens* eine bedeutsame Rolle. Mit der berühmt-berüchtigten „Kopflastigkeit", die inzwischen allenthalben und – wo sie wirklich gegeben ist – zu Recht kritisiert wird, braucht dies nichts zu tun haben. Und dies aus mehreren Gründen.

Einmal sieht man etwa an dem Beispiel der Trauerarbeit der Mutter sehr deutlich, daß *alle* Seelenkräfte zur Sprache kommen, nicht nur der reine, rationale Verstand. Sofern jemand nicht sein Denken bereits vom Gemüt abgespalten hat, gibt es ein freies Zusammenspiel der verschiedenen Kräfte.

Zum andern ist klar, daß mit dem „Schlüsse-Ziehen", den „Sinn der Geschichte aufhellen", der „Vernunfttätigkeit" (EB 2) niemals ein fast technisches Schlüsse-Ziehen nach Art einer sprachlogischen Textanalyse gemeint ist. Schon deshalb nicht, weil es sich um lebensnahe Motive und Themen handelt, bei denen „Denken" und „Schlüsse ziehen" eine andere Bedeutung haben.

Es ist etwas anderes, ob jemand in einer mathematischen Rechnung aus einigen bekannten und unbekannten Zahlen Ergebnisse zu erzielen sucht oder ob er geistig umgeht mit der „Lebensrechnung". So wie es ein Unterschied ist, ob jemand seine gefüllten Speicher übersieht und beschließt, einen größeren Vorratsraum zu bauen, oder ob er anfängt zu überlegen, weil sich die große „Unbekannte" in der „Rechnung seines Lebens", der Tod, in Form einer schweren Krankheit anmeldet. Es ist etwas anderes, ob jemand fragt, warum an seinem Radioapparat ständig Störungen auftreten, oder wie Ijob Gott in die Schranken fordert: „Ich bleibe hier, und wenn er mich tötet", um nach dem Warum, nach dem Grund für sein Leiden zu fragen.

Sicherlich sind wir in gewissem Sinn verdorben durch einen rationalistischen Zug unserer Zivilisation, in welcher der Computer teilweise zum Modell geistiger Abläufe genommen und alles in möglichst kleine und handhabbare Informationseinheiten zergliedert wird. Aber überall, wo echte Betroffenheit ist, kann sich doch ein existentielles Denken, ein Denken mit dem Herzen ereignen.

Diesen Appell an die *Vernunft des Herzens* zeigt auch die Verkündigung Jesu: Wenn einer einen Turm baut, dann setzt er sich zuerst hin und überlegt, ob das Geld reicht, denn sonst muß er mittendrin, während des Bauens, aufhören, und die Leute kommen und spotten. Ebenso muß einer, der mein Jünger sein will, die Armut auf sich nehmen können – und vorher überlegen (vgl. Lk 14,28).

Oder: Schaut doch selber! Könnt ihr die Zeichen der Zeit

nicht deuten? (vgl. Lk 12,56) – Versteht ihr immer noch nicht? (Mk 8,17) – Wenn ihr schon gut zueinander seid, obwohl ihr auch böse seid, um wieviel mehr wird der himmlische Vater gut zu euch sein und euch den Heiligen Geist geben, wenn ihr ihn darum bittet?! (Mt 7,11) – Und er lobte den klugen Verwalter! Die Kinder dieser Welt sind klüger als die Kinder des Lichts! (Lk 16,8) – Was meint ihr? – Dies alles sind Formulierungen (und es ließen sich noch viele finden), die zeigen, daß Jesus an die Vernunft seiner Zuhörer appelliert. Wie sollte er, der Geist-Gesalbte, auch geistfeindlich sein?

Am deutlichsten wird der Unterschied zwischen Vernünfteln und Vernunft, zwischen Spitzfindigkeit und Klarheit bei der Auseinandersetzung um die Auferstehungsfrage klar. Die klügelnden Sadduzäer basteln einen Fall, einen „casus": Eine Frau hatte einen Mann, der starb, ohne daß er Kinder gezeugt hätte. Da nahm sie der Bruder des Mannes zur Frau und starb, usw. Wem von den sieben wird sie im Himmel gehören? Gut ausgeklügelt. Wie antwortet Jesus? Mit einem einfachen Hinweis: Ihr kennt weder die Schrift noch Gott! Gott ist doch ein Gott der Lebenden und nicht der Toten (Mt 22,23–33). Die Rationalität Jesu ist manchmal wie Sturmwind, der dichtes Gewölk aufreißt und Lichtstrahlen in das Innere des Geistes eindringen läßt. Um eine solche Rationalität geht es auch bei den Besinnungen und Erwägungen. So wie Jesus gekommen ist, die Schrift zu erfüllen und nicht um sie aufzuheben, so ist er auch nicht gekommen, um die Rationalität des Menschen aufzuheben, sondern um sie zu erfüllen.

Solch eine Erfüllung kann geschehen, wenn jemand das „Prinzip und Fundament" der Exerzitien (EB 23) besinnlich durchgeht und sich selber fragt: Was gehört eigentlich zu den Fundamenten meines Lebens? Was ist eigentlich mein Credo, mein kleingläubiges und mein hoffnungsvolles Credo?

Solche *Erfüllung geistbewegter Rationalität* kann geschehen, wenn jemand sich einläßt auf die Sündengeschichte seines Lebens und dabei vielleicht anfängt zu verstehen, warum die Kirche von einer „felix culpa" sprechen kann, einer „glückseligen Schuld", die uns einen solchen Erlöser brachte. Da ist es vernünftig, auf Ort, Beziehungen und Berufswelt zu achten (EB 56) und zu erwägen, wie wenig man selber ist und was es heißt, sich der Liebe zu verweigern (EB 58): Da ist es sinnvoll, sich die drei Menschengruppen vorzustellen und seinen eigenen Standpunkt zu orten (EB 149–157).

Dieses Suchen nach geistiger Klarheit kann viele Formen haben: große und alltäglich kleine. Es kann sich niederschlagen in einer theologischen Meditation, in einer Literatur wie der von Kafka, Nietzsche, Dostojewskij und anderen. Es kann sein, daß einen auch nur ein Gedanke auf einem Kalenderblatt sehr stark bewegt. „Ich weinte, weil ich keine Strümpfe hatte, da sah ich einen Mann, der hatte keine Füße!" Dieser „Gedanke" von Helen Keller auf einer Spruchkarte kann einen „zur Besinnung bringen". Da kann jemand, der dauernd unzufrieden ist und sich frustriert fühlt, plötzlich „zur Vernunft kommen", eine andere Perspektive gewinnen und nicht mehr dauernd nur auf das schauen, was ihm fehlt, sondern dankbar auf das Viele hinblicken, was ihm gegeben ist. So etwas kann eine Blitzmeditation von einer Minute sein – oder auch von einer ganzen Stunde. Und eine solche Besinnung kann übergehen ins Handeln – „eine geistliche Frucht" pflücken, sagt Ignatius – und zur tätigen Hilfe an denen führen, die weniger haben als man selbst.

Oder was kann der „Gedanke an den Tod", ein Denken „im Angesicht des Todes" (Alfred Delp) nicht alles in einem Leben bewirken? So wie Philipp Neri einen jungen Mann zum Nachdenken brachte durch die bloße, immer wiederholte Frage: „Und dann?" Was wirst du jetzt tun? – Ich werde Recht studieren! – Und dann? – Ja, dann werde ich einen entsprechenden Beruf ausüben und eine Karriere machen. – Und dann? – Dann werde ich heiraten und Kinder haben. – Und dann? – Dann? Dann werde ich alt werden. – Und dann? – Ja, dann werde ich eines Tages sterben. – Und dann …? –

Diese Beispiele und Fragen sollen dazu dienen, das eine deutlich zu machen: Wann immer sich jemand in Ruhe auf wesentliche Fragen seines Lebens, seines Lebens aus dem Glauben einläßt, dann geschieht ein Vorgang der Besinnung, der Erwägung, des Denkens mit dem Herzen, des lebendigen Denkens, der Meditation im Sinne von Ignatius.

Dasselbe mit Worten von Alfred Delp gesagt: Es kommt darauf an, das Leben und seine Ereignisse bis auf Gott hin durchzuleben, durchzufühlen, durchzudenken, durchzuhandeln. – „Das eine ist mir so klar und spürbar wie selten: Die Welt ist Gottes so voll. Aus allen Poren der Dinge quillt uns dies gleichsam entgegen. Wir aber sind oft blind. Wir bleiben in den schönen und in den bösen Stunden hängen. Wir erleben sie nicht durch bis zu dem Punkt, an dem sie aus Gott hervorströmen. Das gilt für das Schöne und auch für das Elend. In allem will Gott Begegnung feiern und fragt und will die anbetende, liebende Antwort."[34]

Einüben ins Durchleben bis auf Gott hin, *Einüben in die Besinnung* kann also heißen:

● Nimm dir Zeit, einfach Zeit für das, was wesentlich ist in deinem Leben.

● Geh nicht wie ein Reporter durchs Leben, der alles fotografiert und nichts entwickelt. Nimm dir Zeit, in der Dunkelkammer der Meditation den Film deines Lebens zu entwickeln, damit du immer genauer die Umrisse deines Lebens erahnen und dein Lebensprofil und das Wirken des Geistes Gottes in deinem Leben erkennen und verspüren kannst.

● Setz dich auf einen Friedhof – und nimm dir Zeit, und die Zeit wird von selber besinnlich werden.

---

[34] Brief vom 17.11.1944. Zitiert aus: Alfred Delp. Kämpfer – Beter – Zeuge, Freiburg i. Br. 1962.

● Besuch einen Schwerkranken – und nimm dir Zeit, und du wirst ins Nachdenken kommen.

● Unterhalte dich mit deinem sich atheistisch gebenden Schulkameraden – und nimm dir Zeit, und dein eigenes Credo wird in eine lebendige Bewegung geraten.

● Lies ein Gedicht, lies es nochmals und lies es nochmals – und nimm dir Zeit, und du wirst ins Sinnen geraten.

● Laß einmal bei einer wichtigen Entscheidung nicht den Zeitdruck entscheiden, sondern – nimm dir Zeit, und du wirst von selber ins Abwägen geraten.

● Nimm dir Zeit, dein Leben bis auf Gott hin zu durchsinnen, und dann „bist Du nicht weit" vom meditierenden Beten.

Hilfen zur Besinnung auf das eigene Leben

Einen wichtigen Platz bei Ignatius nehmen die Besinnungen auf das eigene Leben ein. Die Seite, die dabei im Vordergrund steht, ist der Blick auf die Sünde im eigenen Leben (EB 55–61). Es geht bei diesen Besinnungen darum, zu entdecken, wie weit jemand gegen oder mit dem Sinn seines Lebens gelebt hat und lebt.

Um das eigene Leben in den Blick zu bekommen, gibt Ignatius drei konkrete Hilfen an: „Erstens, den Blick richten auf den *Ort* oder das Haus, wo ich gewohnt habe; zweitens, den *Umgang*, den ich mit andern gepflogen habe; drittens, den *Beruf*, in dem ich gelebt habe" (EB 56).

Es werden also (1) die wichtigsten *Lebensräume* – im direkten und übertragenen Sinn – genannt, in denen sich ein Leben abspielt: das Elternhaus – und dazunehmen kann man alle wichtigen Räume: die Schule, die Kirche, das Krankenhaus, die Arbeitsstelle, das Jugendheim, das Ferienhaus usw.

Nach dieser Vorstellung des Ortes [35] können (2) die *Men-*

---

[35] Vgl. den „Aufbau des Schauplatzes", auf den Ignatius am Beginn

schen in den Blick treten und die verschiedenen Weisen der *Beziehung* zu ihnen: Eltern – Kind, Verwandte, Bekannte, Freunde, Feinde, Kameraden, Kollegen, Vorgesetzte, Untergebene usw. Schließlich wird (3) besonders der *Bereich des Berufes* in den Blick gerückt, in dem man ja fast den größtenTeil seines Lebens verbringt.

Voraussetzung oder Hilfe, die fürs Ganze gilt, ist es, das eigene Leben so Jahr für Jahr durchzugehen und anzuschauen: Wieviel Zeit sich Ignatius selbst dafür gelassen hat, macht eine Bemerkung aus dem „Bericht des Pilgers" klar: Drei Tage hat er für die schriftliche Vorbereitung auf die Generalbeichte gebraucht (PB 17). Hier zeigt sich auch, daß es Ignatius nicht nur um einen abstrakten Erkenntnisgewinn bezüglich des eigenen Lebens ging, sondern um Umkehr. So mündet denn auch seine Besinnung in den staunenden Ruf aus, wie es denn möglich sei, daß einem solchen Sünder bis jetzt durch Gott und das ganze Universum das Leben geschenkt werden (EB 60f)!

Im folgenden sollen drei verschiedene Weisen vorgestellt werden, wie eine Besinnung auf das eigene Leben geschehen kann. Entscheidend ist bei allen drei Weisen: Es soll nicht nur ein Blick auf das Negative im eigenen Leben sein, sondern es geht darum, die Unheilsgeschichte *und* die Heilsgeschichte anzuschauen, noch genauer gesagt: Heil und Unheil im eigenen Leben zu Bewußtsein kommen zu lassen, – gemäß dem Evangelium, wo zwar Unkraut und Weizen auch nicht einerlei, sondern verschieden sind, aber nicht zur Unzeit und gewaltsam getrennt werden. Dieser Blick auf das Feld des eigenen Lebens will dazu führen, den Vater zu preisen, der „regnen läßt über Gerechte und Ungerechte" (Mt 5,45), über den Weizen und das Unkraut meines Lebens.

---

einer Gebetszeit großen Wert legt (z. B. EB 47), und die Ausführungen dazu in *„Die Vorstellung des Ortes"*, S. 81 ff.

(1) Ein eigenes „Prinzip und Fundament" verfassen

Was Ignatius recht war, kann jedem Exerzitanten billig sein, d. h. man schreibt sein eigenes Fundament auf, faßt die eigenen Grundüberzeugungen zusammen. Dies könnte etwa den folgenden Gang nehmen:

● Zuerst das „Prinzip und Fundament" von Ignatius durchlesen (EB 23).

● Ein eigenes *ideales* „Prinzip und Fundament" aufschreiben, das auf die Frage antwortet: Wie möchte ich, daß mein Leben aussieht? Worauf will ich mein Leben gründen?

● Dann ein *realistisches* „Prinzip und Fundament" zusammenstellen, das auf die Frage antwortet: Worauf baut mein Leben wirklich auf? Woraufhin lebe ich wirklich? – Also hier keinen Entwurf in der *Theorie*, im utopischen Denken machen, sondern sich fragen: Wie sieht mein Credo, mein Prinzip aus, wenn ich schlicht auf die *Lebenspraxis* während meines ganzen Lebens hinschaue?

● Schließlich kann ich das ideale und das realistische (und das ignatianische) „Prinzip und Fundament" *miteinander vergleichen:* Wo decken sich die Grundlinien? Wo überschneiden sie sich? Wo gehen sie auseinander?

Die Weise, sich dem eigenen Leben zu nähern, kann vor allem eine Hilfe sein, daß wir nicht zu schnell das, was wir sein wollen, mit dem vermischen, was wir sind. Es ist eine Möglichkeit, das Ineins des eigenen Glaubens, Kleinglaubens und Unglaubens deutlicher zu sehen und danach klarer leben zu können – und vielleicht zu bitten wie der Mann im Evangelium: „Ich glaube, hilf meinem Unglauben!" (Mk 9,24).

(2) Sein eigenes, individuelles Altes Testament schreiben

Das ganze Alte Testament ist die gläubige, theologische Auswertung der Geschichte Israels. Wie kommt Gott im Herzen der *Geschichte* der Volksgemeinschaft und einzel-

171

ner vor? Die vielen Ereignisse des Alten Testaments zeigen beispielhaft die Grundkräfte menschlichen Lebens.

Geschichte des *Gottesbewußtseins:* Der Kampf Jakobs; die Enthüllung des Gottesnamen an Mose; Jahwe, der zum einzigen Gott wird; der Gott mit zunächst fast grausamen und immer mehr barmherzigen Zügen usw.

Geschichte der *Befreiung*: Wandernomaden; Gefangenschaft in Ägypten; ein Spielball der Großmächte; Exil; schließlich Zerstreuung unter alle Völker.

Geschichte der *Aggression:* Aufbauen und Zerstören; negative und positive Weisen der Kraft als Gewalt und Macht sind fast allgegenwärtig; an über 600 Stellen ist von Gewalt die Rede, von der Gewalt einzelner und ganzer Völker.

Geschichte der *Wahrheit* und der *Offenbarung:* Gott, der sich offenbart; Lüge der Menschen; Adam im Versteck; falsche Zeugen; falsche Propheten; der Vater der Lüge; „alle Menschen sind Lügner"; aber auch der Mensch, der in der Wahrheit lebt.

Geschichte der *Suche nach Anerkennung:* die soziale Stellung in der Volksgemeinde; unter den anderen Völkern; die Gerechtigkeit; der gute Ruf; die Ehre Gottes; usw.

Geschichte der *Erotik*: Hohes Lied; David und Bathseba; erotische Bilder, um Jahwes Beziehung zu Israel zu zeichnen.

Geschichte der *Suche nach Besitz:* Nomaden auf der Suche nach Weideplätzen, nach dem gelobten Land; Kampf mit Völkern um Raum; Diebstahl, Räubereien.

Wachstum von *Grundhaltungen des Glaubens:* Das ganze Alte Testament ist eine Geschichte von Glaube, Treulosigkeit, Umkehr, Klage, Hoffnung auf den Tag des Herrn und von Liebe.

Man kann hingehen und sein eigenes Altes Testament, *seine individuelle Heilsgeschichte* schreiben oder – entsprechend der Krisenphase – die eigene Unheilsgeschichte:

Entwicklung meines *Gottesbewußtseins:* Orte meiner Gottbegegnungen.

Geschichte meiner *Befreiung:* Wo ist mein Ägypten?

Durch welche Meere bin ich hindurchgeschritten? Welche Wüsten habe ich durchwandert?

Schicksal meiner *Kraft:* Aufbauen, Niederreißen, Wirken, Gestalten, Gewalt usw. Wo kreativ, wo destruktiv?

Meine *Wahrheitsgeschichte:* entscheidende Einsichten, Intuitionen; Lebensperspektiven, Mut zum Offensein; Angst, Lüge ...

Suche nach *Anerkennung.* Welche Rolle spielen Lob, Tadel, Bestätigung, Sympathieentzug, Status, soziale Schicht?

Geschichte meiner *Erotik:* Kraft der erotischen Anziehung in allen Lebensbereichen; Schönheit, Geschlechtlichkeit, Faszination?

Meine Beziehung zu *Besitz:* Was bedeutet mir Eigentum? Wie abhängig bin ich von Besitz? Bringt mir Besitzen-dürfen Freude? Oder Belastung? Haben, als hätte man nicht, oder ...?

Wachstum der Grundhaltungen von *Glauben, Hoffen, Lieben* in der Geschichte meines Lebens ...

Es versteht sich von selber, daß in diesen Besinnungen jeder seine eigenen Akzentuierungen finden muß; vielleicht auch andere Dimensionen als die hier genannten. Im ganzen sind sicher die entscheidenden Grundlinien menschlichen Lebens genannt. Man wird sich viel Zeit geben müssen, damit durch die Erinnerung weiterführende Einsicht geschehen kann.

(3) Der Lebensbaum – Möglichkeit zu einer bildhaften Besinnung auf das eigene Leben

Wer sich leichter tut, in Bildern und Vergleichen zu denken und sich auszudrücken, dem kann es eine Hilfe sein, einmal seinen eigenen Lebensbaum zu zeichnen; also einen Baum zum Gleichnis des eigenen Lebens werden zu lassen.

Dieses Unternehmen ist nur sinnvoll, wenn es mit leichter Hand, fast spielerisch gemacht wird; vielleicht kommt die Freude erst beim Malen, wie manchesmal beim Essen der Appetit; vielleicht kommt dann auch mehr guter Ernst ins Spiel, als man zu Beginn geglaubt hat. – Und vielleicht zeigen die Linien des Baumes dann auch mehr Klarheit, als dies sonst im Blick auf unser Leben der Fall ist, wo wir so manchesmal den Wald vor lauter Bäumen nicht mehr sehen. Nicht selten sehen ja unsere Besinnungen und Gewissenserforschungen wie eine Straße aus, die von lauter zufällig zusammengewehten Herbstblättern bedeckt ist. Seinen Lebensbaum zu zeichnen kann bedeuten, Grundlinien des Lebens entdecken zu wollen: die große Gestalt, die Hauptäste und Hauptwurzeln, den ganzen Lebensraum, die Geschichte des Wachstums.

Was damit gemeint ist, soll im folgenden bildhaft ausgedrückt und dann jeweils in den anthropologischen Klartext übersetzt werden. Für die persönliche Durchführung ist wichtig: Es geht nicht um eine Allegorie, wo jeder einzelne Zug fast skrupulös übertragen werden soll. Die großen Linien sind wichtig. Und: Die Linien sollen nicht abstrakt bleiben, d. h. es geht um die konkreten, einmaligen Erlebnisse, Hintergründe, Personen, Farben des eigenen Lebens. – Das *Bild* soll anregen zur Besinnung auf das *wirkliche* eigene Leben.

Die Gesamtgestalt des Baumes
● *Das Profil:* Jeder Baum hat ein Profil, an dem ein Kenner ihn schon von weitem von anderen Bäumen unterscheiden kann: eine Zitterpappel, eine Eiche, Holunderbüsche, Tollkirschen, schlanke Zypressen und zarte Birken, Mammutbäume, Drachenbäume, Goldregen, wilde Bäume, Spalierobst, raffinierte Kreuzungen. Jeder Baum ist anders als die andern und doch ein Baum wie alle Bäume.

Mit welchen Worten kann ich das Profil *meines* Lebensbaumes skizzieren? Zartheit ... einer Birke? Geballte Wucht ... einer Eiche? Ängstlichkeit ... einer Zitterpappel? Depressivität ... einer Trauerweide? Abhängigkeit ... von Schlingpflanzen, die sich nur an anderen hochranken können? Dunkle Schwermut ... einer Schwarzwaldtanne? Verrücktheit ... einer Tollkirsche? Scheinbar hart, doch innen weich ... wie ein Holunderbusch? Abweisend ... wie ein Dornbusch? usw.

Es gilt hier, über die Bilder hinauszugehen und die für einen selbst zutreffenden Worte zu finden. Dabei ist darauf zu achten, daß das Charakteristische bzw. die unterscheidenden Züge nicht schon das Ganze sind. Vielleicht die besondere Färbung des Ganzen, aber nicht schon das Ganze einfachhin.

● *Die Wurzeln:* Der Baum über der Erde lebt von dem Baum unter der Erde, von den Wurzeln. Wurzelt er nicht tief genug, so wirft ihn der erste Sturm um. Wurzelt er nicht tief genug – bis ins Grundwasser hinein –, wird er bei der ersten langanhaltenden Trockenheit verdorren. Mit den Wurzeln saugt er die Nahrung, die ihm Kraft gibt zu seinem Wachstum, das die Schwerkraft überwindet.

Auch der Mensch hat Wurzeln; Wurzeln in der Vergangenheit, in der Familie, in der Heimat, in einem Milieu. Darum können sich die Fragen stellen: Was gibt mir immer wieder Halt? Was sind die Hauptwurzeln meines Lebens? Was sind Erinnerungen, Erlebnisse, Sinnereignisse, Grundgedanken, aus denen ich Hoffnung, Lebenskraft schöpfe?

● *Die Äste:* Gegen die Schwerkraft ankämpfend ragen Bäume nach oben. Ihre Äste sind ausgestreckt wie mächtige Hände, die in den freien Raum greifen und dem Licht, der Wärme, dem Himmel entgegenwachsen.

Dieser Drang nach oben kann Gleichnis für alles menschliche Streben sein: für das Streben der Freiheit nach einem Raum der Entfaltung, für die Sehnsucht nach Wärme und Geborgenheit, für das Streben nach dem Licht der Wahrheit, für das religiöse Streben, Himmel und Erde zu verbinden. – Von dieser geistigen Bildwelt her können sich die Fragen stellen: Was sind Hauptäste meines Strebens? Was sind leib-seelisch-geistige Grundtriebe und Bedürfnisse, die mein Wachstum bestimmen? Durch welche Erlebnisse wurde mir dies besonders bewußt?

Der Lebensraum

● *Der Boden:* Es gibt fette, magere, sandige, steinige, mineralhaltige, lehmige, harte, lockere, unfruchtbare Böden.

Auf welcher Art von Boden bin ich aufgewachsen? Was war hart für mich? Was fehlte? Was war kraftvolle Nahrung?

● *Das Klima:* Es gibt freundliches, frostiges, heißes, rauhes, wechselndes Klima, Eiszeiten, Regen, Sturm, fette und magere Jahre.

Wie war das Klima meines Lebens? Eine warme Atmosphäre? Donnerwetter? Eiszeiten? Treibhausatmosphäre?

● *Die Umgebung:* Es gibt Bäume, die einsam stehen, andere in Gruppen, andere in einem ganzen Wald, andere fast erstickt von Baumriesen.

Wie stehe/stand ich in der Gegend? Allein, gruppiert usw.?

Das Wachstum

● *Wachstumsschübe:* Es gibt das verborgene Wachsen, das sich dann plötzlich in einer entfalteten Blüte, in einem ganzen Wachstumsschub offen zeigt.

Wo gab es in meinem Leben Wachstumsschübe? Wo platzten Knoten? Gingen mir Lichter auf? Wann waren fette Jahre? Was trug dazu bei? Wer?

● *Wachstumsstörungen:* Baumkrankheiten, Stürme, Blitze, Tiere, Schatten anderer Bäume, Äxte usw. können Wachstum stören.

Was gab es in meinem Leben Wachstumsstörungen? Wodurch? Wie tiefgehend? Durch wen? Geheilt oder immer noch blutend?

● *Wachstumsphasen:* Winter, Frühjahr, Sommer, Herbst – in welcher Zeit lebe ich?

Die Weise der Betrachtung
(contemplación)

Wie läßt sich die Betrachtung oder contemplación von den Weisen der Besinnung *(meditación)* und Erwägung *(consideración)* bei Ignatius abgrenzen? Zunächst ist festzustellen, daß der Gebrauch der Bezeichnung im Exerzitienbuch nicht ganz eindeutig ist.[36] Vor allem gilt auch, daß im Beten selbst ein Ineinanderfließen geschehen kann und wohl auch oft geschieht; so wie in einem Gespräch die Ebenen wechseln können, wenn nicht wie beim „kontrollierten Dialog" streng eine Methode durchgehalten wird. Grob läßt sich wohl sagen: In Besinnung und Erwägung kommen mehr die intellektuellen Kräfte ins Spiel, während in der Betrachtung mehr die *gemüthaften* Kräfte das Geschehen leiten.

Vielleicht läßt sich durch eine Reihe von Gegenüberstellungen eine *unterschiedliche Tendenz* von *Besinnung* und *Betrachtung* aufzeigen. Dabei ist es wichtig zu sehen, daß es sich hier um verschiedene Akzentsetzungen handelt, nicht um sich ausschließende Gegensätze. Die Frage ist jeweils, was mehr im Vordergrund und was mehr im Hintergrund steht:

Die Besinnung fragt: „Bin ich mir über etwas oder jemanden klarer geworden?", die Kontemplation dagegen: „Bin ich jemandem, ist mir jemand nähergekommen?"

In der Erwägung wird eine Entscheidung getroffen, in der Betrachtung sagt jemand „ja" zu einem anderen.

---

[36] Vgl. dazu „die Übersicht bei Hermann-Josef Repplinger in: „Korrespondenz zur Spiritualität der Exerzitien", Heft 34: Anleitung aus Erfahrung – zum Gebrauch des Exerzitienbuches, 46f: „Besinnung – Erwägung – Betrachtung".

In der Erwägung der eigenen Sündhaftigkeit geht es zunächst oft darum, von der eigenen Angst um sich selber frei zu werden; in der kontemplativ-vertraulichen Begegnung geht es darum, bei einem Erlöser zu sein. Ein biblischer Kommentar dazu sind die geheilten Aussätzigen (Lk 17, 11–19): Bei den Neun, die nicht zu Jesus zurückkehren, steht der eigene Gesundheitszustand im Vordergrund, und Jesus wird gerade noch als der sichtbar, der sie geheilt hat. Der eine, der zurückkehrt, fängt erst an, Jesus wirklich kennenzulernen. Auch der Blindgeborene, der geheilt wird, findet erst in der zweiten Begegnung zu Jesus (Joh 9, 35–38).

In der Besinnung mag Jesus mehr in seinen Worten oder als bewundertes Vorbild in den Blick kommen, in der Kontemplation will geschehen, was sich in den Abschiedsreden kundtut: „Ich nenne euch nicht mehr Knechte, denn der Knecht weiß nicht, was sein Herr tut; ich habe euch Freunde genannt, weil ich euch alles geoffenbart habe, was ich von meinem Vater gehört habe" (Joh 15, 15).

Vielleicht läßt sich der Unterschied noch etwas klarer machen anhand der Beziehung zwischen einem Klienten und einem Therapeuten, die sich durch einen Zufall in ein freundschaftliches Verhältnis umwandelt.

In der therapeutischen Situation findet zwar auch eine Begegnung zwischen zwei Personen statt, und zwar sehr wesentlich, da gerade hier gilt: „Der Arzt ist die Medizin"; aber es ist keine Beziehung unter Freunden. Es herrscht Offenheit, aber nicht Vertrautheit. Die Beziehung läuft, wenn auch auf einer ungleichen, so doch partnerschaftlichen Ebene, ohne daß Freundschaft besteht. Die Lebensgewohnheiten, die Lebensgeschichte, die Probleme des Therapeuten stehen gewiß nicht im Zentrum; man könnte auch sagen, sie sind eben nicht ein zweiter Brennpunkt der Ellipsenbahn, auf der eine freundschaftliche Beziehung ihren Weg dahinzöge. Die Therapie hilft, daß der Klient sich besser verstehen lernt, heiler wird, nicht aber dazu, daß eine gegenseitige Herzenseröffnung und Erklärung der Zuneigung und Liebe geschieht. Die Beziehung ist höchst bedeutsam, intensiv – und doch gehen Therapeut und Klient nach einer bestimmten Zeit ihre eigenen Wege.

Anders wäre dies, wenn sich eine echte Freundschaftsbeziehung ergeben würde. Da bedeutet eine Schachtel mit der Zigarrenmarke des Freundes etwas anderes, als wenn die Patientin ihrem Therapeuten zu Weihnachten etwas mitbringt (bzw. steckt auch da schon der halbbewußte Versuch dahinter, auf eine etwas andere Beziehungsebene umzusteigen). Das Zimmer, die Gegenstände, die eigene Beziehung zu ihnen; all das bekommt einen anderen Charakter. Ein Raum, von dem mir gesagt wird: „Fühl dich wie zu Hause", hat eine andere Qualität als ein normaler Praxisraum eines noch so freundlichen Therapeuten. Der Fußboden, der für den Klienten im besten Fall geschmackvoll und wärmend wirkt, kann für den Liebenden zur „Erde, die ihn trägt" werden (und einen ehemaligen Offizier wie Ignatius in der Betrachtung diese Erde küssen lassen).

Auch hier muß abschließend noch einmal gesagt werden: Es läßt sich nicht alles genau auseinanderhalten. Auch in der Freundschaft geschieht „Therapie", und auch die Therapie kann nur durch persönliches Engagement richtig wirksam werden.[37] Und doch: Die Richtung und die Atmosphäre der beiden Beziehungsweisen sind verschieden.

Die Besinnung geht mehr dahin, in der Begegnung Sinn zu erfassen, die Kontemplation mehr dahin, die Begegnung als den Sinn des Lebens zu erleben. Sicher ist bei diesem Versuch, die Weisen der Besinnung und der Betrachtung[38] voneinander abzugrenzen, schon einiges vom Wesen der Betrachtung deutlich geworden.

---

[37] Vgl. dazu: Eugen Kennedy, Handbuch der Lebensberatung, Graz 1979, 69–76.

[38] S. „Umgang mit der Heiligen Schrift" S. 98 ff, besonders S. 134 ff: „Die Stufe des ‚innersten Mitfühlens‘, oder S. 62 ff „Der Weg einer Gebetszeit nach Ignatius". Eine weitere ausführliche Darstellung der Eigenart der „Betrachtung" im Sinn der Ignatianischen „contemplación" findet sich bei Alex Lefrank SJ, „Zur Praxis von Einzelexerzitien", 3. Teil in Heft 15 der „Korrespondenz zur Spiritualität der Exerzitien", 72–77: „Eine neue Weise des Betens".

Wir können es hier unterlassen, darauf im einzelnen einzugehen, weil im Rahmen dieser Ausführung zu den Gebetsweisen nach Ignatius schon im Zusammenhang des „Umgangs mit der Heiligen Schrift" das Betrachten im ignatianischen Sinne ausführlich erörtert wurde, und auch die folgende Kapitel über die „Anwendung der Sinne" und das „Zwiegespräch" werden den Raum dieser Gebetsweise weiter ausloten.

Die Weise der Anwendung der Sinne

Schon in dem, was bisher über die Gebetsweisen nach Ignatius gesagt worden ist, kam an verschiedenen Stellen die Sinnenhaftigkeit des Betens und verschiedene Weisen dieser „Sinnlichkeit" zur Sprache. Hier soll ein wichtiger Bezugspunkt des Betens mit den Sinnen, wie Ignatius es anregt, kurz dargestellt werden: die sogenannte „Anwendung der fünf Sinne" (z. B. EB 121–126). [39] Was meint Ignatius damit? Worum geht es ihm dabei? Fragen wir zunächst nach dem Sinn dieser Weise des Betens bei Ignatius, aber auch nach ihrer Eigenart als menschlicher Grundvorgang, und wenden wir uns dann der Frage zu, wie sich solches Beten einüben läßt.

Vom Sinn dieser Weise zu beten

(1) Kennzeichnendes

Zum ersten ist die Häufigkeit dieser Gebetsweise im Gesamten der Exerzitien auffallend. Ignatius setzt sie täglich vor dem Abendessen an. Er will, daß sich da der Exerzitant in einer ruhigen, einfachen, leibnahen Weise nochmals auf die betrachteten Geheimnisse des Tages einläßt.

Darin liegt schon ein zweiter Hinweis: Es dreht sich um eine Art dritte Wiederholungsbetrachtung. Für den ersten Tag der „Zweiten Woche" etwa gibt Ignatius die Mensch-

---

[39] Eine ausführlichere Darlegung dieser Weise des Betens bietet Damian Sassin SJ in einer bisher noch nicht veröffentlichten Arbeit: „Die geistlichen Sinne bei Ignatius von Loyola".

werdung als Gegenstand für die erste und die Geburt Jesu für die zweite Betrachtung an. Die dritte und die vierte Betrachtung sollen eine Wiederholung der ersten und zweiten Übung sein und die fünfte Übung die Anwendung der fünf Sinne auf die erste und zweite Betrachtung. Damit ist klar: Es geht hier nicht mehr um eine erste Bekanntschaft, um ein geistiges Durcharbeiten eines neuen Stoffes, auch nicht um ein erstmaliges Sehen, denn in den vorherigen Betrachtungen gab es bereits die Anschauung des Ortes und den Blick auf die Personen, auf das, was sie tun und reden.

Ein *drittes* ergibt sich: Die Anwendung der Sinne ist nicht völlig getrennt vom *Nachsinnen*, da es immer auch heißt: „dann sich auf sich selbst zurückbesinnen und daraus einigen Nutzen ziehen" (EB 123).

Ein *vierter* Hinweis läßt aufhorchen: „Riechen und schmecken mit dem (inneren) Geruchs- und Geschmackssinn den unendlich milden Duft und die unendliche Süßigkeit der Gottheit, der Seele und ihrer Tugenden und des Ganzen, so wie es der Person entspricht, die man gerade betrachtet; dann sich auf sich selbst besinnen, um Nutzen daraus zu ziehen" (EB 124).

Dieser Hinweis, zusammengenommen mit dem Wiederholungscharakter der abendlichen Übung, kann auf die Spur dessen bringen, was wohl mit der Anwendung der Sinne gemeint sein könnte.

(2) Sich-vertraut-machen

Worin nun der Sinn einer solchen „Anwendung der Sinne" von Ignatius her gesehen liegt, läß sich vielleicht am besten verdeutlichen, wenn man auf die Wegschritte beim Kennenlernen eines anderen Menschen achtet: Welche Stufen der Annäherung, des Einander-Begegnens, des Vertraut-Werdens gibt es da?

Am Anfang steht meist – in erster Anwendung der Sinne – ein *Schauen*: Man sieht in irgendeiner Situation, in einem bestimmten Raum[40] einen Menschen. Was sieht man an ihm? Zunächst nur Äußeres. Wie er gekleidet ist, seine Haarfarbe, seine Größe, die Züge seines Gesichtes. Das kann schon einen ersten Eindruck geben. Wer einen Blick für Menschen hat, kann da vielleicht schon hinter das Gesehene spüren und manches von der Art und dem Schicksal dieses Menschen ahnen.

Ein *zweiter Schritt* der Annäherung kann nun im direkten *Gespräch* geschehen. Man lernt die Ansichten eines anderen kennen, seine Erlebnisse, seine Hoffnungen, seine Befürchtungen, seine Bedürfnisse, seine Lebenssituation, seinen Beruf, seine religiöse Auffassung und Weltanschauung usw. Ebenso kann man ihn in seiner Eigen-Art kennenlernen an der Weise, wie er spricht, wie er gestikuliert, was er betont, wo er traurig wirkt usw. Man hat so Gelegenheit, eventuell Vorurteile zu korrigieren – wenn man zuvor von diesem Menschen gehört hat –, und ein Stück weit kann man so mehr sein wahres Gesicht entdecken. Vielleicht kann dieses Kennenlernen noch wachsen, wenn man gemeinsam etwas unternimmt. Man sieht dann, wie der andere etwas anpackt, wie er durchhält usw.

Wenn jemand eine sehr feine Menschenkenntnis hat oder psychologisch geschult und interessiert ist, dann kann er vielleicht auch im nachhinein oder nebenbei noch manches genauer erspüren oder verborgene Zusammenhänge erahnen.

Stellen wir uns vor, dieses Kennenlernen sei auf einer Ferienfahrt in den Bergen geschehen. Und stellen wir uns vor, es sei zwischen den beiden so etwas wie ein tiefes Verstehen, ja eine Freundschaft gewachsen. Wird es da nicht – vielleicht in einer ruhigen Abendstimmung nach einem anstrengenden Wandertag – geschehen können, daß die beiden vor einer Hütte sitzen und sich wortlos wahrnehmen und anschauen? Und was nehmen sie dann wahr, wenn sie

---

[40] Vgl. EB 47 zum „Aufbau des Schauplatzes" bzw. die Ausführungen dazu, S. 81 ff.

sich anschauen und nicht groß nachdenken, hinterfragen, diskutieren oder sich austauschen? – Fängt da nicht das Gesicht des andern an zu reden? Erzählen da die Fältchen um die Augen nicht von einer Heiterkeit, der die Traurigkeit nicht fremd ist? Hat sich da nicht die Geschichte eines ganzen Lebens eingegraben in ein Gesicht? Und vor allem: Geht in dieses Gesicht, in diesen Augen-Blick nicht die ganze Weise der Beziehung ein, die inzwischen gewachsen ist? Das Verständnis, das Hingezogensein, die Freundschaft. Und wächst da nicht auch das Bedürfnis, das Verlangen nach Umarmung, nach größerer Nähe? – „Man berühre mit dem Tastsinn, z. B. man umfange und küsse die Plätze, wo solche Personen ihren Fuß hinsetzen ..." (EB 124).

Es mag an diesem Beispiel spürbar werden, daß in dieser Anwendung der Sinne nach dem Vertrautworden-sein äußerer und innerer Sinn einsgehen, wenn die beiden „eines Sinnes" sind, wenn Sinn und Sinnlichkeit ineins gehen. Das Aufmerken der Sinne beim *ersten* Eindruck und die Wahrnehmung des Freundes sind verschieden. Am *Ende* geht es nicht mehr um einzelne Züge und die „Analyse" ihrer Aussage, sondern um die verspürte Nähe. Der Leib ist da zur Gegenwart und zur Offenbarung des Geistes geworden, die intuitiv erspürt wird.

Vielleicht erklärt auch die folgende Erfahrung, die mir eine junge Frau von sich mitteilte, ein Stück weit, was mit „Anwendung der Sinne" gemeint sein kann. Immer wieder, vor allem wenn sie an einem Sonnentag auf dem Friedhof sitzt, passiert es ihr, daß ein Mensch, den sie liebt, ihr „sinnlich" nahekommt: Sie sieht ihn – mit offenen Augen – in seiner gewohnten Kleidung, gelegentlich hört sie ihn reden oder auch ohne Worte auf ihre Fragen und Probleme antworten. Vor allem aber spürt sie sozusagen leibhaftig seine Nähe und ihre Verbundenheit. Normalerweise tritt diese Erfahrung spontan auf. Wenn die junge Frau bewußt ihre Sinne „anwendet", dann braucht sie viel Ruhe, und das Gesehene ist dann auch blasser als die spontan erlebte intensive Nähe.

Das Erzählte mag eine besonders deutliche Erfahrung sein, aber im Grunde geschieht in jedem Erinnerungsvorgang etwas Ähnliches: Ein Gesicht, ein Mensch und die Weise der gegenseitigen Beziehung wird gegenwärtig. In der Meditation läßt man sich „nur" sehr viel mehr Zeit dafür und kann durch die gewachsene Ruhe das Erleben selbst und die Gegenwärtigkeit in einer größeren Tiefe erleben.

Sicherlich ist es noch einmal ein Unterschied, ob man sich an Personen und Ereignisse erinnert, die man selber gesehen und erlebt hat, oder ob man sich biblische Erzählungen kreativ „erschauen" muß. Es gibt keinen Dokumentarfilm über Jesus. Und doch ist es auch ein natürlicher Vorgang, sich jemanden vorzustellen, den man nicht von Angesicht zu Angesicht kennt, sondern nur aus Erzählungen. Sicher kann es da zu Täuschungen kommen – „Den hab ich mir eigentlich ganz anders vorgestellt" –, aber auch zu überraschenden Übereinstimmungen. Hanna Wolf erzählt in ihrem Buch „Jesus als Psychotherapeut" von einer Künstlerin, die von einem Mann gebeten wurde, das Gesicht seiner Frau in Ton zu modellieren; nur – die Frau war verstorben, und es gab keine Fotografie von ihr. Daraufhin bat die Künstlerin den Mann, einfach von seiner Frau zu erzählen: was sie getan hatte, wie sie war, was sie sagte – nicht wie sie ausschaute. Die Künstlerin war „ganz Ohr" und Herz und formte ein Gesicht, das auf eine erstaunliche Weise dem wirklichen Gesicht der verstorbenen Ehefrau glich.

Dies ist zwar ein extremer Fall von Feinfühligkeit und Fähigkeit, das Erfühlte zu verleiblichen, zu materialisieren. Der Vorgang der Betrachtung und der Anwendung der Sinne hat jedoch sehr viel Ähnlichkeit mit dem geschilderten Ereignis: hinhörend, hinschauend, erwägend sucht man den Geist Jesu Christi zu erspüren.

Dieses innere Bild der geistigen Gestalt Jesu kann sich zusammen mit Bildern aus der Kunst, der religiösen Tradition (etwa dem Grabtuch von Turin) und der kreativen Fantasie zu einem sinnenhaften Bild Jesu verdichten. Dabei steht freilich nicht das Bild oder gar der objektive Charakter des Bildes („Wie sah Jesus wirklich aus?") im Vordergrund. Teresa von Avila war zwar traurig darüber, daß sie nicht das wirkliche irdische Antlitz Jesu schauen konnte, aber dem Betenden geht es nicht darum, mit kriminalistischem Scharfsinn ein „Phantombild" Jesu zusammenzusetzen. Die Mitte des betrachtenden Suchens bildet das Verspüren der göttlichen Nähe Jesu, einer Nähe, die sich wie bei Ignatius in seinem mystischen Schauen als sonnenhafte Lichtgestalt zeigen kann. So vermag die Anwendung der äußeren Sinne ineinszugehen oder hinüberzugleiten ins innere Verspüren und Verkosten der „unendlichen Süßigkeit der Gottheit" (EB 124).

Weisen der Einübung

Wie kann man sich nun einübend einlassen auf die Anwendung der Sinne? Der beste Weg ist, daß man sich eine Zeitlang wach auf die eigenen normalen Bewußtseinsvorgänge einläßt, lebendige Erinnerungen an Menschen und Ereignisse da sein läßt, die einem vertraut und bedeutsam sind. Danach mag man übergehen zu Schriftstellen, die einem ebenfalls besonders lieb geworden sind, und dort mit behutsamer kreativer Fantasie die eigenen Sinne zu Wort kommen lassen.

Ebenso wird es eine Hilfe sein, Bilder zu betrachten, die einem viel sagen, indem man sie zuerst mit offenen Augen anschaut und in sich eindringen läßt, dann die Augen schließt, das innere Bild anschaut und auf sich wirken läßt.

Weiterhin kann es für den, der sich bewußt einüben will, eine Hilfe sein, wenn er seine normale Lektüre *mit* der Anwendung der Sinne liest: etwa einen Zeitungsbericht über ein Unglück – oder Glück, falls dies berichtet wird – innerlich zu schauen suchen. In diesem Zusammenhang zeigt sich, daß in unserem „optischen Zeitalter" in gewissem Sinn tagtäglich in den bebilderten Zeitungen und im Fernsehen ein paar Stunden lang am Tag eine Anwendung der

Sinne geschieht. Diese unterscheidet sich freilich von der meditativen vor allem durch dreierlei: Sie wird einem „vorgesetzt" und kann somit leichter konsumiert werden, während auf der meditativen Ebene mehr die eigene innere Kreativität ins Spiel kommt. Zum andern sind die Bilder „auf interessant" gemacht und sollen möglichst schnell das Reizbedürfnis des Zuschauers befriedigen, während beim eigenen Meditieren manchesmal mehr die Arbeit des Suchens und des geduldigen Wartens erforderlich ist. Schließlich haben es Filme meist eilig, und die Bilder wirken dann eher plakativ – fertig zum Herunterreißen für die nächste Reklame – und nicht wie ein Bild, das in einer Wohnung hängt, das man täglich sieht, vielleicht nur mit einem kurzen Blick, vielleicht auch einmal in einem langen Hinschauen.

Eine andere Weise, die Kraft der eigenen Sinnenhaftigkeit mehr aufleben zu lassen, kann schließlich sein, wenn man eine Zeitlang sein Interesse den eigenen Träumen zuwendet, d. h. sich an sie zu erinnern und die erschauten Personen und Ereignisse zu sehen versucht. Im Traum geschieht eine starke Anwendung der Sinne. Im Traum ereignet sich geistig Bedeutsames, vor allem im Medium der Sinnenhaftigkeit und kaum auf der Ebene des Taghaft-Rationalen.

Abschließend ist auch hier wie bei allen Gebetsweisen zu sehen: Es gibt individuelle Unterschiede, Vorlieben, Wandlungen im Verlauf der Zeit. Jeder darf seinen eigenen Weg erspüren und sich führen lassen.

Das Zwiegespräch

Kennzeichnend für die Weise und Atmosphäre des ignatianischen Betens ist das sogenannte „Zwiegespräch", das einen festen Platz in den Geistlichen Übungen hat. Einer der schönsten und deutlichsten Texte über diese Weise des Zwiegesprächs findet sich in den Anleitungen zur ersten Übung der Betrachtung über die eigenen Sünden:

„Anschaulich sich vorstellen (imaginando), wie Christus unser Herr gegenwärtig und ans Kreuz geheftet ist, und ein Zwiegespräch beginnen. Wie er als Schöpfer gekommen ist, um sich zum Menschen zu machen, vom ewigen Leben zum zeitlichen Tod und so für meine Sünden zu sterben. Ebenso dann den Blick auf mich selber richten: was ich für Christus getan habe, was ich für Christus tue, was ich für Christus tun soll; und indem ich ihn derartig schaue und so ans Kreuz geheftet, überdenke ich das, was sich gerade anbietet.

Das Zwiegespräch vollzieht sich durch eigentliches Sprechen, so wie ein Freund zum anderen spricht oder ein Diener zu seinem Herrn, bald um irgendeine Gnade zu erbitten, dann sich wegen eines begangenen Fehlers anzuklagen und schließlich seine Anliegen mitzuteilen und für sie Rat zu erbitten. Und ein Vaterunser beten" (EB 53 bis 54).

Dieses Zwiegespräch läßt Ignatius immer am Ende der Gebetszeit stattfinden, also dann, wenn durch das innere Schauen und Überlegen und Erfahren die Vertrautheit und das Bedürfnis, sich einfach und direkt auszudrücken, gewachsen ist. Hier kommt auf volle Weise das zum Ausdruck, was der Katechismus vom Beten sagt: Es sei ein Gespräch mit Gott, ein Hinhören und ein Hinsprechen auf Gott zu und ein Vernehmen von ihm her.

Der Vorgang des Zwiegesprächs

Was geschieht eigentlich bei einem solchen Zwiegespräch? Zunächst muß man sagen, daß sich hier die Phantasie, die spielerisch-schöpferische Phantasie, mit dem Glauben verbindet. Der Glaube, die Glaubenserfahrung geben dem Glaubenden die Zuversicht, daß ihm die Auferstehungsnähe Christi geschenkt ist. Die vom Glauben motivierte und erleuchtete Phantasie stellt sich nun den Herrn vor in irgendeiner Situation, die jetzt für den Betenden bedeutsam ist. Daraufhin beginnt ein fingiertes Gespräch – das offen ist für eine immer tiefere und realere Begegnung mit dem Auferstandenen. Ein Wort, eine Gebetserfahrung von Teresa von Avila kann verdeutlichen, was der Übergang von der Gegenwärtigkeit Christi in der Glaubensphantasie zur Glaubenswirklichkeit bedeutet:

„Wenn ihr das Vaterunser betet, begreift, wie ihr in Wahrheit bei ihm weilt, der es euch lehrte, und küßt ihm dafür die Füße, und bittet ihn, daß er hilfreich mit euch bete und nicht von euch scheide.

Würdet ihr derart vor einem Abbild Christi beten, während er selber vor euch steht? Das wäre doch wohl eine Torheit, sich von der lebendigen Gestalt, von der Person selber abzuwenden, um auf eine Zeichnung von ihm zu blicken. Oder wäre es nicht töricht, wenn ihr ein Abbild eines sehr geliebten Menschen hättet und dieser käme selber euch besuchen, und ihr würdet dann nicht mit ihm reden, sondern euch nur mit seinem Bild beschäftigen? Wißt ihr, wann solches gut und heilig ist und mir viel Freude bereitet? Dann, wenn diese geliebte Person abwesend ist, dann ist es eine große Erquickung, ein Bild unserer lieben Frau zu sehen oder das eines von uns besonderes verehrten Heiligen oder gar das von Christus selber. Solche Bilder rütteln auf, und ich möchte durchaus, daß sie den Blick auf sich ziehen. Was könnten wir Besseres und Erfreulicheres anschauen? ...

Allein, wenn ihr soeben den Herrn empfangen habt, wenn er selber bei euch weilt, dann bemüht euch, die Augen des Leibes zu schließen und die eurer Seele zu öffnen, und blickt in euer Herz, denn ich sage euch, und abermals sage ich euch und noch viele Male werde ich es sagen: Wenn ihr die Gewohnheit annehmt, mit ihm zusammenzuweilen, und das nicht nur einen Tag oder einen zweiten, sondern immer, wenn ihr die Heilige Speise empfangt ... glaubt mir, er kommt nicht so verkleidet zu euch; auf viele Weise wird er sich euch zu erkennen geben, gemäß eurem Wunsch, ihn zu gewahren, und solches Verlangen kann sich derart steigern, daß er sich gänzlich enthüllt."[41]

Was hier Teresa vom Bild sagt, gilt abgewandelt wohl auch vom inneren Zwiegespräch: Es ist nützlich und sinnvoll, dieses Spiel der gläubigen Phantasie zu spielen – unter zwei Bedingungen: einmal, daß der Ausgangspunkt der Glaube ist, der ein Glaube in Welt und Sinnenhaftigkeit ist und daher immer auch auf der Suche nach sinnenhafter Nähe. Und zum andern, daß die Dimension der Sinnenhaftigkeit immer transparenter wird für die Wirklichkeit in und hinter ihr. Anders gesagt, daß die Eigenaktivität immer bereit ist, sich von der Glaubenswirklichkeit, so wie sie sich kundgeben will, genauer und umfassender bestimmen und gestalten zu lassen. Andernfalls wäre ein Durchbruch aus der gespielten Wirklichkeit in die Wirklichkeit des göttlichen Spiels nicht möglich.

Möglichkeiten der Einübung

Welche Weisen, sich auf dieses Zwiegespräch einzulassen und einzuüben, bieten sich nun an? Die einfachste: es einmal so versuchen, wie es Ignatius immer wieder vorschlägt, und damit Erfahrungen sammeln. Sich also vorstellen, wie Jesus als der Heiland da ist, wie er heilen und helfen und nahekommen will. Sich vorstellen, wie er Menschen seiner Zeit nahegekommen ist, etwa der Frau, die zur Steinigung vor

---

[41] Zit. aus Teresa von Avila: Wege zum Gebet. Eine Textauswahl. Reihe: Klassiker der Meditation, Einsiedeln 1979.

ihn geschleppt wurde. Und dann vielleicht selber sich hinlegen in die Mitte des Raumes, wo man mit Jesus alleingelassen ist; wo man die Steine von Menschen im Rücken spürt und nur noch hoffen kann, daß Jesus weiterhilft; wo man dann ein Gespräch anfangen kann mit dem Herrn; wo man ihm erzählen kann von all den Ängsten, die einem im Nakken sitzen; von all den Blicken anderer, die man fürchtet, denen man zu entsprechen sucht und die einem manchmal wie tötende Blitze vorkommen, wie verurteilende Richteraugen. Und dann hinhören, ob Jesus einem etwas zu sagen hat.

Neben diesem direkten Weg, es einfach zu versuchen, kann es kleine Schritte der Annäherung geben. Man kann schauen: Wie ereignen sich solche inneren Zwiegespräche bisher im eigenen Leben schon spontan in meinen Wachträumen, meinen inneren Gesprächen? Was ist mir dabei hilfreich gewesen? Was war eher eine Flucht? Wie bin ich dadurch einer Wirklichkeit, der eigenen, der des Lebens, der eines anderen Menschen nähergekommen? Man kann sich fragen, ob man nicht so immer wieder Nähe von vertrauten Menschen erfährt?

Man kann auch einmal überlegen, daß in den Begegnungen von Angesicht zu Angesicht ebenfalls sehr oft ein Spiel erfolgt: Was der andere sagt, verarbeite ich mit meinen Bildern, Urteilen, Vorurteilen und Vorerfahrungen. Dies kann gar nicht anders geschehen. So ereignet sich Verstehen – und Mißverstehen. Entscheidend ist, daß ich immer mehr hinhöre und bereit bin, die Bilder, Urteile usw. korrigieren oder bestätigen zu lassen, um so immer mehr der Wirklichkeit des anderen näherzukommen, ihr zu begegnen.

In der konkreten Begegnung überlagern sich Phantasie und Wirklichkeit, regt die Wirklichkeit die Phantasie an, hält die Phantasie der Wirklichkeit Möglichkeiten zur Erscheinung offen. Das Zwiegespräch, das sich ereignet, ist dynamisch, d.h. offen auf immer mehr Wirklichkeit hin. Was im Kolosserbrief im Zusammenhang mit Speisefragen, Engelverehrung, Visionen gesagt wird, kann auch hier gelten: „Das alles ist nur ein Schatten von dem, was kommen wird, die Wirklichkeit aber ist Christus" (Kol 2,17).

Die geistlichen Übungen
für die Zeit der Wahl

Worum es geht

Unter der Überschrift „geistliche Übungen für die Zeit der Wahl" sollen keine neuen und anderen geistlichen Übungen vorgestellt werden. Und doch ist es sinnvoll, in einem eigenen Kapitel auf die „Wahl" (EB 169–189) einzugehen, weil dabei zweierlei deutlich werden kann: Einmal, daß die geistlichen Übungen, die Meditationen und Kontemplationen bei Ignatius von vornherein nicht als wirklichkeitsfernes, pietistisches, spirituelles Sonderleben verstanden werden dürfen. In den Übungen geht es darum, wie die eigene, konkrete *Freiheit* Gestalt gewinnt: ob sie die Gestalt der *Liebe* annimmt oder nicht, ob sie der Liebe entsprechend lebt und handelt oder nicht.

Zum anderen wird ein eigenes Licht auf den *Entscheidungsprozeß* geworfen. Entscheidungen sind kein bloßer Zufall, sondern wollen nach Ignatius vom Willen Gottes her angenommen, entgegengenommen werden. Entscheidungen sind somit auch keine eigenmächtige Sache, sondern geschehen in „Ab-Stimmung" mit dem Willen Gottes, sozusagen im Abschmecken.

Entscheidungen sollen in Ruhe, mit Behutsamkeit und nicht unter Zeitdruck gefällt werden: Es geht nicht darum, im Hau-ruck-Verfahren eine Entscheidung zu fällen, wie man einen Baum fällt. Entscheidungen sollen fallen, wie eine reife Frucht in geöffnete Hände fällt bzw. mit einer leichten Drehung sich pflücken läßt.

Schließlich sagt die von Ignatius vorgeschlagene Weise der Entscheidung, daß der Inhalt, der *Gegenstand* der Entscheidung und die Methode, die *Weise* der *Entscheidungs-*

findung einander entsprechen. Wenn zur Entscheidung steht, welches Material für den Bau eines Flugzeuges besser ist, dann muß man einen technischen Test durchführen, und es ist wenig bedeutsam, wie der Ingenieur sich fühlt. Wenn es um die Einrichtung eines Kindergartens und um ein Erziehungskonzept geht, dann stehen andere Werte zur Entscheidung an (Wohlbefinden, erzieherische Werte, Freiheit der Kinder, Mitbestimmung von Eltern, Stellung der Erzieher usw.), und da ist es wohl sinnvoll, wenn die Entscheidung in einem Raum und Rahmen geschieht, in dem sich auch tiefere Ebenen des Menschseins äußern können. Beispielsweise wäre dies im Rahmen einer politisch aufgeheizten Diskussionsveranstaltung gar nicht sinnvoll möglich. Noch klarer ist dies bei der Entscheidung für einen Lebenspartner: Weder eine technische Rationalität noch die bloß abwägende Vernunft noch bloßes Zusammenrechnen von „Für" und „Wider" sind da die rechte und ausreichende Weise der Entscheidungsfindung. Hier muß vor allem auch die „Vernunft des Herzens" zur Sprache kommen.

Wenn der Umgang mit dem eigenen Leben nicht nur ein Lebensmanagement sein und die Entscheidungen in christlichen Gemeinden (Pfarrgemeinderat usw.) nicht nur Organisatorisches betreffen sollen, dann wäre es sicher sinnvoll, für geistliche Entscheidungen auch geistliche Weisen der Entcheidungsfindung zu suchen. Die ignatianische ist eine davon.

Modell einer „Entscheidung in Beziehung"

Im folgenden soll stufenweise ein solches Modell für eine Entscheidung entwickelt und vorgestellt werden. Führen wir uns zunächst ein Gegenmodell zur geistlichen Entscheidung vor Augen, um jenes danach klarer zeichnen zu können.

(1) Zum Kontrast: Robinson-Modell

Ein solches Kontrastmodell, das ich Robinson-Modell nennen möchte, geht davon aus, daß jemand ganz allein und völlig autonom eine Entscheidung fällt: Robinson auf seiner Insel, der nur für sich verantwortlich zu sein scheint. Dieser Robinson wird nun je nach seinem Charakter die Entscheidung fällen:

Wenn er ein Fatalist ist, wird er das Schicksal den Richter spielen lassen und einfach hinzunehmen versuchen, was auf ihn zukommt.

Wenn er ein Triebmensch ist, wird er jeweils seinem Wohlbefinden und seiner Bedürfnisbefriedigung folgen.

Wenn er ein Rationalist ist, wird er ein höchst ausgeklügeltes System der Entscheidungsfindung mit Zielfelderplänen und Mittelbestimmung ausarbeiten und danach zu verfahren suchen. Er wird den Aufwand berechnen, „pro und contra" gut abwägen usw.

Wahrscheinlich sind noch einige andere Entscheidungstypen und Entscheidungsweisen denkbar bis hin zum Würfeln, das ja auch – unter einem anderen Vorzeichen allerdings – bei der Wahl des Apostels Matthias verwendet wurde (Apg 1,26).

(2) Das Gemeinschafts-Modell

Dieses Modell geht davon aus, daß eine Entscheidung zwar individuell zu treffen ist, aber – wenn es eine verantwortete Entscheidung ist – in Abstimmung mit anderen geschieht. Außerdem wird bei diesem Modell angenommen, daß es sich um eine echte, ganzmenschliche Entscheidung handelt. Was geschieht in einer solchen Entscheidung? Wie spielt sie sich ab?

Stellen wir uns vor, es gehen zwei auf einer Straße und kommen an eine dreifache Weggabelung: „Ans Meer" – „In die Stadt" – „Auf die Berge" – steht auf den verschiedenen Wegweisern. Bei der Entscheidung, wohin und wie es nun

194

weitergeht, müssen nun drei Ebenen der Entscheidungsfindung beachtet werden:

● Zunächst die der *persönlichen Beziehung*. An diesem Punkt hat sich ja entschieden, ob die beiden sich überhaupt in Gemeinschaft auf den Weg machten und wie stark ihr Wille war und ist, den Weg gemeinsam zu gehen. Wenn da keine oder nur eine schwache Bindung gegeben ist, dann wird sich der Weg je nach Interesse und Belieben der einzelnen scheiden, oder sie werden – zufällig – noch beieinander bleiben.

● Die zweite Ebene ist die der inneren *Haltung und Stimmungen*. Es ist klar: Wenn etwa einer starke Ängste hat oder sich nicht schwindelfrei fühlt, dann scheiden die Berge fast sicher als Möglichkeit für eine Wanderung aus. Und wenn einer stark erkältet oder wasserscheu ist, dann wird er sich wohl für den Besuch eines Museums in der Stadt und nicht fürs Meer entscheiden.

Weiterhin ist klar: Wenn der Wille der beiden zwar stark genug ist, beieinander zu bleiben, aber starke Beziehungsschwierigkeiten da sind – Ängste, Aggressionen, Verdächtigungen, Rachegefühle –, dann wird da an der Kreuzung eines geschehen: Es wird mit sehr „objektiven" Überlegungen und Argumenten ein Machtkampf ausgetragen, wo jeder seinen Willen durchzusetzen sucht. Ohne eine Abklärung der Beziehung ist da kein rechtes Weiterkommen möglich.

● Die dritte Ebene schließlich ist die der *ruhigen, sachlichen Überlegung*, die Ebene des „Hausverstandes": Ist es für den Weg ans Meer nicht schon zu spät? Sind die Schuhe gut genug für die Bergwanderung? Haben wir überhaupt Geld dabei, um ins Café oder ins Museum zu gehen? usw.

Zusammenfassend gesagt, gilt also: Zum einen ist es sinnvoll, wenn jede der drei Ebenen gut entwickelt ist: die persönliche Beziehung, die Aufklärung, ja Reinigung der Haltungen und Stimmungen und die nüchterne Überlegung. Zum andern wird klar, daß auf der Basis einer guten, gelösten Beziehung eine Entscheidung oft nur einen kurzen

Blick braucht: „Wohin möchtest du?" Darum geht es ja – jedenfalls zwischen Befreundeten: miteinander auf dem Weg zu sein. Da geht man mit dem anderen, selbst wenn man vielleicht einen anderen Weg gewählt hätte, oder wenn man ganz allein gewesen wäre.

(3) Das Emmaus-Modell als biblische Illustration

Die drei genannten Dimensionen, in denen eine Entscheidung stattfindet, zeigen sich auch auf dem Emmausweg der Jünger (Lk 24,13–35):

● Da gibt es die *nüchternen, sachlichen Überlegungen:* die Entfernung von 60 Stadien zwischen Emmaus und Jerusalem, die Feststellung, daß es Abend wird und damit Zeit, eine Herberge aufzusuchen. Daten, die wichtig sind, aber noch keine Entscheidung erzwingen.

Auf dieser Ebene liegt auch „das, was sich ereignet hatte", die Meinungen und die Gerüchte der Leute: „Bist du der einzige in Jerusalem, der nicht gehört hat, was sich in diesen Tagen dort ereignet hat?"

● Und es gibt die Ebene des „Herzbrennens", der *inneren Gestimmtheiten:* Sie „blieben traurig stehen", „wir aber hatten gehofft!", „die Frauen haben uns in große Aufregung versetzt", „brannte uns nicht das Herz?"

Hier fällt auch die Entscheidung darüber, Jesus einzuladen: ihn, der „tat, als wolle er weitergehen". Wenn da auf dem Weg nicht ein „Herzensbrennen" entstanden wäre, hätten die beiden den zufälligen Begleiter wohl weiterziehen lassen.

● Die dritte Ebene ist die der *tiefen, persönlichen Erkenntnis,* die im Blick auf etwas scheinbar Äußerliches – den Segen über Brot und Wein – geschieht: „Und als er sich mit ihnen zum Essen niedergesetzt hatte, nahm er das Brot, sprach den Segen, brach es und gab es ihnen. Da gingen ihnen die Augen auf, und sie erkannten ihn" (Lk 24,31). Und da fällt dann nochmals eine Entscheidung – gegen die Müdigkeit und die Vernunft, die verlangt hätte, während der

Nacht in der Herberge zu bleiben: „Noch in derselben Stunde brachen sie auf und kehrten nach Jerusalem zurück."

Das ignatianische Modell und seine Gebetsweisen

(1) Schwerpunkte dieses Modells

Im Zusammenhang der ignatianischen, an den Exerzitien orientierten Entscheidungsfindung ist die Rede von sogenannten „drei Zeiten, in denen eine gute Wahl getroffen" werden kann. Zutreffender müßte man wohl von „drei Bewußtseinszuständen" reden. Diesen drei Bewußtseinszuständen entsprechend gibt es verschiedene Weisen, verschiedene Übungen also, um die richtige Entscheidung zu suchen. Diese drei Bewußtseinszustände oder Zeiten schenken die Klarheit in der Wahl aufgrund eines unbezweifelbaren, mystischen Anrufs Gottes („erste Zeit"), aufgrund der Grundgestimmtheiten und der Geistesunterscheidung („zweite Zeit"), aufgrund ruhiger Erwägung („dritte Zeit"). In allen drei Zeiten läßt sich „eine gute und richtige Wahl treffen" (EB 175) – so die Überzeugung von Ignatius. Ebenso ist es klar, daß man sich diese Zeit nicht einfach aussuchen kann. Man findet sich in einer von ihnen vor oder eben in einer anderen. Freilich geschieht durch die Geistlichen Übungen eine Vorbereitung, die ein Gefälle zur zweiten oder ersten Zeit hin hat.

(2) Die Vorbereitung auf eine Entscheidung

Der „Zweiten Woche", der Woche der Entscheidungsfindung, geht in den Exerzitien schon viel an Vorbereitung voraus: nämlich die Umordnung des Lebens, die ja das Ziel der Exerzitien ist. Dabei darf Umordnung nicht nur im Sinn von äußeren Entscheidungen verstanden werden, sondern auch als Umgestaltung und Neuausrichtung der

Weise der betenden Gottesbeziehungen: Das „Fundament", das zumindest ein erster Schritt ist hin auf den
Gleichmut, die Indifferenz, die wiederum Voraussetzung
ist für eine Wahl ohne falsche Voreingenommenheiten,
ohne Festlegungen, Vorlieben, Abneigungen (vgl. EB 23).
Auch die ganze „Erste Woche" ist mit ihrer inneren Reinigung des Herzens eine Vorbereitung auf die spätere
Wahl. In dieser Zeit soll die Befreiung von falschen Ängsten wie von negativen Anhänglichkeiten und Versklavun-
gen geschehen; mehr noch: Jesus kann sich als Heiland, als
Erlöser und Befreier zeigen. [42]

(3) Der Sinn der „Zweiten Woche"

Die „Zweite Woche" selbst erfüllt im Blick auf die Wahl
einen dreifachen Sinn:

● *Erstens* einmal macht sie klar, daß der Mensch wirklich
in einer Entscheidungssituation steht, daß es um ihn und
sein ganzes Leben geht, und daß es grundverschiedene
Entscheidungsmöglichkeiten, Alternativen gibt.

Dieser Aufstellung der Alternativen dient vor allem die
Betrachtung vom Ruf Christi (EB 91–100) und die „Besinnung über die zwei Banner" (EB 136–148). Der babyloni-
sche Feuerthron und die Satanspropaganda sind nicht das
gleiche wie der demütige Ort Christi und die Bergpredigt.
Hier ist eine Entscheidung gefordert.

● *Zum zweiten* – und auch dies ist in den soeben genannten Betrachtungen enthalten – macht diese „Woche" klar,
daß es um eine Frage der Freundschaft geht. Seltsamer-

---

[42] Zum inneren Zusammenhang des Exerzitienprozesses und zum Ort
der „Wahl" im Ganzen des Umwandlungsprozesses vgl. die Artikelse-
rien „Zur Praxis von Einzelexerzitien" von Alex Lefrank, im 22. Jahrgang
der „Korrespondenz zur Spiritualität der Exerzitien", Heft 13: „Beginn
des Exerzitienprozesses" (Fundament), Heft 14: „Die Krisenphase", Heft
15: „Aufnahme in die Nachfolge", Heft 16: „Teilnahme am Paschamyste-
rium".

weise läßt ja Ignatius gar nicht so viel über die anstehende Entscheidungssituation nachdenken, sondern er legt vor allem Betrachtungen des Lebens Jesu vor. Dies bedeutet: Schließ auf dem Weg hin zur Wegkreuzung Bekanntschaft und Freundschaft mit Jesus, mit dem Geist des Herrn, – und dann wird sich die Entscheidung schon fast „von selber", d.h. von ihm her ergeben. Eine Bemerkung bei der Einführung zur Erwägung über die verschiedenen Stände bestätigt diese Sicht: „Nunmehr wollen wir, *bei gleichzeitiger Betrachtung seines Lebens* damit beginnen, nachzuforschen und um Erleuchtung zu bitten, in welchem Lebensberuf oder Stand Seine Göttliche Majestät sich unser bedienen will" (EB 135).

● *Ein Drittes* wird klar: daß die grundverschiedenen Alternativen und die Herausforderung durch die Freundschaft eine große Freiheit in der Entscheidung verlangen. Die „Besinnung über die drei Menschengruppen" (EB 149–157) stellt nun die drei grundlegenden Entscheidungstypen vor. Alle drei wollen zwar von einer falschen Anhänglichkeit lassen, aber auf verschiedene Weise:

Der eine verschiebt die Entscheidung, weil er seine Unfreiheit nur dann aufgeben will, wenn es gar nicht mehr anders geht: in der Todesstunde.

Der andere will der Entscheidung entkommen indem er versucht, das Vorliegen einer echten Entscheidung zu leugnen: Gott kann ja zu ihm kommen, dann sind beide beieinander. Warum soll er von seinem geliebten Gut ablassen?

Der dritte Mensch schließlich ist offen, von seinem Gut abzulassen oder es zu behalten – je nachdem, wie es dem Willen des Vaters entspricht.

● Schließlich soll die Erwägung der „drei Weisen der Demut" (EB 164–168) nochmals die Stärke und Tiefe der Entscheidung für den Weg mit Jesus klären helfen:

– In der „ersten Weise der Demut" wird klargestellt: Ich will mich durch keine Verlockung vom Willen Gottes, vom Weg Gottes wegführen lassen.

– Die „zweite Weise der Demut" erklärt ausdrücklich: Ich will mit dem Herrn auf dem Weg sein, gleich, ob es in die

steilen Berge geht oder an den angenehmen Meeresstrand, „ob Reichtum oder Armut …" (EB 23).

– Die „dritte Weise der Demut" weiß schließlich, daß der
Weg des Herrn ein Gefälle hat, daß der Weg irgendwann
zum Kreuzweg wird. Darum möchte ein solcher Mensch
diesem Gefälle nachgeben, ein freiwilliger Simon von
Cyrene sein, – weil dies die Weise ist, wie er seinem
Herrn auf seinem letzten Weg am nächsten sein kann.
Aber selbst diese Vorliebe für den steilen Weg mit Jesus
wird noch einmal unter das Vorzeichen der Freiheit gestellt: wenn es der Herr will und die Ehre Gottes dadurch
gefördert wird.

Die Weisen des Betens in den drei Zeiten der Wahl

(1) Die Entscheidung in der ersten Zeit

„Der erste Zeitpunkt ist dann, wenn Gott unser Herr den Willen
so bewegt und an sich zieht, daß eine Ihm ergebene Seele, ohne
zu zweifeln oder auch nur zweifeln zu können, dem folgt, was
ihr gezeigt worden, wie es der heilige Paulus und der heilige
Matthäus taten, als sie Christus unserem Herrn folgten" (EB
175).

Man tut sich nicht leicht, bei Ignatius selber Entscheidungen zu finden, die ausdrücklich nach seinem eigenen Zeugnis auf dieser Ebene liegen. Und doch ist bei ihm, der immer aus der Erfahrung seines Lebens sprach, anzunehmen,
daß er auch hier von seinen inneren Erfahrungen sprach.
Gehört die Schau vom Cardonerfluß [43] dazu, die zwar keine
Entscheidung mit sich brachte, aber eine große innere Klarheit und Umstimmung? Beim anschließenden Gebet vor
dem Kreuz am Weg empfing er „eine ungemein klare Erkenntnis darüber, daß jenes Etwas ein Bild des Teufels war,
und dies war begleitet von einer festen Zustimmung des

---

[43] Vgl. Ignatius von Loyola: Der Bericht des Pilgers. Übersetzt und erläutert von Burkhart Schneider SJ, Freiburg i. Br. 1955, Nr. 30 (zit. als PB 30).

Willens. Und da späterhin sich die gleiche Erscheinung noch mehrmals durch lange Zeit hindurch wiederholte, verjagte er sie zum Zeichen seiner Geringschätzung mit dem Stock, den er gewöhnlich in seiner Hand trug" (PB 31).

Oder gehört seine Entscheidung, kein Geld auf der Reise nach Jerusalem mitzunehmen, hierher?

„Dort (in Rom) suchten alle, die mit ihm sprachen, ihm die Wallfahrt auszureden, da sie wußten, daß er kein Geld für die Reise nach Jerusalem habe. Und sie erklärten ihm mit vielen Gründen, daß es einfachhin unmöglich sei, einen Schiffsplatz ohne Bezahlung zu finden. Dagegen fühlte er eine so große Sicherheit in seiner Seele, daß er diese Bedenken nicht zu teilen vermochte, sondern fest damit rechnete, er werde schon eine Reisegelegenheit nach Jerusalem finden" (PB 40).

„Vielmehr trug er in seinem Herzen eine so große Gewißheit, daß Gott ihm eine Gelegenheit zu besorgen hätte, um nach Jerusalem zu kommen. Und diese Gewißheit machte ihn in seinem Entschluß so unerschütterlich fest, daß keinerlei Gegengründe und Befürchtungen, die man ihm vortrug, in ihm irgendwelche Bedenken aufkommen lassen konnten" (PB 42).

Gehört das Erlebnis von la Storta dazu, wo Ignatius sich Jesus zugestellt erfuhr und innerlich im Sinne einer Ermutigung und Bestätigung die Gewißheit fand, daß der Herr „ihm in Rom gnädig sein" werde?[44]

(2) Die Entscheidung in der zweiten Zeit

„Der zweite Zeitpunkt ist dann, wenn man viel Klarheit und Einsicht auf Grund der Erfahrung in Tröstungen und Trostlosigkeiten sowie auf Grund der Erfahrung in der Unterscheidung der verschiedenen Geister gewonnen hat" (EB 176).

---

[44] Vgl. Monumenta Ignatiana 4, I, 378.

Hier Beispiele im Leben von Ignatius selbst zu finden, ist erheblich leichter: Wenn Ignatius sich vom Lesen der Ritterromane wegorientiert, weil er spürt, daß sie einen schalen Nachgeschmack hinterlassen; wenn er Freude empfindet bei der Vorstellung, den Heiligen in ihrem Leben nachzueifern (PB 9–10); wenn ihn schließlich sein ständiges Beichten als Ausdruck seiner Skrupulosität anekelt und er davon ablassen kann (PB 22–25); wenn er Freude in dem Entschluß findet, als Gefangener den Hauptmann nicht mit „Euer Gnaden" anzusprechen, weil es so „mehr dem Beispiel Jesu und der Jünger" entspreche (PB 52); wenn er bei der Frage der Armut in seinem geistlichen Tagebuch immer wieder die Tröstungen und die Tränen notiert[45]; – dann ist dies alles Ausdruck einer Entscheidung, die auf dem Weg der Unterscheidung der Geister gesucht wird.

Hinzuspüren auf die inneren Bewegungen, – das ist hier die entscheidende Aufgabe. Dies bedeutet, daß hier alles in Kraft tritt, was Ignatius in den Regeln zur Unterscheidung der Geister vor Augen stellt (vgl. EB 313–336).

Die geistlichen Übungen dieser Zeit sind die gewöhnlichen, also: Erwägungen, Besinnungen, Betrachtungen. Die Eigenart liegt dabei darin, daß der Schwerpunkt insgesamt auf der Achtsamkeit auf die inneren Bewegungen liegt. Wenn man so will, kann man sagen, daß sich die zweite Zeit der Wahl von der dritten ungefähr in der gleichen Weise unterscheidet wie die Kontemplation von der Meditation.

(3) Die Entscheidung in der dritten Zeit

„Die dritte Zeit ist ruhig; es erwägt einer zuerst, *wohin* der Mensch geboren ist, nämlich um Gott unseren Herrn zu loben und seine Seele zu retten, und von solchem Wunsche beseelt,

---

[45] Vgl. die erhaltenen Abschnitte seiner Aufzeichnungen, in: Ignatius von Loyola: Das Geistliche Tagebuch. Herausgegeben von Adolf Haas SJ und Peter Knauer SJ. Freiburg i. Br. 1961 (zit. als GT).

wählt er als Mittel ein Leben oder einen Stand innerhalb der von der Kirche gesetzten Grenzen, um im Dienst seines Herrn und im Wirken für das Heil seiner Seele gefördert zu werden.

Ich nannte die Zeit ruhig, wenn nämlich die Seele nicht von verschiedenen Geistern bewegt wird und sich ihrer natürlichen Kräfte frei und ruhig bedient" (EB 177).

Für diese dritte Zeit gibt Ignatius zwei verschiedene Weisen des Vorgehens an:

● Die *erste Wahlart* (EB 178–183) ist das sorgsame Abwägen aller Gesichtspunkte, die für oder gegen die eine oder die andere Lösung sprechen.

Konkret: Was spricht alles dafür und was alles dagegen, ein bestimmtes Amt anzunehmen? Und: Was spricht alles dafür und was alles dagegen, ein bestimmtes Amt nicht anzunehmen? Für diese Weise des Vorgehens bei der Wahl gibt Ignatius sechs Schritte an:

1. Sich den Gegenstand der Wahl klar vor Augen stellen.
2. Sich in die Indifferenz einstimmen, die offen dafür ist, nur das zu tun, was Gott will, „um dem folgen zu können, von dem ich spüre, daß es mehr zur Ehre und zum Lob Gottes unseres Herrn und zur Rettung meiner Seele gereicht" (EB 179).
3. Gott bitten, er wolle den eigenen Willen auf seine Richtung hin bewegen.
4. Erwägen: Was spricht für die eine Lösung? Was dagegen?
5. Schauen, wohin die Vernunft (nicht der bloß sinnliche Antrieb) neigt.
6. Betend die gefundene Entscheidung Gott intensiv anbieten, damit ER sie „annehmen und bekräftigen wolle ..." (EB 183).

● Die *zweite Wahlart* (EB 184–188) ist empfindungsnäher und vorstellungsreicher. Ignatius gibt dafür folgende Hinweise:

1. Die innerliche Vorliebe erspüren, die man für eine Lösung hat, und dabei zu erspüren und unterscheiden suchen, ob es eine vor Gott kommende Vorliebe ist.
2. Sich einen Menschen vorstellen, dem man alle Vollkom-

menheit wünscht, und dann erwägen, was ich meine, was er wählen solle, und dann dementsprechend selber entscheiden.

3. Sich vorstellen, man sei in der Todesstunde und sich dann fragen: Welche Form, welchen Maßstab hätte ich dann gern gewählt? Und sich danach richten.

4. Sich fragen: Wie möchte ich mich entschieden haben am Tage des Gerichtes?

5. Die Entscheidung, die man gefunden hat, intensiv betend Gott vorlegen.

Für diese dritte Zeit der Entscheidung finden sich bei Ignatius eine Fülle von Beispielen. Vielleicht ist sogar die wichtige Entscheidung, Priester zu werden, auf diese „prosaische" Weise gefallen?

„Seitdem der genannte Pilger erkannt hatte, daß es nicht der Wille Gottes sei, auf Dauer in Jerusalem zu bleiben, überlegte er beständig bei sich, was er nun tun solle. Schließlich kam er immer mehr zu der Überzeugung, er solle eine Zeitlang studieren, um den Seelen helfen zu können" (PB 50).

Schaut man bei beiden Arten, in der dritten Wahlzeit eine Entscheidung zu treffen, die Bewußtseinsvorgänge genauer an, dann kann man entdecken, daß sich ähnliche Vorgänge sehr oft bei unseren Entscheidungen abspielen. Etwa dann,

– wenn man abwägt: Was hat es für gute oder ungute Folgen, wenn ich ein Auto kaufe oder nicht?

– wenn man die Fernsehsendung „pro und contra" anschaut, in der verschiedene heiße Themen diskutiert werden,

– wenn man überlegt: Was ich da tun will, paßt das wirklich in die Grundausrichtung meines Lebens?

– wenn man mit sich selber im Gespräch ist,

– wenn man sich fragt, wie das vor Gott bestehen kann, was man da zu tun gedenkt,

– wenn man sich überlegt: Was würde mir da ein guter Freund raten?

– wenn man eine Entscheidung trifft im Blick auf das eigene Sterben.

Entscheidend bei all dem Entscheiden ist, sich immer bewußt zu bleiben, daß keine Methode der Entscheidungsfindung je das vertrauensvolle Leben aus dem Glauben ersetzen kann und darf, daß Gott für den Menschen vorsorgt und seine Werke vorbereitet.

Mystisches Beten –
„Gott in allen Dingen finden"

Sind die geistlichen Übungen bei Ignatius auch „mystisches" Beten? Oder lassen sie es zu? Oder sind sie Vorbereitung darauf? Diese Frage wurde immer wieder gestellt und diskutiert.[46]

Ganz sicher läßt sich eines sagen: Die Geistlichen Übungen wollen eine Vorbereitung sein, in allem Gottes Willen, d. h. Gott zu suchen und zu finden. Dies gehört zum „Zielsatz" der Exerzitien. Wie weit solches Üben führt, wie tief innere Erlebnisse reichen, welche Gestalt sie annehmen – das läßt sich nicht bestimmen und voraussagen.

Sagen läßt sich: Weil es um eine Beziehung der Gnade, d. h. der Freiheit und des Schenkens geht, läßt sich nichts nach Art einer physikalischen Hebelwirkung erzwingen. Andererseits gilt für Ignatius: „Wir haben keine Ahnung, was Gott aus uns machen würde, wenn wir ihn nur gewähren ließen"[47] und „je enger sich jemand an Gott anschließt und je freigebiger er sich gegen Gottes höchste Majestät erweist, desto mehr wird er auch Gottes Freigebigkeit an sich

---

[46] Vgl. dazu die Ausführungen von Hugo Rahner SJ über Ignatius als Mystiker und Theologen, in: Ignatius von Loyola: Geistliche Briefe. Eingeführt von Hugo Rahner, Einsiedeln 1956, 45 ff, sowie in Hugo Rahner, Ignatius als Mensch und Theologe, Freiburg 1964. Von besonderem Interesse ist auch ein Aufsatz von Maurice Giuliani SJ, ursprünglich in der französischen Zeitschrift „Christus" erschienen, deutsch vorliegend unter dem Titel „Gebet und Einübung", in: Peter Henrici (Hrsg.), Vom rechten Beten, Frankfurt 1964, 63–96.

[47] In: Daniel Bartoli SJ, Geschichte des hl. Ignatius. Rom 1650. Deutsch: Stahelsche Buchhandlung 1845. Zit. nach Alexander Brou SJ/Otto Pies SJ: Gebetsschule des heiligen Ignatius, Kevelaer 1952, (zit. aus Brou/Pies), 98.

erfahren und selbst zum Empfang reichlicher Gnaden und geistlicher Güter von Tag zu Tag geeigneter werden."[48] Vielleicht läßt sich diese Spannung zwischen Freilassen und Freigebigkeit am besten auf die Formel bringen: „Mit nichts rechnen und alles erwarten".

Was bei Ignatius ebenfalls noch eindeutig ist in der Frage nach der mystischen, außerordentlichen Dimension des Betens, ist der Vorrang der wirklichen Liebe vor Gefühlen und außerordentlichen Ereignissen: „Das ist es, was unser Herr von uns erwartet: Geduld, Gehorsam, Demut, Verleugnung des eigenen Willens und Liebe, d.h. den festen Willen, ihm zu dienen und dem Nächsten um seinetwillen." Die Tröstungen „machen einen Menschen weder vollkommen, wenn sie reichlich vorhanden sind, noch unvollkommener, wenn sie fehlen"[49]; man muß mit aller Bereitwilligkeit von Gottes Hand entgegennehmen, was er in dieser Hinsicht und an anderer Stelle verfügt. Dafür „lege man immer mehr Wert auf das, was mehr zur Sache gehört, nämlich auf Geduld, Demut, Gehorsam, usw."[50]

Wenn das bisher Gesagte alles einschränkend geklungen hat, so läßt sich doch auch in eine andere Richtung einiges sagen: Es ist sicher, daß die ignatianischen Exerzitien immer auch als eine „Schule des Betens" verstanden wurden und gewirkt haben. Dies zeigt sich gerade oft in Exerzitien, in denen nicht eine konkrete äußere Entscheidung ansteht. Hier besteht der Schritt auf dem geistlichen Weg oft darin, daß jemandem eine neue Weise des Betens, eine tiefere Begegnung mit den göttlichen Geheimnissen geschenkt wird. Daß sich dies dann auf Entscheidungen später auswirkt, ist selbstverständlich; wofür aber der Exerzitant dankbar ist, das ist in erster Linie die neue Weise der göttlichen Nähe, die ihm geschenkt wurde. Es kann sein, daß jemand die

---

[48] Konstitutionen der Gesellschaft Jesu, Teil III. 1, Nr. 22.
[49] Aus einem Brief an P. Leerno vom 30.12.1553, in: Epistolae VI, 110, zit. nach Brou/Pies, 102.
[50] Aus einem Brief an P. Hernandez vom 21.7.1554, zit. nach Rahner: Geistliche Briefe, Nr. 52, 283.

Gabe der Tränen bekommt und jede neue, tiefe Begegnung ein leises Weinen der Freude in ihm auslöst. Es kann sein, daß jemand in unvergeßlicher Weise ahnt, was eine Welt ohne Gott bedeuten würde und was die Welt mit Gott ist. Es kann sein, daß jemandem unerwartet und stetig aufgeht, daß der Heilige Geist „die schöne Liebe Gottes" ist. Es kann sein, daß jemand in einer tiefen Betrachtung denkt, der Herr würde vorübergehen, – und er bleibt stehen, und diese Gegenwart wirkt im Leben nach. Ob man dies als Vorstufen des mystischen Betens oder als Anfänge davon oder als „normales" Beten bezeichnen soll, mag wohl eine zweitrangige Frage sein. Entscheidend ist wohl, daß Exerzitien einem weiterhelfen können nicht nur in Entscheidungsfragen, sondern in der entscheidenden Frage des religiösen Wachsens im Gebetsbewußtsein.

Es gibt eine Reihe von Ansätzen im Exerzitienbuch, die ahnen lassen, daß sie Ausdruck von neuen Weisen des Betens und der göttlichen Nähe sind: Wenn Ignatius sagt, „man rieche und koste mit dem Geruchssinn und dem Geschmackssinn die unendliche Milde und Süßigkeit der Gottheit" (EB 124), dann mag dies eine Aussage sein, die zumindest die Schwelle einer neuen Weise des Gebetsbewußtseins angibt, wenn nicht schon einen Schritt über sie hinweg.

Auch die erste Zeit der Wahl mag eine solche Schwelle kennzeichnen, „wenn Gott, unser Herr, den Willen so bewegt und anzieht, daß eine solche fromme Seele, ohne zu zweifeln oder auch nur zweifeln zu können, dem folgt, was ihr gezeigt worden" (EB 175).

Wenn man in den Zwiegesprächen „wie ein Freund zu einem Freund" spricht, dann mag dies zuerst auf der Ebene der spielerischen Phantasie im Dienst des Glaubens liegen; es kann aber auch jemandem gegeben sein, daß sich die freundschaftliche Nähe des Auferstandenen auf eine neue und tiefe Weise zu schenken beginnt.

Die „Betrachtung zur Erlangung der Liebe" (EB 230–237) zeigt auf eigene Weise den schwebenden Charakter der Gebetshinweise von Ignatius: Diese Betrachtung kann sich auf der Ebene einer schlichten, sogar mühsamen Betrachtung bewegen.

Sie könnte aber genauso Ausdruck von mystischen Erfahrungen der Schöpfungswirklichkeit und des Liebeslichtes Gottes sein, wie Ignatius dies etwa von seinen Gebetserlebnissen am Cardonerfluß im Pilgerbericht schreibt (PB 30–31).

Vielleicht wird man dem Exerzitienbuch und Ignatius und der tatsächlichen Exerzitienpraxis am gerechtesten, wenn man sagt: Die Gebetshinweise, die Betrachtungen sind nach allen Seiten und auf alle Stufen hin offen je nachdem, wo einer steht und wohin er geführt werden will. Jedenfalls dürften Übungen nichts verhindern wollen, da sie ja das Gespür für die Richtung, aus der der Geist Gottes weht, verfeinern möchten. Anders gesagt: Wenn man zu Recht sagt, daß die Exerzitien der Niederschlag des eigenen Weges von Ignatius sind, Ignatius auf diesem Weg mystische Erfahrungen gemacht hat, dann „müssen" die Übungen auch dafür offen sein und dazu hinführen – wenn es die Gnade Gottes geben will.

Wie sehr es in allem Beten um diese Gnade geht, zeigt auch eine Unterscheidungsregel für die Zeit der Trockenheit. Als dritten Hauptgrund für die innere Trostlosigkeit führt Ignatius an:

„Um uns wahre Kenntnis und Einsicht zu geben, mit dem Ziel, daß wir innerlich verspüren, es sei nicht unsere Sache, große Hingabe, intensive Liebe, Tränen oder irgendeine andere geistliche Tröstung zu erlangen oder zu bewahren, sondern daß es ganz und gar eine Gabe und Gnade Gottes unseres Herrn ist, und damit wir uns nicht in ein fremdes Haus einnisten, indem wir unseren Geist in irgendeinem Stolz oder eitlen Ruhm aufblähen und uns selbst die Andacht oder die anderen Teile des geistlichen Trostes zuschreiben" (EB 322).

Dieser Demut entspricht zu gleicher Zeit ein christlicher „Übermut", der darauf vertraut, daß Gott sich an Großmut nicht übertreffen läßt, daß seine Gnade maßlos ist und er sich in allem finden lassen will. In einem seiner Briefe weist Ignatius auf die Einfachheit des Betens hin, die offen ist für „große Heimsuchungen des Herrn":

„Der Zweck der Studien (um es wiederum zu sagen) läßt es nicht angebracht erscheinen, daß die Scholastiker langen Gebeten obliegen. Vorgeschrieben im Interesse des geistlichen Lebens ist das oben Gesagte sowie die wöchentliche Beichte und Kommunion. Was sie aber über diese Übungen hinaus tun können, das ist folgendes: Sie sollen sich darin üben, die Gegenwart unseres Herrn in allen Dingen zu suchen, z. B. im Verkehr miteinander, im Gehen, Sehen, Schmecken, Hören, Denken und überhaupt in allem, was sie tun: ist ja seine göttliche Majestät durch Gegenwart, Wirken und Wesen in allen Dingen. Diese Art zu betrachten, bei der man unsern Herr-Gott in allen Dingen findet, ist leichter, als wenn wir uns zu geistlichen Stoffen mehr abstrakter Art erheben wollen, in die wir uns doch nur mit Mühe hineinversetzten können; auch bereitet uns diese vortreffliche Übung auf große Heimsuchungen des Herrn vor, selbst wenn man nur kurz zu beten pflegt. Ferner können sich die Scholastiker darin üben, unserem Herr-Gott oft ihre Studien und Mühen aufzuopfern, indem sie erwägen, daß sie dieselben ihm zuliebe auf sich nehmen und die persönlichen Neigungen zurückstellen, um einigermaßen seiner Majestät zu dienen und denen zu Hilfe zu kommen, für deren Leben er selber in den Tod ging."[51]

Auch dieser Text ist offen, schwebend: offen für größere Heimsuchungen, Besuchungen des Herrn – und offen für den alltäglichen Dienst, der manche Mühe mit sich bringt und manches Handeln, das nicht gleich die eigenen Bedürfnisse befriedigt.

So ist es auch verständlich, daß für Ignatius das Absterben des Egoismus – er nennt dies Abtötung – eher ein entscheidendes religiöses Datum ist und nicht so sehr ein Gebetserlebnis. Und so sagt er auch einmal, daß ein

---

[51] Zit. nach Haas/Knauer: Geistliches Tagebuch, 133f, vgl. dort auch den Kommentar zu diesem Briefauszug in Anmerkung 52 (S. 134).

abgetöteter Mensch, also einer, der frei von sich selber geworden ist, in einer Viertelstunde „mehr" bete als ein anderer in vielen Stunden, der noch sehr verfangen ist in das Gefängnis seiner selbst.

Vielleicht kann man sagen, daß die Exerzitien mehr den Weg der Bemühung um Befreiung beschreiben und das Geistliche Tagebuch von Ignatius mehr das Geschenk Gottes an den zur Freiheit befreiten Menschen und Mystiker. In jedem Fall: Das geistliche Leben ist ein Weg zu größerer Gottesnähe. Dies wird erkennbar, wenn Ignatius am Ende seiner Autobiographie erklärt:

„Vielmehr habe seine Andacht immer mehr zugenommen, das heißt: Die Leichtigkeit, mit Gott in Verbindung zu treten, und diese sei jetzt größer als je sonst in seinem ganzen Leben" (PB 99).

Die Gewissenserforschung – Das Gebet der liebenden Aufmerksamkeit

Den breitesten Raum an Gebetshinweisen nimmt im Exerzitienbuch die allgemeine und besondere Gewissenserforschung ein (EB 24–44). Noch größer wird dieser Raum, wenn man „die erste Art zu beten" (EB 238–248)[52] dazunimmt – was man wohl tun muß, da beides eng zusammengehört. Wegen dieser Bedeutsamkeit ist es wohl auch angemessen, im Zusammenhang der verschiedenen Gebetsweisen nach Ignatius diesem Beten einen breiten Raum zu geben.

Der Unterschied zur bisherigen Behandlung dieser Gebetsweise wird zum einen darin liegen, daß hier etwas ausführlicher auf Ignatius Bezug genommen wird; zum andern darin, daß ich mit einer Reihe von Bildern den Sinn der Gewissenserforschung nahebringen möchte, und daß drittens eine Reihe von Übungen vorgestellt werden, die es erleichtern sollen, einen Zugang zum täglichen Umgang mit dieser Weise des Betens zu finden.

Die Gewissenserforschung bei Ignatius – Der „Sitz im Leben"

Am ehesten versteht man den Sinn der Gewissenserforschung bei Ignatius, wenn man bei diesen Übungshinweisen auf ihren Sitz im Leben von Ignatius selbst achtet.

Ignatius war ein Mensch, der gespürt hat, daß er der Umkehr bedurfte. Daß ihn die Kugel, die sein Bein bei der

---

[52] Vgl. dazu die kurzen Hinweise in „Drei Weisen zu beten", S. 138.

Verteidigung der Festung Pamplona zerschmetterte, zum äußeren Anhalten und dann zum geistigen Innehalten zwang, ist Zeichen eines Umkehrprozesses. Ignatius hatte nicht „erbaulich" gelebt. Das beste – wenn man will das schlechteste – Zeugnis dafür ist, daß den ersten Biographen von Ignatius auferlegt wurde, nicht alles zu schreiben, da man befürchtete, es gäbe in seinem Leben zu viel Unerbauliches für die Novizen zu lesen. Wie erbaulich und tröstlich wir das heute empfinden würden! Fast so, wie es bei den Gefährten auch war, die es erbaulich fanden, wenn Ignatius von seinen Sünden erzählte! Und er mußte dabei nicht lügen oder in einer übertriebenen, falschen Demut Stäubchen zu großen Stolpersteinen aufbauschen. Es gab in seinem Charakter und seiner Biographie Beängstigendes.

Was für eine *Aggressivität*, wenn er durch eine enge Gasse reitet, ihm Leute entgegenkommen, er sie mit seinem gezückten Degen vertreiben will und nur von seinen Begleitern davon abgehalten werden kann, dreinzuschlagen?! Welch eine Aggressivität, einem Mauren ans Leben zu wollen, weil dieser Zweifel an der immerwährenden Jungfräulichkeit Mariens geäußert hatte – dann noch ein schlechtes Gewissen zu bekommen, weil er den Mauren so hatte fortziehen lassen, ohne ihm einige Dolchstiche zu verpassen, so daß es dann schließlich nur dem Maultier, das den falschen (oder richtigen) Weg wählte, zu verdanken ist, daß es nicht dazu kam (PB 15–16).

Welch eine Aggressivität gegen sich selber nach der Umkehr, als er sich geißelt, bis die Schulter nur noch eine einzige Wunde ist! Welch einen Dampf kann er gelegentlich ablassen, wenn er jemandem einen „Deckel verpaßt". „Sie meinen, ich könnte das nicht?", fragte er einmal: „Warten Sie, bis der hereinkommt, dann werden Sie sehen!" Welch eine militärische Perspektive, wenn er als General noch einen Flottenplan gegen die Türken entwirft und überlegt, wie man das Geld dazu beischaffen könne. Militärpolitisch zweifellos klug gedacht, 20 Jahre später dachten die Mächtigen ebenso, und es kam zur Seeschlacht von Lepanto. Wie gesagt, militärpolitisch sehr klug, aber …

Was für ein *Ehrgeiz*, die Festung in einer aussichtlosen Lage halten zu wollen, obwohl alles zur Übergabe bereit ist. Sicher, die Franzosen behandeln ihren ritterlichen Gegner vornehm, und er vermerkt das wohl in seiner Autobiographie, – aber welch ein Ehrbegriff, der das eigene Leben und das anderer in einer aussichtslosen Situation aufs Spiel setzt! Und welch ein Ehrgeiz und eine Galanterie in seinem äußeren Auftreten: Sich sauber herrichten, viel Mühe auf die Haarpflege und Fußpflege verwenden, war wichtig für Inigo. Das Zeichen der Umkehr war dann, daß er ein Jahr lang weder die Haare noch die Nägel schnitt (PB 19).

Was er für einen *Umgang mit Frauen* gehabt hat, läßt sich nicht genau sagen: Daß er davon träumt, Zugang zu einer ganz hohen Dame zu finden, und er sich die Zugangswege ausmalt, das mag noch als romantische Träumerei verstanden werden; aber was ist gemeint, wenn er selber sagt, er „sei sehr frei im Umgang mit Frauen" gewesen. Sicher muß er damit nicht ausdrücken, was man darunter heute gleich verstehen würde, aber daß er mit seiner Sinnlichkeit sehr zu kämpfen hatte, zeigt die Bedeutung, die er selbst der Befreiung davon durch eine Vision auf dem Krankenbett beimaß (PB 10).

Vielleicht kann ein Auszug aus dem Buch „Die Heiligen und ihre Handschrift" von Girolamo Moretti unterstreichen, mit welch einem Menschen Ignatius zu kämpfen hatte, wenn er mit sich selber kämpfte. In diesem Buch sind eine ganze Reihe Handschriften von Heiligen untersucht worden. Sie zeigen, daß die Heiligen nicht gelogen haben, wenn sie von ihren sündigen Anlagen sprachen. Nach einer Reihe struktureller, neutraler und positiver Merkmale der Charakterstruktur von Ignatius kommt Moretti auf dessen negative Charaktermöglichkeiten zu sprechen:

„Er hat einen *unbeugsamen Charakter*, der nicht zu zähmen ist. Wenig zu Entgegenkommen bereit, geht seine Neigung zu befehlen in Despotismus über. Der Schreiber gibt seinen Untergebenen keine Möglichkeit, sich zu rechtfertigen oder ihre Meinung vorzubringen. Ja, er würde schon den Wunsch seiner Mitarbeiter, einen eigenen Standpunkt zu vertreten, übelneh-

214

men. Die eigene Reizbarkeit verbirgt er unter dem Mantel einer Autorität, die keinerlei Nachgiebigkeit kennt und sich in einen Nimbus unantastbarer Erhabenheit hüllt. Er *rächt* sich an allen, die an seinem Tun etwas auszusetzen wagen. Begegnet ihm offene Kritik, grübelt er solange, bis er ein wirksames Mittel gefunden hat, wie er für die vermeintlich erlittene Unbill Vergeltung üben kann. Ohne das geringste Empfinden für das Unmoralische seines Verhaltens, bildet er sich bei solchen Racheakten noch ein, er hätte sich nur gegen eine schamlose Unverfrorenheit gewandt. Erfährt er, daß hinter seinem Rücken Kritik geübt wird, bestraft er den Nörgler nicht zuletzt wegen der Schmälerung seines eigenen Ansehens. Bis zu einem gewissen Grade vom Geiz gelenkt, zeigt er *kein ausgesprochenes Gefühl der Nächstenliebe*. Als ein Mann des genauen Abwägens prüft er Menschen, die sich hilfesuchend an ihn wenden, zunächst auf Herz und Nieren. Mit entschlossener Strenge entscheidet er nach sachlichen Gesichtspunkten, wobei er sich, was die eigene Person betrifft, alle Mühe gibt, sich sowenig wie möglich festzulegen. Hat er sich wirklich einmal für ein karitatives Anliegen erwärmt, macht sich sofort sein Geltungsbedürfnis bemerkbar, das ihn treibt, seine Taten gehörig aufzubauschen. Ja, um von sich reden zu machen, könnte er sich sogar zu Leistungen der Selbstlosigkeit aufschwingen, die man als übertrieben ansehen müßte.

Um zu Tugend und Heiligkeit zu gelangen, müßte der Schreiber seiner vielen ungebändigten Triebe Herr werden und vor allem seinen Egoismus und seinen Ehrgeiz überwinden, was, bei der Stärke dieser Anlagen, äußerst schwerfallen dürfte. Er müßte seine Handlungen von Anmaßung und Großtuerei reinigen, die ihm eigene Strenge hauptsächlich gegen sich selbst richten und nicht zuletzt seine Rachsucht abtöten. Bevor er sich daranmacht, anderen Vorschriften zu geben, müßte er sich selbst an die sittlichen Normen des Guten halten. Schließlich müßte er, statt die eigene Person in den Vordergrund zu stellen, sich mit allen seinen Kräften zu Gott erheben, auf ihn alle Hoffnung und allen Anspruch gründen und ihm allein die Ehre geben."[53]

Daß diese Charakterisierung mit dem ignatianischen Motto von der größeren Ehre Gottes endet, scheint wohl daher zu

---

[53] Girolamo Moretti: Die Heiligen und ihre Handschrift. Heidelberg 1960, 102–104.

rühren, daß der Gutachter die Unterschrift von Ignatius gelesen hat und wohl von dieser Kenntnis her auch die Ausrichtung des Gutachtens etwas mitbestimmt war. Aber immerhin ... Wahrscheinlich hätte Ignatius das „Bösachten" wohl selber zuletzt abgelehnt. Er hätte vielleicht die angefügten Texte, die zeigen, wie er von anderen im Umgang wirklich wahrgenommen wurde – hilfsbereit, liebevoll, demütig – eher etwas beschämt zur Kenntnis genommen und auf andere Tatsachen hingewiesen. Vielleicht hätte er auf eine etwas eitle Bemerkung in seiner Autobiographie über seine Schrift aufmerksam gemacht: „Das Papier war fein geglättet und liniert. Und er schrieb mit schönen Buchstaben, da er ein sehr gewandter Schriftkünstler war" (PB 11). Schau an, der alternde General, der Freude an seiner eigenen Schrift hat: „ein Schriftkünstler ..." – Ein Schriftkünstler, der nach eigenem Wunsch, so sagt er einmal, am liebsten wie ein Hund draußen vor der Stadt nach seinem Tod hätte verscharrt werden wollen.

Eine psychologisch-spirituelle Ignatiusbiographie fehlt! Eine Biographie, die ihn und sein Werden ernst nimmt und ihn uns dadurch erst wirklich gibt. Aber auch die biographischen Andeutungen mögen genügen, um zu zeigen: Ignatius war ein Mensch, der der Umkehr bedurfte. Ist es verwunderlich, daß er über die Geistlichen Übungen den Zielsatz schreibt: „Geistliche Übungen, um über sich selbst zu siegen und sein Leben zu ordnen, ohne sich durch irgendeine Anhänglichkeit bestimmen zu lassen, die ungeordnet ist" (EB 21)? Ist es verwunderlich, daß er der Gewissensprüfung einen so breiten Raum gibt?

In der „allgemeinen" und „besonderen Erforschung des Gewissens", in den verschiedenen Besinnungen über die Sünden, in den Bemerkungen über die Buße, in den „Regeln, um sich künftighin beim Essen zu ordnen", in der „ersten Art zu beten", in den „Regeln zur Unterscheidung der Geister", in den „Bemerkungen, um Skrupel und Überredungskünste unseres Feindes zu spüren und zu erkennen", – überall ist das eine große Anliegen zu verspüren: daß das eigene Leben in seinem innersten Grund und in seinen äußerlichsten Äußerungen seine Ausrichtung und Hinordnung auf Gott hin finde.

Was Ignatius als Grundzug seines Lebens verspürte – das Geschehen der Heiligung durch die schöpferische und erlösende Liebe Gottes, das spürte er auch im Leben der Mitchristen und Mitbrüder auf und gab ihnen seine Übungen als Hilfe. Ignatius läßt gelegentlich Exerzitanten nach der Ersten Woche aufhören. Da scheint ihm schon das gegeben zu sein, was zum Leben gebraucht wird und wozu man nicht weiterer Bildung[54] bedarf: geistliches Schwarzbrot. Diese Ration, zu der die viertelstündige tägliche Gewissenserforschung gehört, setzt er auch nicht ab, wenn sonst von der Gebetszeit vieles gestrichen wird. Er ist der Überzeugung, daß ein „abgetöteter" Mensch in einer Viertelstunde „mehr" betet als ein unabgetöteter in einer Stunde: „Der abgetötete Mensch", so pflegte er zu sagen, „der seine Leidenschaften gezähmt hat, findet im Gebet viel leichter, was er sucht, als der unabgetötete und unvollkommene". – „Aus diesem Grunde", fügt Ribadeneira hinzu, „legte unser seliger Vater so großen Wert auf die Selbstverleugnung und zog sie dem Gebete vor, das nicht darauf hinzielt, sich abzutöten und dadurch mit Gott zu vereinigen …".[55] Und weiter: „Was die Abtötung angeht …, so wünschte und schätzte unser seliger Vater die Bekämpfung der Ehrsucht und Selbstgefälligkeit, zumal bei Leuten aus angesehener Familie, mehr als äußere Kasteiungen …"[56]

Es wird hier deutlich sichtbar, worauf es Ignatius ankommt: auf Verwandlung des Lebens, nicht auf das Erwerben einer Tugendsammlung, sondern auf Befreiung aus

---

[54] Vgl. EB 18. Ähnlich in einer Reihe weiterer Aussagen in Briefen und Direktorien. Daß mit „Bildung" nicht unbedingt nur intellektuelle Schulung und Ausbildung gemeint sein muß, zeigt Bernard J. Bush SJ in seinem Artikel: „Gesellschaftliches Bewußtsein als Auswahlkriterium. Zu einem neuen Verständnis der Annotatio 18 des Exerzitienbuches" in Heft 30 der „Korrespondenz zur Spiritualität der Exerzitien", 34–40.
[55] Anton Huonder SJ: Ignatius von Loyola. Beiträge zu seinem Charakterbild. Köln 1932, 168.
[56] AaO., 167.

dem Gefängnis der Ichzentriertheit und der Sünde im Anschluß an Jesus und an seinen Weg.

Es ließe sich noch einiges sagen zum „Sitz im Leben" der
Gewissensprüfung, noch vieles zu den Klugheitsregeln,
die bei der „Abtötung" anzuwenden sind, und noch einiges zum rechten und gefährlichen Verständnis von „Abtötung" – die genauso mit „Verlebendigung" des neuen Menschen übersetzt werden könnte.[57] – Da Ignatius nur der
Ausgangspunkt sein soll, möge es genügen, im folgenden
die wesentlichen Stellen kurz darzulegen, an denen Ignatius auf verschiedene Weise von der Geiwssenserforschung
spricht, und die Punkte zu nennen, von denen aus Linien
für heutiges Umgehen mit der Gewissenserforschung ausgezogen werden können.

Ansatzpunkte für die Gewissenserforschung bei Ignatius

Bei einer Reihe von Texten des Exerzitienbuches finden
sich Ansatzpunkte, auf die sich Überlegungen und Hinweise zur Gewissenserforschung stützen können und die
„auszuloten" sich lohnt – auch für die heutige Praxis. Sie
sollen im folgenden kurz vorgestellt werden. Dabei wird jeweils angedeutet, in welche Richtung sich die Linie von jeweiligen Ansatzpunkten aus weiterführen läßt, bevor dann
in den späteren Kapiteln auf Sinn und Ziel dieser Weise des
Betens näher eingegangen wird und Vorschläge zum konkreten Ein- und Aus-üben auf verschiedenen Ebenen gemacht werden.

---

[57] Hierzu bieten die „Geistlichen Briefe" von Ignatius eine reiche Fund-
grube, z.B. der Brief vom 7.5.1547 an die Scholastiker der Gesellschaft
Jesu in Coimbra, Nr. 23, 143–158, oder der Brief vom 20.9.1548 an Franz
Borja. Nr. 25, 160–165.

(1) Übung für jeden – EB 18

Bei der Gewissenserforschung geht es um ein einfaches Beten und Nachsinnen. Sie gehört zu den „leichten Übungen", die vielen zugänglich sind: „Diese Weise ist geeigneter für schlichtere oder nicht gebildete Leute."[58] Schlicht, das heißt nicht unwichtig, sondern einfach, weil grundlegend.

Und noch eine Linie kann hier ihren Anfang finden: sinnvolle Beichtspiegel vorzulegen. Ignatius verweist hier in EB 18 auf die „erste Weise zu beten" und empfiehlt, die „zehn Gebote, die sieben Hauptsünden, die drei Seelenkräfte und die fünf leiblichenSinne" (EB 238) einzeln darzulegen und den Übenden für ihr Beten und Nachsinnen zu erschließen: „Man erkläre ihnen jedes einzelne der Gebote ..., die Gebote der Kirche ... und die Werke der Barmherzigkeit" (EB 18). Diese Erklärung muß also gefunden werden, und zwar auf eine entsprechende Weise, d.h. auf eine Weise, die anspricht, anspruchsvoll ist – für das Verständnis heutiger Menschen.

(2) Gezielte Aufmerksamkeit – EB 24–31

Welche Linien können, ausgehend von den Hinweisen zur „besonderen und täglichen Erforschung", wie sie das Exerzitienbuch in 24–31 bietet, gezogen werden? Es geht in diesem Sich-üben darum, einer besonderen Fehlhaltung mit einer gezielten und ausdauernden Aufmerksamkeit zu Leibe zu rücken.

Drei besondere Zeiten dieser Aufmerksamkeit gibt Ignatius an: „*Am Morgen* gleich nach dem Aufstehen" die Achtsamkeit auf jene Schwäche oder Sünde richten; „*nach dem Mittagessen* von Gott unserem Herrn erbitten ... die Gnade, sich zu erinnern, wie oft man in jene besondere Sünde oder Unzulänglichkeit gefallen ist ...", und denTag Stunde für

---

[58] S. Anm. 26.

Stunde, jede Zeiteinheit durchgehen; „*nach dem Abendessen* soll die zweite Erforschung gehalten werden". Dabei geht es Ignatius darum, nochmals genau zu sehen, was los war im Lauf der zweiten Tageshälfte. Genauigkeit, nicht bloß das Wälzen unguter Gefühle! Ignatius scheut sich nicht, für die Genauigkeit und Konsequenz auch ein konkretes Mittel anzugeben: auf einem Blatt notieren, wie oft sich ein egoistisches Fehlverhalten gezeigt hat, wie sich das im Laufe des Tages und im Verlauf von Tagen und Wochen geändert hat. Zu seiner eigenen Erinnerung hat sich Ignatius die Hand auf die Brust gelegt, wenn er seinen alten Adam wieder ertappt hatte.

Andere Hilfen für ein solches „Partikularexamen" finden sich bei Ignatius und zeigen, daß es nicht um ein starres Schema geht, sondern daß die eigene Erfindungskraft sich da selber Hilfen zurechtschnitzen kann. So zählt Huonder als Hilfen von Ignatius noch auf: „Man solle sich einem Freunde anvertrauen, der mit Liebe mahne, wenn er den Fehler bemerke; vor dem Mittagessen und dem Abendessen einer bestimmten Person sagen, ob man das Examen angestellt habe; über den betreffenden Fehler oder die betreffende Tugend im Speisesaal predigen; sich für die begangenen Nachlässigkeiten eine kleine Strafe auferlegen."[59]

(3) Der Blick aufs Ganze – EB 32–44

Welche Linien können gezeichnet werden von der „*allgemeinen Erforschung* des Gewissens", um sich zu reinigen und besser zu beichten? Zunächst weist Ignatius hier auf eine wichtige Voraussetzung für eine fruchtbare Besinnung hin, die zu einer Besserung – was die ursprüngliche Bedeutung des deutschen Wortes „Buße" ist – hinführt: Es gilt zu sehen, daß die Regungen und Gedanken, die in einem sind, nicht einfach alle Produktionen des eigenen Ichs sind; daß

---

[59] Huonder, 59.

vielmehr in der eigenen Seele Bewußtes und Unbewußtes, Eigenes und Fremdes einfließt (EB 32).

Es lohnt sich, das eigene Leben *differenziert* anzusehen: Wie steht es mit meinen Gedanken (womit auch die Antriebe, das Interesse dieser Gedanken gemeint ist)? Wie mit meinen Worten? Wie mit meinen Werken? Was wir im Bußritus der Meßfeier so schnell dahersagen: „Ich habe gesündigt in Gedanken, Worten und Werken", ist der Ausdruck davon, daß Gewissenserforschung und seelische Kultur sehr viel miteinander zu tun haben. Was Ignatius zu den Gedanken, Worten und Werken weiterführend sagt, ist nicht in allem unsere Frage, aber der kultivierte Umgang damit ist heute nicht weniger als damals eine echte Herausforderung.

Eine entscheidende Perspektive eröffnet eine kurze Bemerkung zu Beginn der Hinweise, wie und in welchen Schritten eine solche allgemeine Erforschung gemacht werden könnte: „Der erste Punkt besteht darin, Gott unserem Herrn *Dank zu sagen für die erhaltenen Wohltaten*" (EB 43).

In der Gewissenserforschung geht es nicht nur darum – wie früher fast ausschließlich geübt –, die eigenen Sünden wahrzunehmen, sondern zunächst einmal darum, den Wohltaten Gottes an uns nachzuspüren, herauszufinden aus einer negativen Sicht des Lebens und zu erspüren, was eigentlich trägt, lockt, weiterführt im Leben.

An die Anweisungen zu dieser allgemeinen Weise der Gewissenserforschung schließt sich im Exerzitienbuch der Hinweis auf die „Generalbeichte mit Kommunion" an (EB 44). Von ihm her läßt sich die Linie vielleicht so weiterzeichnen: Ein *Gespür* zu entwickeln *für die Sprache des Lebens*, also nicht nur für einzelne Ereignisse eines Tages, sondern für den Gesamtzusammenhang des Lebens. Manches, was aus der Froschperspektive des Alltags unverständlich bleibt, sieht aus der Vogelperspektive eines Lebensüberblicks anders aus, ordnet sich in Gesamtzusammenhänge ein, wird als Schritt auf einem Weg erkennbar, als Tendenz, als Vorbereitung eines späteren oder Konsequenz eines früheren Geschehens. Auch der mehrmalige Rückblick auf ein Leben ist sinnvoll. Es ist wie bei einer Bergtour: Man kommt immer höher, wirft immer wieder einen Blick hinter sich – und jedesmal schaut das Ganze anders aus. Nichts hat sich verändert – außer der Perspektive des Wanderers. Was im Leben war, das ist gewesen. Aber die Perspektive, die Deutung, die Beziehung dazu, die kann sich ändern.

(4) Die erste Weise zu beten – EB 238–248

Die „erste Weise zu beten"[60] ist in engem Anschluß an die soeben angesprochene besondere und allgemeine Erforschung zu sehen. Auch in ihr geht es um die Reinigung des Menschen. Daß Ignatius diese Weisen zusammensieht, zeigt sich unter anderem in einer Bemerkung in einem der „Direktorien": „Denen, die nur Übungen der Ersten Woche machen, soll man danach die besondere und die allgemeine Erforschung und die erste Weise zu beten vorlegen" (Nr. 384). Besondere Aufmerksamkeit verdient die Aussage des Exerzitienbuches:

„Diese Gebetsweise ist mehr dazu da, jene Form, Weise und Übungen zu geben, durch welche die Seele sich vorbereitet und fortschreitet, und zwar daraufhin, daß (ihr) das Gebet genehm sei; sie soll aber nicht eine bestimmte Form und Weise des Betens selbst geben" (EB 238). Diese *Vorbereitung* auf das Gebet wird in einen doppelten Rahmen gestellt:

„Vor dem Eintreten in das Gebet komme der Geist ein wenig zur Ruhe; man setzte sich oder gehe umher, wie es jeweils besser erscheint, wobei man erwägt, wohin ich gehe und zu welchem Ziel" (EB 239).

Es geht also nicht um die Erledigung einer geschäftlichen Aufgabe neben den anderen, sondern durch die „Ruhestellung" soll der Raum einer gewissen Tiefe, Wirksamkeit, Eindringlichkeit hergestellt werden. Nach dieser Ruhestellung läßt Ignatius als zweiten Schritt immer ein Gebet sprechen:

---

[60] Vgl. *„Drei Weisen zu beten"*, S. 138 f.

„Zum Beispiel Gott, unseren Herrn, um Gnade bitten, daß ich erkennen könne, worin ich gegen die Zehn Gebote gefehlt habe; und ebenso Gnade und Hilfe erbitten, mich künftig zu bessern, indem ich vollkommene Einsicht in sie erbitte, um sie je besser zu beobachten und zur je größeren Ehre und Lobpreis Seiner Göttlichen Majestät" (EB 240).

Dieser Gebetsrahmen ist wie ein Vorzeichen, das der ganzen Reinigung ihre Ausrichtung gibt: Die Reinigung ist nicht das Werk blindwütiger Putzfrauen oder Kaminkehrer, sondern „Gnade", auf deren Kommen man sich vorbereitet. Die Reinigung des Charakters ist nicht ein Vollzug, der lediglich dazu helfen soll, im Lebenskampf besser zu funktionieren und sich harmonischer zu fühlen. Wie Ignatius den Weg der Reinigung sieht, ist sie ein Geschehen aus einer Beziehung heraus: Sie soll Lob Gottes sein. Paulus würde sagen: Bemüht euch, „dem Herrn zu gefallen" (1 Kor 7,32). – Sich schön machen, um Gott und den Menschen zu gefallen, ein Wohlgefallen zu sein. Damit ist die Reinigung weder ein Asketismus noch ein apersönlicher Perfektionismus noch eine Angstgeburt aus Rechtfertigungsbedürfnis heraus. Es ist so etwas wie das, was ein Mädchen tut, wenn es sich schön macht für den Freund. Christliche Gewissenserforschung ist eine Art *Kosmetik der Seele.*

Wenn Ignatius sagt, diese Weise des Betens beziehe sich auf die zehn Gebote, die sieben Todsünden, die drei Seelenfähigkeiten und die fünf leiblichen Sinne, so steckt dahinter: Alles, was Hilfe ist zu einer differenzierten Betrachtung der menschlichen Wirklichkeit und ihrer Verkehrtheiten, kann und darf hier herangezogen werden.

(5) Unterscheidung der Geister

Schließlich bieten jene Abschnitte des Exerzitienbuches, die „Regeln" oder Orientierungsrichtlinien geben, „um Skrupeln und Einflüsterungen unseres Feindes zu spüren und zu erkennen" (EB 345–351) bzw. „um auf irgendeine Weise die verschiedenen Bewegungen zu verspüren und zu erkennen, die in der Seele verursacht werden" (EB 313–327 und weiter 328–336) Ansatzpunkte für Linien, die weit ausgezogen werden. Im Blick auf die Ausführungen über *„Skrupel"* kann man – allgemein gesagt – feststellen: Es geht um ein *Erkennen der Gewissensdynamik.* Wenn sich das bei Ignatius noch beschränkt auf die Problematik des zu weiten und des zu engen Gewissens, so dürfen wir ruhig all das, was uns eine profunde psychologische Anthropologie über das Phänomen des Gewissens sagt, zu Hilfe nehmen, beispielsweise Erkenntnisse über den Unterschied von Schuld und Schuldgefühlen, über objektives und subjektives Gewissen, über Ich und Über-Ich, über Bewußtes und Unbewußtes, über bloßes Strafbedürfnis und ich-hafte Reue usw. Ignatius hat seine Hinweise geschrieben, um „zu helfen" (EB 345), und so gilt es, alles, was wirklich hilft, zu integrieren.[61]

Die insgesamt 21 Regeln zur *„Unterscheidung der Geister"* (313 bis 336) ermutigen zu einer *spirituellen Psychologie* und zu einer Lebensführung, die sich mehr am geistlichen Spüren als an konventionellen Lebensregeln und Umweltserwartungen ausrichtet: Wie können wir leben von den Ur-Inspirationen unseres Lebens her? Was ist der Grundtrost unseres Lebens, der unsere Entscheidungen beeinflußt? Von welchen Ängsten her leben wir? Was sind die Strategien und Abwehrmechanismen, die „Listen und Überredungskünste" (EB 326) unseres Unbewußten? Wo sind unsere Schwachpunkte, die „schwächste Stelle" unserer „Burg", wo der Angriff leicht ansetzen kann (EB 327)?

Es ließe sich noch vieles aufzählen und noch mehr zu den Regeln zur Unterscheidung der Geister ausführen. Deutlich gemacht werden soll hier nur der Impuls: sich zu einer spirituellen Psychologie und zur Verfeinerung des geistlichen Spürens ermutigen zu lassen.

---

[61] Vgl. dazu Beiträge in „Korrespondenz zur Spiritualität der Exerzitien", besonders in Heft 40: „Sich heute als Sünder bekennen" und in Heft 43/44: „Aufbruch und Umkehr – Texte und Übungen zu Fundament und Krisenphase".

Vom Sinn des Gebetes der liebenden Aufmerksamkeit

(1) Schwierigkeiten mit der Gewissenserforschung

Nicht selten kann man eine erstaunliche Erfahrung machen, wenn man sich etwa im Kreis von Ordensleuten über gute und schlechte Erfahrungen mit der Gewissenserforschung austauscht. Obwohl diese geistliche Übung überall in den Noviziaten und Ordensregeln als wichtig angesehen wird, gibt es eine ganze Reihe von negativen Erfahrungen damit. „Ich habe nie Schwierigkeiten mit der Gewissenserforschung gehabt. Ich habe schon im Noviziat gemerkt, daß dies keine Gebetsweise für mich ist und habe sie daher nie gemacht!" – Auch ein Lösungsweg, um der instinktiv erahnten Schwierigkeit zu entgehen! Worin scheinen die Hauptschwierigkeiten zu liegen? Den verschiedenen Erfahrungen nach bestehen sie in der einseitigen Ausrichtung auf das Negative, in einer Phantasiearmut, was den Vollzug der Übung angeht, und schließlich im Fehlen einer Hinführung, die auf konkreter Erfahrung beruht. Bezeichnend dafür mag die Aussage sein: „Ach, für mich war das immer schwierig. Was ich am Tag wieder falsch gemacht habe, das habe ich in einer halben Minute gewußt. Darum habe ich den Engel des Herrn immer möglichst langsam gebetet, damit für die Gewissenserforschung nur wenig Zeit übrigblieb!"

Die früher und auch heute noch vielfach übliche Weise der Gewissenserforschung legt es nahe, sich auf das Negative zu fixieren – und immer etwas hilflos zu bleiben angesichts der Frage: Was soll ich denn jetzt tun, damit ich mich ändere? Die bloße Erforschung allein und der Vorsatz „Und ab jetzt bin ich geändert!" bringt's nicht. Wie kommt es von der bloßen Erforschung als dem ersten und notwendigen Schritt zu einer wirklichen Umwandlung und neuen Ausrichtung des Lebens?

Versuchen wir im folgenden, den Sinn dieser Gebetsweise von verschiedenen Seiten her zu erschließen: von den verschiedenen Namen her, von einigen Bildern her, von dem Bewußtseinsvorgang her, der sich dabei vollzieht, und schließlich im Blick auf einige wesensverwandte, spontane Vollzüge im Alltagsleben. Zuletzt soll dieser Sinn von drei verschiedenen Ebenen unseres Lebens her aufgefächert werden und so in den anschließenden Kapiteln zu den vielfältigen Möglichkeiten des Übens im Sinn der ignatianischen Gewissenserforschung hinführen.

(2) Verschiedene Namen – verschiedene Akzente

Befragen wir einige solcher Namen auf ihre Sinn-Aussage hin.

„Auswertung" will sagen: Entdecke den Wert, der in jedem Tag verborgen ist wie die Perle im Acker, manchmal an der Oberfläche, manchmal tief vergraben!

„Gebet der Verantwortung": Es geht nicht um eine bloße Selbsterforschung, sondern um die Antwort, die einer gibt auf die Frage: „Adam, wo bist du?" – „Wo ist dein Bruder Abel?"

„Lebensbetrachtung": Der erste Meditationsgegenstand – und „Agitationsgegenstand" – ist dein Leben, in dem die Sprache Gottes sich enthüllt und verbirgt.

„Gebet der liebenden Aufmerksamkeit": Das Geheimnis des Lebens erschließt sich nur in dem Maß, als jemand liebevoll aufmerksam ist auf die Wirklichkeit. Der Blick für die großen Aufmerksamkeiten Gottes befähigt dazu, auch selbst Aufmerksamkeit der Liebe zu erweisen.

Auch der Hinweis, daß das ganze *Alte Testament* als eine einzige Auswertung der *Geschichte Israels* verstanden werden kann, mag zur Sinnerschließung hinführen; ebenso der Verweis darauf, daß die Gewissenserforschung wohl am besten festzumachen ist an dem oftmaligen *Ruf des Neuen Testamentes*, wachsam zu sein und die Zeichen der Zeit zu deuten zu suchen.

Vielleicht wäre der Ausdruck „achten auf" und *„Achtsamkeit"* noch gefüllter, wenn in ihm anklingt: Es geht nicht um eine bloß beobachtende, erforschende, gespannt-überspannte Wachsamkeit, sondern um eine Achtsamkeit, die das Leben achtet, die ihm mit Ehrfurcht und Dankbarkeit begegnet: Gebet der Achtsamkeit.

(3) Bilder, die in die Sinnrichtung weisen

Vor einiger Zeit kam ein Student zu mir und sagte: „Wenn ich mit dem Auto fahre, dann ist das bei mir so: Ich bin mit meinen Augen nach außen konzentriert, um alles genau zu sehen: die Landschaft, durch die ich fahre, mit all ihren Überraschungen und Schönheiten, mit den Menschen, Tieren, Wiesen und Bäumen. Aber während ich mit den Augen und meiner Aufmerksamkeit nach draußen gerichtet bin, habe ich doch auch gleichzeitig ein genaues Gespür für den ganzen Wagen selber. Ich kenne das Geräusch, wenn alles in Ordnung ist. Das ist eine ganz bestimmte Geräuschkombination; wenn die da ist, – o.k.! Wenn nicht, dann spüre ich sofort, fast instinktiv, da muß eine Störung sein – am Auspuff, im Getriebe, an der Benzinzufuhr, am Reifen usw." Und dann fügte er hinzu: „Sehen Sie, ich glaube ich brauche so etwas Ähnliches für mein Leben: ein waches Gespür für die Geräusche des inneren Menschen, für die spirituellen Innengeräusche – ohne dabei den Blick nach draußen zu verlieren."

Ich meine, daß in diesem Vergleich sehr viel vom Sinn des „Gebetes der liebenden Aufmerksamkeit" gesagt ist: mit dem Blick nach außen ein waches Gespür für die Innengeräusche des eigenen Lebenswagens auf dem Lebensweg zu bekommen. Also: dafür *wach sein*, was den Wagen unseres Lebens nach *vorne* bringt; ein Wissen um die eigenen Reserven haben, damit wir nicht irgendwo auf offener Strecke ohne Brennstoff liegenbleiben, mit gebrochener Achse – weil wir Schlaglöcher übersehen haben; oder mit kaputtem Motor – weil wir als „unkluge Jungfrauen" des technischen Zeitalters kein Öl nachgeschüttet haben; mit zerbeulter Vorderseite – weil wir bei schlechter Sicht aufgefahren sind; mit eingedrücktem

Heck – weil wir allzu plötzlich, ohne „Rück-sicht" gebremst haben.

Das Bild kann nach Belieben weiter ausgeführt werden. Eines soll aber besonders hervorgehoben werden: Bei einem Wagen gibt es von Zeit zu Zeit eine Gesamtüberprüfung, die man zur Sicherheit vornimmt. Es ist sinnvoll, nicht nur dann in die Werkstatt zu fahren, wenn er eigentlich schon fast schrottreif ist. Und es ist zu beachten, daß es einen Unterschied macht, ob ein Einzelteil des Wagens genau überprüft wird oder ob man durch die Landschaft dahingleitet mit jener leichten, ungespannten, aber doch sehr hellhörigen Hintergrundwachsamkeit, mit der man auf das „Schnurren" seines Autos hört.

Noch andere Bilder und Vergleiche können uns den Sinn der Gewissenserforschung greifbar und sichtbarer machen. So könnte man mit gutem Grund sagen: Das Gebet der liebenden Aufmerksamkeit will helfen, *„ins rechte Lot"* zu kommen. Es nützt bei einem Hausbau nichts, wenn man bloß Steine aufeinanderschichtet. Damit die Mauer gerade wird und nicht einstürzt, muß immer wieder mit der Lotschnur gemessen werden, ob sie in Übereinstimmung ist mit den Kräften und Linien der Erde. Beten möchte den eigenen Willen den Schwerkräften des Willens Gottes aussetzen, um so eine Linie zu bekommen für den Aufbau des ‚Tempels im eigenen Leben': „Wißt ihr nicht, daß ihr Gottes Tempel seid und der Geist Gottes in euch wohnt?" (1 Kor 3,16) – „Laßt euch als lebendige Steine zu einem geistigen Haus auferbauen" (1 Petr 2,5).

Das Gebet der liebenden Aufmerksamkeit will das eigene Leben immer wieder am Grundriß dieses Tempels, dieser neuen Stadt ausrichten, um nicht nur aus Augenblickslaunen heraus die Lebenslandschaft zu „zersiedeln". Daher gilt es immer wieder innezuhalten, um die Grundinspiration des Lebens zu erspüren. Diese Grundinspiration aber ist dynamisch. Sie gleicht weniger der Idee für ein statisches Haus als einer Spielidee.

Das Gebet der liebenden Aufmerksamkeit gleicht dem, was ein Künstler, ein Maler macht, wenn er von seinem

Bild zurücktritt, um es als gesamtes wahrzunehmen. Leben ist das Spiel zwischen dem Verlorensein ins Detail und dem Blick aufs Ganze. Was für ein Bild, welche Szene stellt eigentlich mein Leben dar? Welch ein Stil ist für meine Kunst zu leben kennzeichnend? Was ist „typisch ich"? – Was ist kennzeichnend für das Gemälde unserer Zeit? Was ist „typisch wir"?

Das Gebet der liebenden Aufmerksamkeit will immer wieder eine *Bilanz*, eine vorläufige Zwischenbilanz ziehen, will schauen, wie das mit der doppelten Buchführung ist, mit den roten und schwarzen Zahlen im eigenen Leben, mit Haben und Soll und mit dem Schlußstrich, den das Leben einmal – vielleicht überraschend – zieht. So überrraschend wie bei dem Toren, von dem das Evangelium erzählt: Als er zusammengezählt hat, was ihm die Ernte eingebracht hat, und er eine größere Scheuer bauen will, um sein Leben zu genießen, heißt es: „Du Tor, noch in dieser Nacht wirst du sterben" (Lk 12,13–21). – Eine Gewissenserforschung also, die ein bloßes Ausrechnen war. Sich alles hübsch ausrechnen: dies, dann das und dann jenes und dann ... Du Tor! Das Leben ist nicht bloß eine Maklerbörse mit weltimmanenten Kursschwankungen! Du mußt dir eine andere Weise zu rechnen angewöhnen: ein Zählen, das weise macht.

Solch eine Weise des Zählens, die weise macht, die den Tag und sein Werk hineinstellt in das Wirken Gottes, es ihm überläßt und dann doch wieder um das eigene Wirken-Können bittet, ist im Psalm 90 ausgesprochen, der überschrieben ist: Ein Gebet des Mose, des Mannes Gottes.

Herr, du warst unsre Zuflucht
von Geschlecht zu Geschlecht.
Ehe die Berge geboren wurden,
ehe Erde und Weltall entstanden,
von Ewigkeit zu Ewigkeit bist du, o Gott!
Du läßt die Menschen zurückkehren zum Staub
und sprichst: ‚Kommt wieder, ihr Menschen!'
Denn tausend Jahre sind vor dir

wie der Tag, der gestern vergangen ist,
wie eine Wache in der Nacht.
Du säst sie aus von Jahr zu Jahr;
sie gleichen dem sprossenden Gras.
Am Morgen grünt und blüht es,
am Abend wird es geschnitten und welkt.

Denn wir vergehen durch deinen Zorn,
werden vernichtet durch deinen Grimm.
Du hast unsre Sünden vor dich hingestellt,
unsre heimliche Schuld in das Licht deines Angesichts.
Denn all unsre Tage gehn hin unter deinem Zorn,
wir enden unsre Jahre wie einen Seufzer.
Unsre Lebenszeit währt siebzig Jahre,
wenn es hoch kommt, sind es achtzig.
Ihr Bestes ist nur Mühsal und Beschwer,
rasch geht es vorbei, wir fliegen dahin.
Wer kennt die Gewalt deines Zorns,
hat Furcht vor deinem Grimm?

Unsere Tage zu zählen lehre uns,
damit wir ein weises Herz gewinnen!

Kehre dich, Herr, doch endlich uns zu!
Laß es dir leid sein um deine Knechte!
Sättige uns am Morgen mit deiner Huld!
Dann wollen wir jubeln und uns freuen all unsre Tage.
So viele Tage, wie du uns gebeugt hast, erfreue uns,
so viele Jahre, wie wir Unglück erlitten.
Laß deine Knechte dein Walten sehn
und ihre Kinder dein herrliches Tun!
Die Güte des Herrn, unseres Gottes, komme über uns.
Das Werk unserer Hände laß gedeihen,
ja, laß gedeihen das Werk unserer Hände!

Der Beter dieses Psalmes stellt seine Lebenszeit hinein in
die Ewigkeit, stellt sich vor seinen Gott, konfrontiert sich
mit dem Schöpfungswerk Gottes und seinem eigenen Wirken, sieht Mühsal und Labsal des Lebens, weiß um Torheit

und Weisheit des Herzens. – Gebet der liebenden Aufmerksamkeit, – erläutert nicht nur an Bildern, sondern abgelesen am Bewußtseinsvollzug eines betenden Menschen.

(4) Der Sinn vom Bewußtseinsvollzug her

Wenn man so fragt – und nicht bloß: „Machst du die Übung der Gewissenserforschung?" –, dann stellt sich die Frage so: Wie sieht die Beziehung aus, die ich zu meinem eigenen Leben habe, zu der Wirklichkeit, die mein Leben ausmacht? Kenne ich nur das naive Aufgehen und Verlorensein in die Ereignisse, oder trete ich mir und meinem Leben gegenüber? Kenne ich den Vollzug der *Identifizierung* und der *Distanzierung*, der Nähe und der Entfernung? Für eine Beziehung ist es von entscheidender Bedeutung, daß es in ihr beides gibt. Fehlt eines oder bleibt es unterentwickelt, dann wird die „Lebensqualität" gemindert.

Wenn ich nur die Fähigkeit habe, mich zu identifizieren, dann bin ich, ist mein Ich allem hilflos ausgeliefert wie ein Blatt dem Wind. Dann trifft mich alles, dann habe ich keine Ichgrenzen, dann ist alles Leid mein Leid und alle Schuld meine Schuld, dann kann ich nur Ja sagen und nie und niemandem ein Nein entgegensetzen. Distanzierung im guten Sinn kann signalisieren, daß man zu sich und zum Leben eine freie Beziehung hat, daß man auch Nein sagen, daß man unterscheiden kann, daß man nicht jedem Anspruch einfachhin ausgesetzt ist, daß man einen freien Entscheidungsraum hat und sich selber nicht mit den anderen verwechselt. Wenn freilich bloß die Distanzierung gegeben ist, dann ist jemand unfähig, mitzuempfinden, sich hineinzuspüren in andere, sich hinzugeben, sich tragen zu lassen.

Im Gebet der liebenden Aufmerksamkeit soll die Identifizierung und die Distanzierung verlebendigt werden: gelebtes Leben in Wachheit dasein lassen, in dankendem Jasagen und prüfender, kritischer Distanz. Dieser Doppelrhythmus ist der Rhythmus des Lebens und des Wachstums der Seele. Um diese Frage geht es: Wie sieht das Spiel von Identifizierung und Distanzierung, von Eingrenzen-lassen und Abgrenzung, von Ja und Nein, von Lob und Reue aus? In diesem Sinn ist die Gewissenserforschung „Leben üben", um das Leben immer voller leben und aus-üben zu können. – „Ich bin gekommen, daß sie das Leben haben und daß sie es in Fülle haben!" (Joh 10,10).

(5) Verwandte Vollzüge im täglichen Leben

Von dieser sehr breiten Basis her läßt sich wohl sagen, daß es im menschlichen *Leben* viele mehr oder weniger *unbe-wußte Ansätze* und *Vollzüge* der Gewissenserforschung gibt, ohne daß man dies vielleicht überhaupt wahrnimmt oder dem gar den Namen einer geistlichen Übung geben würde.

In einem lebendigen Leben aber gibt es gleichsam von morgens bis abends Gewissenserforschung. Gewissenser-forschung geschieht z. B.,

– wenn einer vom Arzt heimkommt und überlegt, ob er nicht doch das Rauchen aufgeben soll, weil er damit we-der seiner Gesundheit noch seinem Geldbeutel einen Dienst tut,

– wenn jemand im Geschäft mit einem Kollegen einen schweren Streit gehabt hat und beim Heimfahren im Autobus das zu verdauen sucht und sich fragt, wie er sich künftig seinem Kollegen gegenüber verhalten soll,

– wenn jemand mit einem Herzinfarkt im Krankenhaus liegt und sich fragt, warum er eigentlich zwanzig Jahre lang in einer solchen inneren und äußeren Hektik gelebt hat,

– wenn jemand, in dessen Ehe es kriselt, sich einen ganzen freien Tag nimmt, um sich mal mit seiner Frau gründlich auszusprechen und zu schauen, wie die Beziehung wei-tergehen kann,

– wenn einer nach einem vollen Ferientag kurz überlegt, ob er jetzt wirklich noch die Fernseh-Flimmerkiste auf-drehen soll oder lieber in Ruhe den Tag nachklingen und ausschwingen lassen soll,

- wenn jemand schlaflos im Bett liegt und herauszuspüren versucht, was ihn innerlich so unruhig und besorgt macht,
- wenn jemand mit seinem Leben nicht mehr zurechtkommt und eine Psychotherapie macht, um wieder eine innere Ordnung zu gewinnen,
- wenn jemand sich nach zehn Jahren Berufstätigkeit zu fragen beginnt, ob dies wirklich der Beruf ist, in dem sein Talent wachsen kann,
- wenn jemand ein Buch liest und für ein paar Minuten oder eine halbe Stunde innehält und anfängt, sich zu fragen, was denn sein Leben für einen Sinn hat,
- wenn jemand nach einem Aufruf zum Misereor-Opfer beschließt, sich in der Fastenzeit etwas einzuschränken und das Ersparte den Notleidenden zukommen zu lassen,
- wenn jemand bei Exerzitien unruhig geworden ist und jetzt die Frage mit sich herumträgt, ob er vielleicht zum Weg des Priesterums oder eines Ordens gerufen ist bzw. wie überhapt die Gestalt seines Lebens aussehen soll,
- wenn jemand sich im Wahljahr ernsthaft fragt, wen er wählen soll und was die persönlichen Motive für seine Wahl sind,
- wenn jemand nach dem Zusammensein mit seinem Freund bzw. seiner Freundin noch eine Stunde im Wald spazierengeht und sich fragt und abwägt, ob es wohl gut wäre, mit diesem Menschen ein Leben zu wagen,
- wenn jemand eine Evangeliumsstelle am Sonntag gehört hat, die ihn tagelang nicht mehr losläßt und die ihm zu einem Maßstab wird, die Größe oder Kleinheit und Kleinlichkeit seines Lebens zu messen,
- wenn jemand bewußt wird, daß nicht nur er allein sich um sein Leben zu sorgen hat, sondern daß er ganz und liebevoll umsorgt ist, ja daß „alle seine Haare" auf dem Kopf gezählt sind,
- wenn jemand nicht nur egoistisch sich selbst verwirklichen will, sondern in Wahrheit „seine Seele" – oder, wie die neue Einheitsübersetzung sagt, „sein Leben" – nicht verlieren will (Mk 8,35),

– wenn jemand mit seinen Schuldgefühlen nicht fertig wird und versucht, Klarheit zu gewinnen und aus hoffendem Vertrauen zu leben,
– wenn eine Mutter ihr Kind am Abend erzählen läßt, was denn am ganzen Tag los war, wie's ihm ergangen ist, was es gefreut und was es betrübt hat,
– wenn eine Gruppe eine Entscheidung sucht und ehrlich fragt, was da alles an objektiven Gesichtspunkten und subjektiven Ängsten und Besorgnissen mitspielt und wie man sich befreien lassen kann, um wirklich entscheiden zu können,
– wenn jemand im „Gotteslob" blättert und sich mit einem Beichtspiegel konfrontiert,
– wenn jemand sich von einem Bußgottesdienst betreffen läßt,
– wenn, wenn, wenn ...

Letztlich gibt es so viele Gelegenheiten und Weisen, Gewissensforschung zu machen, wie das Leben vielfältig ist. Es gibt darunter mehr „profane" und mehr „sakrale" Weisen, und es gibt gute und schlechte: solche, die fast nur von der Sorge um sich selber getragen sind, und solche, die offen sind für andere und für die ganze Wirklichkeit. Es gibt unbewußte Ansätze von Gewissenserforschung, und es gibt sehr bewußte Weisen, mit sich umzugehen.

Eines ist im Lauf dieser Überlegungen vielleicht klarer geworden: daß die *Grundfrage* ist und bleibt: Lebe ich in einer *wachen Beziehung zum Leben* oder „verlebe" ich mein Leben im bloßen Dahinleben? Und welche Weisen der Wachheit meines Lebens kenne und lebe ich?

(6) Drei Lebens-Ebenen: Halt – Haltung – Verhalten

Bevor wir uns in den nächsten Abschnitten der Frage zuwenden, auf welche verschiedenen Weisen dieses Wachsein eingeübt werden kann, soll zuvor noch ein Modell vorgestellt werden, das verdeutlichen kann, wie sich verschiedene Weisen dieses Wachseins auf verschiedene Tiefendimensionen unserer Wirklichkeit, unseres Lebens richten. Dieses Modell soll dann auch gleich eine gewisse Einteilungshilfe sein, um im folgenden einige Übungsweisen der Gewissenserforschung im einzelnen vorzulegen.

In unserer obigen Aufzählung „Gewissenserforschung geschieht wenn ..." ist schon deutlich geworden, daß es verschiedene Ebenen gibt: Das Rauchen aufzugeben ist etwas anderes, als sich für einen Ehepartner zu entscheiden; mit Angstgefühlen zurechtzukommen ist etwas anderes, als sich nach dem letzten Sinn des Lebens zu fragen und etwas anderes, als sich zu überlegen, wieviel Trinkgeld man dem Postboten zu Weihnachten geben wird. Es ist etwas anderes, ob man überprüft, wie oft man wieder vergessen hat, am Abend die Haustür zu schließen, oder ob man bewußt die Wutgefühle in sich dasein läßt, damit sie abkühlen und sich klären können, oder ob man in tiefem kindlichen, schauenden Staunen über eine kleine oder große Herrlichkeit dieses Lebens vor Gott da ist.

Die drei Dimensionen der Wirklichkeit, die darin angesprochen sind, nenne ich der leichteren Einprägsamkeit halber die Dimension des *Haltes*, die Dimension der *Haltung* und die Dimension des *Verhaltens*.

Der *Halt* – die erste dieser Dimensionen unserer menschlichen Wirklichkeit – meint das, woran sich ein Mensch im letzten hält, was ihm Halt im Leben gibt. Halt ist, wovon der Mensch lebt, was seinem Leben Sinn gibt, was ihn vor dem Sturz bewahrt: „Ich liege und schlafe und erwache, denn deine Hand hält mich" (Ps 3,6). Diese Hand, nach der ein Mensch seine Hand ausstreckt, ist Halt: „Ich will meine Hand über dir halten, bis ich vorübergehe" (Ex 33,22). Der Fels, auf den man flüchtet, der Steingrund, auf dem ein Haus gebaut wird (Mt 7,24), das Fundament, das einen trägt; dies sind alles biblische Bilder, die ausdrücken, was es heißt, einen Halt zu haben oder ein Halt zu sein. „Der Herr ist mein Fels, meine Burg" (Ps 18,3); der Herr ist ein Halt, selbst wenn einen Vater und Mutter verließen (vgl. Jes 49,15).

Personale Mitte, Herz, Partner, Gegenüber in der Beziehung, Existenz, Sinnzentrum, letztes Ziel – dies und mehr sind Umschreibungen für das, was mit Halt gemeint ist.

Wo diese Dimension angesprochen ist, da gibt es nicht mehr nur Weisen und Methoden: Es gibt einen „Weg" in dem Sinn, wie Jesus von sich sagt: „Ich bin der Weg" (Joh 14,6). Da werden Person und Weise eins. Wohl kann man zu einer Person Zugang finden, kann dem Anklopfenden die Tür aufgemacht werden – aber das Anklopfen ist nicht mehr „Methode", um den Zugang zum Herzen des anderen zu finden, sondern ein Sich-Halten an …

Die *Haltung* – die zweite Dimension der menschlichen Wirklichkeit – läßt sich etwas leichter fassen und beschreiben: Ein Mensch kann aus einer aufrechten, gerechten, freundlichen, gutmütigen, mißtrauischen, skeptischen, kritischen, wohlwollenden, eifersüchtigen … Haltung leben. Mit Haltung sind all die tiefen inneren Geprägtheiten, Einstellungen, Vorurteile und Stimmungen gemeint, die unser Reden, Denken und Tun bestimmen. Die Überängstlichkeit einer allzu fürsorglichen Mutter, die ihr Kind auch bei 15 Grad Wärme noch nicht draußen spielen läßt, weil es sich erkälten könnte; die Wut, die jemand sagen läßt: „Dem könnte ich den Hals umdrehen"; die Voreingenommenheit, die sagt: „Was kann schon aus Nazaret Gutes kommen?" oder aus Afrika oder aus der Türkei …?; die Befürchtung, die prophezeit und oft bewerkstelligt: „Ich werde das sowieso nicht schaffen"; der Machtwille, der spricht: „Das will ich doch sehen, ob ich mich da nicht durchsetze"; der Neid, der nicht sehen kann, daß jemand anderes anerkannt wird oder Glück hat, und vieles andere mehr.

Wo diese Dimension angesprochen wird, da geht es um Weisen des Umgangs – nicht um Techniken, die etwa wie das Umlegen eines Schalthebels oder das Drücken eines Tastknopfes Umstellungen von Einstellungen zustande bringen könnten. Man kann sich nicht – weil man etwa die Hinderlichkeit einer Haltung erkannt hat – befehlen: So, ab jetzt bin ich gerecht, ab jetzt lüge ich nicht mehr, ab jetzt fühle ich mich ruhig und ausgewogen, ab jetzt sehe ich nur noch das Gute im anderen. Techniken gibt es hier nicht, wohl aber Weisen und Schritte. Wie etwa die psychotherapeutischen Methoden, die ja oft „nur" bewußt und intensiv angewandte Weisen des gesunden Umgangs sind: „Also sag, was dir auf dem Herzen liegt, sprich dich aus." – „Sag, was dir in den Sinn kommt."

Das *Verhalten* – die dritte Dimension der menschlichen Wirklichkeit – umfaßt alles äußerlich Sichtbare, Greifbare, Beschreibbare. Das Verhalten drückt sich aus in Worten, in Gesten, in Mimik, in Bewegungen, Verhaltensabläufen, Blicken, Körperhaltungen usw.

Auf dieser Ebene kann noch am ehesten mit Methoden, auch im Sinn von Techniken, gearbeitet werden, wie es zum Teil in der Verhaltenstherapie geschieht. Das ist auch die Ebene, in der Ignatius mit dem Bleistift arbeitet: Wie oft bin ich wieder in den und den Fehler verfallen? Was sind eigentlich die Redewendungen bei mir, die andere so auf die Palme bringen? Was ist das rote Tuch, auf das ich wie ein Stier losstürze, der Signalreiz? Oder was ist der Tropfen Wasser, der meistens das Faß zum Überlaufen bringt? Was ist für mich allzu kalorienhaltiges Essen, bei dem ich lieber kürzer trete? Läßt sich diesem und jenem Problem mit einem Notizkalender beikommen usw.?

Ich habe aus einem dreifachen Grund diese drei Dimensionen etwas näher charakterisiert: einmal, weil der Mensch tatsächlich in diesen drei Dimensionen seines Lebens-Raumes lebt. Zum anderen, weil von hier aus manches Unbehagen an Methoden verständlich wird: dann nämlich, wenn man versucht, das Tiefste des Menschen mit Technik zu manipulieren. Und schließlich, weil damit auch eine Möglichkeit gegeben ist, die verschiedenen Weisen und Dimensionen der Gewissenserforschung an dem Ort vorzustellen, wo sie hingehören, – wobei die jeweilige Zuordnung nicht starr zu verstehen ist.

Die Unterscheidung dieser Ebenen ist – anders gesagt –

deshalb so wichtig, weil man sich dann sinnvoll und fruchtbar auf die Gewissensforschung einlassen kann, wenn es im
Zusammenhang mit der geistlichen Gesamtentwicklung
geschieht. Wenn die Übung des „Examens" nicht in diese
Gesamtentwicklung eingepaßt, ihr entsprechend ist, dann
kann sie auch gefährlich und hemmend werden: Der
Mensch mit einem engen Gewissen könnte seine Neigung
zur Skrupulosität noch mehr verfestigen; wer ein seelischer
Aktivist ist, wird sich möglicherweise noch mehr in psychi-
sche Selbstmanipulationen und Überanstrengungen hin-
einsteigern; wer Gefallen an Psychospielen hat, wird noch
einige Methoden mehr gefunden haben.

Es gilt also – auch und gerade beim Umgang mit der Gewissenserforschung –, mich auf die Führung des Heiligen
Geistes zu verlassen und hinzuspüren, wo bei mir das Zentrum liegt, liegen soll und wo die Peripherie: ob beim mehr
aktiv-konkreten Umgang mit Fehlern und Schwächen im
Verhalten; ob beim mehr passiven Sich-Einlassen auf Haltungen, die im Untergrund der Seele verankert sind und
sich nicht einfach wegwünschen, wegwollen und wegden-
ken lassen; oder ob ich einfach staunend wahrnehmen soll,
darf, daß Gott als der „große Gärtner" (wie ihn Emil Nolde
einmal gemalt hat) durch die „große Seele" des Menschen
hindurch für das „kleine Ich" sorgt, ob dieses wacht oder
schläft; oder ob mir fast nichts anderes mehr möglich ist,
als mich im einfachen Herzensgebet der Sonne Gottes auszusetzen, damit diese die Widerstände des vereisten Herzens wegschmilzt und „das Herz aus Stein" in ein „neues
Herz aus Fleisch und Blut" umwandelt (Ez 11, 19).

Grundübungen

Bevor im weiteren verschiedene Wege, Weisen und Methoden der Gewissenserforschung vorgestellt werden, die sich
an den Dimensionen des „Haltes", der „Haltung" und des
„Verhaltens" orientieren, seien noch einige Grundübungen
angeführt, die man sozusagen auf jeden Fall einige Zeit-

lang einüben sollte, um die eigene Aufmerksamkeit wacher werden zu lassen.

(1) Besinnung auf die Weisen der eigenen Wachheit

Es ist etwas vom Schlimmsten, einem Menschen die Entdeckerfreude zu nehmen, die ihn vorantreibt in der Kraft der Freude an dem, was sich zeigt. Das gilt auch für das „Gebet der liebenden Aufmerksamkeit". Man kann damit beginnen, daß man sich ein paar Wochen lang Zeit nimmt, einfach darauf zu achten, wie sich solche Aufmerksamkeit ereignet, welche Weisen der spontanen Gewissenserforschung oder welche Wege, sich selber umzustimmen oder sein Verhalten zu ändern, man spontan gebraucht? ... welche an einem Tag sich aktuell ereignet haben, welche man früher in seinem Leben gebraucht hat, welche man vielleicht bei anderen sieht?

Also darum geht es: entdecken, wie der eigene Geist arbeitet. Wo gibt es bei mir die Stoßseufzer: „Mensch, warum hab ich das bloß gemacht!". „Ach, wie konnte ich das verschlafen!", „Das nächstemal werde ich aber ...!"; und all die Wachträume, die Selbstvorwürfe, die Hoffnungen, die in einem leben; die Selbstgespräche, die man führt, um Ereignisse zu „verdauen"; die Gespräche, die man mit anderen hat und in denen sich ebenfalls so etwas wie Verdauung vollzieht: sich Luft machen, zur Besinnung kommen und und und ...

Die *Übung* schaut dann so aus:

● erstens diese verschiedenen Weisen einmal wahrnehmen und aufschreiben,

● dann schauen, was bevorzugte Wege sind,

● sehen, welche besonders hilfreich sind und welche im Grunde überhaupt nicht weiterführen,

● herausfinden, welche Ausdruck lebendigen Geschehens sind, aber vielleicht der Pflege bedürfen, um wirksamer zu werden.

239

Wer dies tut, wird ein bewußteres Einüben nicht so leicht als Überfremdung ansehen, weil er bemerkt, wieviele Weisen er selber halbbewußt schon lebt.

(2) Die einfache, allseitige Aufmerksamkeit

Was damit gemeint ist, kann ich am besten mit einem kurzen Text des Bergsteigers Reinhold Messner darstellen: „Dem Bergsteiger wird ein zusätzlicher Sinn zurückgegeben, ein Sinn, der im Unterbewußtsein immer dabei sein muß. Ich sage zurückgegeben, weil ich annehme, daß ursprünglich alle Menschen diesen Sinn hatten ... Der Bergsteiger weiß, daß er nicht weiß, was ihn erwartet, und das ist mit der größte Reiz bei seiner Betätigung. Will er diesem Reiz aber nicht zum Opfer fallen, so muß er eine Aufmerksamkeit als zusätzlichen Sinn haben ... Es ist dies eine alles umfassende Aufmerksamkeit, die nicht auf eine Stelle gerichtet ist, sondern versucht, immer und überall zu sein. Der Bergsteiger muß einfach wach sein, auch wenn er schläft."

Ich denke, es läßt sich ziemlich leicht nachempfinden, was mit dieser Wachsamkeit gemeint ist. Nicht gemeint ist ein Konzentriertsein, das auf einen Punkt fixiert ist: Die Gefahr kann aus jeder Richtung kommen, darum darf der Bergsteiger nicht auf einen einzelnen Punkt, eine einzige Richtung seine ganze Aufmerksamkeit konzentrieren. Wie die Gefahr, so kann sich auch die Schönheit überall zeigen – es gilt nur, für sie offen zu sein: für die Färbung im Fels, die Blume, die blüht, die Linienführung einer Bergkante, die Wolkenbilder, für alles und jedes. – Also: dasein in einer einfachen, allseitigen Aufmerksamkeit, die über die Dinge hingleitet, leicht und doch achtsam.

Es ist, um es mit einem anderen Vergleich zu sagen, wie wenn jemand an einem Sonntag im Wald spazierengeht und sich an den Rand einer Lichtung setzt – und wartet, ob sich etwas zeigt und was sich zeigt. Das ist ein ganz anderer Blick als der eines Jägers, der ein ganz bestimmtes Wild erwartet, das jetzt für den Abschuß freigegeben ist, und für alle anderen Arten kein Interesse hat. Es ist ein freies Schauen, das in reiner Aufmerksamkeit da ist und wahrnimmt, wann immer sich etwas zeigt; es hält sich aber nicht dabei auf, weil sich anderes zeigen könnte, das mehr Offenbarung bringt als der Blick aufs erste Beste.

Und was erwartet man in dieser reinen Aufmerksamkeit? Das, was der reine Wille will: in reiner Aufmerksamkeit die Erfüllung und Offenbarung des innersten Wollens, der tiefsten Sehnsucht, erwarten. Erkenntnis und Interesse gehen zusammen. In der Übung der einfachen und allseitigen Aufmerksamkeit geht es darum, von sich aus weder das Auge noch das Wollen zu begrenzen, sondern sich ganz für das offenzuhalten, was sich der innersten Sehnsucht dem Herzensauge zeigen will.

Die *Übung?* – Sitze da und sei aufmerksam. Sei reine Aufmerksamkeit! Das ist alles.

(3) Den „Grundtrost" in der eigenen Lebensentwicklung entdecken

Der Weg des Menschen wird vorangetrieben und geleitet von dem, was ihm die Erfüllung seiner innersten Sehnsüchte bringt; von dem, was die Freude seines Lebens ausmacht. So gibt Ignatius als grundlegendes Kriterium für die Unterscheidung der Geister den Trost bzw. den Mißtrost an. Trost ist dabei weit gefaßt: Friede, Freude, ja alles, was das Wachsen von Glauben und Hoffen und Lieben fördert usw. (EB 316). Dies bedeutet: Was auf die Dauer die tiefere und echtere Freude bringt, das ist vom Guten!

Eine Weise der *Einübung* in die Gewissensforschung kann sein, sich oft an die Grundtröstungen des eigenen Lebens zu erinnern: die Situationen, in denen ich sie erfuhr, in mir wieder wach werden lassen und damit das innere Gespür, den Geschmack, den jene Erlebnisse in mir hinterlassen, die zu den trostvollsten, freudenvollsten, hoffnungsvollsten meines Lebens gehören. Wenn so das Gespür für die Richtung des Lebens wacher und wacher wird, dann ist

241

es leichter, später in konkreten Situationen zu schmecken, ob etwas zusammenpaßt oder „sich beißt".

Diese Grundtröstung wird bei jedem eine etwas verschiedene Färbung haben. Man kann beispielsweise in der geistlichen Begleitung die Erfahrung machen, daß auf die gleiche, allgemeine Frage „Wie ging‚s Ihnen denn so in der letzten Zeit?" ganz verschiedene Tröstungen genannt werden: Der eine spricht spontan davon, daß es eine „sehr ruhige" Zeit war oder eine unruhige; der andere, wie voll Spannung oder gelöst sie war, oder daß es „sehr lebendig" oder sehr lahm und langweilig zuging, daß es eine Zeit voll Friede und Harmonie, eine Zeit voll Hoffnung oder Niedergeschlagenheit war usw. Sicher ist es so, daß jeder eine ganze Palette von Farben hat, um eine Zeit zu kennzeichnen; aber es hat auch jeder seine Lieblingsfarbe bzw. deren Gegenteil. Auf so eine individuelle Färbung zu achten kann aufschlußreich sein und aufmerksam machen auf die „Grammatik" der eigenen Seele. Man kann so besser verstehen lernen, was die Sprache des Lebens mir mitteilen will.

(4) Den Tagesfilm anschauen

Ein Tag ist nicht ein formloses, ungestaltetes, unförmiges Gebilde, sondern gegliedert wie ein Leib. Er hat ein Gesicht, ein Profil. Dieses Profil können wir auf vielfache Weise entdecken. Eine sehr einfache ist die folgende *Übung:*

● Den ganzen Tag wie einen *Stummfilm* vor sich ablaufen lassen. Noch einmal die Szenen des Tages vom Aufwachen an ohne Kommentar und ohne Bemerkungen abrollen lassen. Hinschauen, wie man sich einen Film anschaut.

● Wenn man den ganzen Tag in den Blick nimmt, dann kann das natürlich nur im *Zeitraffertempo* geschehen, so wie wenn man das langsame Sich-Öffnen einer Blume, das Stunden dauert, auf ein paar Minuten verkürzt. Aber auf diese Weise werden die großen Abschnitte, die Einschnitte, das Auf und Ab, die einzelnen Szenen des Dramas, das Profil des Ganzen sichtbar.

242

● Man kann den Tagesfilm auch im *Zeitlupentempo* anschauen, d.h. einen kleinen Abschnitt herausnehmen, eine Einheit von zehn Minuten oder fünf Minuten in einem Gespräch z.B., und da so genau wie möglich alles wahrnehmen, was gelaufen ist. – Also wirklich im Zeitlupentempo einmal ein Wort aus dem Mund eines anderen langsam durch die Luft ins eigene Ohr kommen lassen – von dort in den Kopf – dann hinuntersinken lassen in den Bereich des Fühlens und schauen, was das Wort auslöst an Gefühlsbewegungen – dann die Gefühle hochsteigen lassen – der Verarbeitung im Kopf zuschauen – merken, was für Worte sich im Mund formen und wie sie von dort ausgehen, langsam durch die Luft schweben, in den anderen eindringen und dort wieder einiges auslösen.

Man kann dann entdecken, welch eine Mannigfaltigkeit in zehn Minuten drinstecken kann, wieviel Übersehenes, Überhörtes, Überspieltes, Übergangenes.

Der Sinn dieses genauen Schauens? Es ist nicht kriminalistische Exaktheit, sondern die Einübung in liebevolle Aufmerksamkeit. Es ist auf einer etwas höheren Ebene das, was man als Kim-Spiele in Jugendgruppen tut, wenn man 20 Gegenstände auf den Tisch legt, sie eine Zeitlang anschaut, sie dann zudeckt und sagt, was alles drauf war. Die Aufmerksamkeit, die man Gegenständen widmet, gilt es mehr noch den Geschehnissen des Lebens zu widmen.

● So wie man optisch den Tag anschaut, so kann man auch das *„Tonband"* eines Tages anhören. Was da alles an Lauten und Worten und Gesprächen gelaufen ist: wo nur Worte geredet wurden, wo ein An-Spruch sich ereignet, wo man hörte und doch nicht hörte, wo man sprach und doch nichts sagte, wo Ant-wort geschah ... Hören auf das Wort!

(5) Den Gefühlsfilm anschauen

Eine Wirklichkeit, die oft nur indirekt sichtbar wird durch non-verbale Äußerungen wie Gestik, Mimik, den Ton der Stimme usw. ist die Gefühlswelt. Sie ist daher auf den ersten

Anhieb leicht überhörbar und übergehbar. Und doch hält sie oft unsere ganze Aufmerksamkeit gefangen – und bestimmt darüber, wie eine Situation auf uns wirkt: Es ist etwas anderes, ob ich einem begegne, der gerade von einer Beerdigung kommt oder von einem glücklich bestandenen Examen; es ist etwas anderes, ob ich unter Arbeitsdruck stehe, wenn jemand mit einer Bitte zu mir kommt, oder ob ich genügend frei bin, ihn „kommen", bei mir mit seiner Bitte „ankommen" zu lassen. Das eine Mal reagiere ich vielleicht ärgerlich-gezwungen, das andere Mal wohlwollend. Es macht etwas aus, ob ich „mit dem linken Fuß aufgestanden" bin, ob ich mich kränklich, mißtrauisch oder glücklich und lebensfroh fühle. Was ich da spüre, das bekommen auch die anderen zu fühlen; davon ist meine Beziehung zur Welt und zu den Menschen geprägt, und zwar umso mehr, je weniger ich es wahrnehme oder wahrhaben will.

Den ganzen Tag über haben wir Gefühle, mehr oder weniger stark, mehr oder weniger bewußt, mehr oder weniger klar bzw. verschwommen, Gefühle, die uns am Leben und Lieben hindern oder darin fördern.

● Man kann nun diesen Gefühlsfilm eines Tages aufmerksam anschauen, ihn nachfühlen: Wie habe ich mich beim Aufstehen gefühlt? Nach diesem und jenem Gespräch? Beim Lesen der Zeitung? Gab es eine Grundstimmung, die sich durchhielt? Gab es Oberflächenwellen auf dieser Grundwoge? Welche? War es ein Schwarz-weiß-Film, oder gab er die bunte Fülle des Lebens wieder? Was für Filter waren vorgeschaltet? Depressionsfilter? Wutfilter? Verliebtheitsfilter?

Wichtig bei dieser Übung ist: Nur schauen, aufmerksam sein auf die Gefühle. Die Bewertung, die Analyse der Hintergründe, der Ursachen, der Zusammenhänge – das ist ein sehr sinnvoller und zuweilen notwendiger Schritt, aber es ist nicht der erste Schritt, der in der Grundübung gelernt werden soll. Zunächst geht es einfach darum, sehen zu lernen.

● Wie man den ganzen Gefühlsfilm anschaut, so kann man auch nur eine kleine Szene, ein Dia sozusagen, anschauen. Man hält den Film an und nimmt eine besonders markante Szene heraus und schaut ein paar Minuten ruhig auf dieses Gefühls-licht-bild: schauen – nicht mehr und nicht weniger.

(6) Ein Tagebuch führen

Eine gar nicht so seltene Weise der Aufmerksamkeit auf das eigene Leben besteht darin, ein Tagebuch zu schreiben. In einem bestimmten Jugendalter drängt sich eine solche Weise der Klärung manchen Jugendlichen geradzu auf: Hier finden sie einen Raum, in dem sie sich ihr Innerstes gegenüberstellen können: Fragen und Geheimnisse und Einsichten, die sie nicht einmal engsten Freunden gegenüber ganz auszudrücken vermögen. Nicht verwunderlich, daß solche Tagebücher später oft verbrannt werden. Es ist, als wollte sich so Zartes und Neues und Verwirrtes oder Demütigendes, das sich darin offenbart, nicht in direkter Weise anderen zeigen.

Auch Ignatius hat den größten Teil seiner geistlichen Tagebücher verbrannt. Angefangen zu schreiben hat er in der Zeit seiner Umkehr auf dem Schloß von Loyola. In dieses Buch trug er die Stimmungen und Witterungen seiner Seele ein. Dieses Tagebuch nahm er auch nach Manresa mit: „Hier nahm er sich vor, einige Tage im Hospital zu verbleiben und sich auch einiges in seinem Buche aufzuzeichnen, das er wohlverwahrt mit sich führte und das ihm auf seiner Reise großen Trost gewährte." Auch über die Reise nach Jerusalem und vor allem während der Zeit der Abfassung der „Konstitutionen der Gesellschaft Jesu" führte Ignatius Tagebuchhefte, von denen insgesamt nur zwei erhalten geblieben sind.[62]

Es gibt vor allem zwei Gründe, warum Ignatius diese Aufzeichnungen machte: Der eine war die Sorge um das eigene Wachsamsein. In den Aufzeichnungen sah Ignatius

---

[62] Ignatius von Loyola: Das Geistliche Tagebuch, aaO.

die Gelegenheit, sich klarer auszudrücken, Zusammenhänge und Entwicklungen besser zu sehen und so bewußter mit dem eigenen Leben umgehen zu können. So geht er selber immer wieder hin und liest die Aufzeichnungen durch, ergänzt sie, unterstreicht besonders Wichtiges usw. Ignatius meint, es könne auch gut sein, während der Exerzitien den Exerzitanten zu ermutigen, seine Einsichten und inneren Bewegungen aufzuschreiben.

Neben der nüchternen Aufmerksamkeit ist es die Dankbarkeit, die Ignatius zum Aufschreiben der Erlebnisse bewegt. Was Peter Faber an den Beginn seines Tagebuches schreibt – „Lobe, meine Seele, den Herrn, und vergiß nicht alle seine Wohltaten!"[63] –, könnte auch über den Aufzeichnungen von Ignatius stehen. Damit ist klar, daß es einseitig wäre, die Gewissenserforschung nur von der negativen Seite her verstehen zu wollen. An erster Stelle geht es darum zu sehen, was ist: Gutes und Böses auf dem einen Acker des eigenen Lebens. Die Erinnerung an das Gute kann Ignatius beim Durchlesen bzw. beim Aufschreiben ganz ergreifen und in das ursprüngliche Geschehen hineinreißen: „Wie ich dies schreibe, zieht es meinen Verstand dazu hin, die Heiligste Dreifaltigkeit zu schauen, und es ist, als schaue ich, wenn auch nicht unterschieden wie vorher, drei Personen …" (am 27. Februar 1544 in seinem geistlichen Tagebuch).[64]

Diese Dankbarkeit und Verwunderung über die Wege Gottes zeigt sich auch in der letzten Eintragung im geistlichen Tagebuch von Johannes XXIII.: „Samstag, 15., Tag des hl. Nikomedes. Meine Einkehr … zur unmittelbaren und persönlichen Vorbereitung auf das Konzil, geht heute zu Ende, wenn sie auch nicht ganz und ausschließlich zu dem Ziel gelangte und in dem Sinn vonstatten ging, wie ich es gewünscht hatte … Es war ein inständiges Trachten nach der Vereinigung mit dem Herrn ‚im Beten, im Denken und in stillem und festem Wollen, … Herr Jesus, er-

---

[63] Peter Faber: Memoriale, Einsiedeln.
[64] GT, S. 177, Eintragung vom 27.2.1544.

gänze du meine Unzulänglichkeit. Herr, du weißt alles, du weißt, daß ich dich liebe!

Rückschau auf die großen Gnadenweise, die dem zuteil werden, der sich selber für gering achtet, aber die guten Eingebungen aufnimmt und sie in Demut und Vertrauen ausführt.

Erste Gnade: In Einfachheit die Ehre und die Last des Pontifikates anzunehmen ...

Zweite Gnade: Die Tatsache, daß mir einige einfache und unmittelbare realisierbare Ideen gekommen sind, die keineswegs kompliziert, sondern ganz einfach, doch von großer Tragweite und Bedeutung für die Zukunft sind und unmittelbar Erfolg haben ...

Ohne zuvor daran gedacht zu haben, habe ich in einem ersten Gespräch mit meinem Staatssekretär am 20. Januar 1959 die Worte: Ökumenisches Konzil, Diözesansynode und Neufassung des kirchlichen Gesetzbuches ausgesprochen, ohne je zuvor daran gedacht zu haben und entgegen allen meinen Ahnungen und Vorstellungen über diesen Punkt.

Der erste, der von diesem meinem Vorschlag überrascht wurde, war ich selbst, denn niemals hatte mir jemand einen Hinweis dazu gegeben.

Und ich muß sagen, daß mir dann alles in der unmittelbaren und kontinuierlichen Entwicklung ganz selbstverständlich erschien.

Nach drei Jahren gewiß mühevoller, aber auch glücklicher und ruhiger Vorbereitung sind wir nun am Fuße des heiligen Berges angelangt.

Der Herr möge uns helfen, um alles zu einem guten Ende zu führen."[65]

Es mag ein bißchen ein „Luxus" gewesen sein, diese lange Passage aus dem Tagebuch Johannes XXIII. hier zu zitieren, aber der Anlaß ist es wohl wert: die Erinnerung an eine

---

[65] Johannes XXIII.: Geistliches Tagebuch und andere geistliche Schriften. Freiburg i. Br. 1964, 349 f.

Zeit, in der in besonderer Weise das Wirken des Heiligen Geistes im Leben der Kirche und im Leben eines Mannes der Kirche sichtbar wurde.

Wie man Tagebuch schreibt? Dazu braucht es wohl keine Hinweise: Aufschreiben was einen bewegt, – das ist alles. Der Umfang und alles andere regelt sich von selbst. Wer Geschmack gewonnen hat, kann sich ja noch mehr motivieren lassen durch die Lektüre anderer Tagebücher, z. B. des Tagebuches von Kardinal Bengsch[66] oder durch einen Auszug aus den täglichen Aufzeichnungen von Frère Roger, dem Prior von Taizé:

„16. September: Manche Menschen bewahren eifersüchtig eine Flaschenscherbe in ihrem Herzen, von der sie sich nach Belieben kratzen lassen und mit der sie Gefahr laufen, auch in ihrer Umgebung Kratzer auszuteilen.

20. September: Die Kinder, die oft zum gemeinsamen Gebet in die Kirche kommen und sich neben mich hinknien … Was sie dabei entdecken, wird sie für immer prägen. Nie soll man ein Kind um sein kontemplatives Vermögen bringen, von dem es sein ganzes Leben lang getragen wird.

21. September: Wieder am runden Tisch mit seiner abgenutzten Tannenholzplatte. Solches Holz weckt in mir die Träume meiner Kindheit im Jura. In allen ärmeren Häusern der Dörfer glänzten solche Tannenholzplatten, die durch kräftiges Scheuern mit Tüchern poliert wurden.

Eine Stunde rund wie der Tisch. Eine Stunde, in der sich alles zusammenfügt. Keine Trennung zwischen den Stunden der Jugend und denen von heute. Die einen zehren von den anderen.

25. September: Gespräch mit einem Wissenschaftler. Der Mensch muß seine reichen Gaben an Intelligenz oder sein Genie teuer bezahlen und dabei die Kehrseiten auf sich nehmen, die seinen Fähigkeiten an Ausmaß nicht nachstehen."[67]

---

[66] Alfred Bengsch: Die Hoffnung darf nicht sterben.

[67] Roger Schutz: Einer Liebe Staunen. Dt. Übersetzung v. Sr. Teresia Renata. Freiburg i. Br. ³1985.

(7) Zum Rahmen der Grundübungen

Im Sinne von Ignatius gilt es auch bei den Grundübungen, nicht den Rahmen außer acht zu lassen, in den der Spiegel der Gewissenserforschung eingerahmt, gleichsam von ihm gehalten ist. Dieser Rahmen beinhaltet:

● zu Beginn ein kurzes Gebet zu sprechen, in dem sich ausdrückt, was man sucht, in dem das eigene Ringen und suchen nach Freiheit eingeordnet wird in die begnadende Freiheit und Liebe Gottes,

● sich etwas Zeit zum Ruhigwerden zu nehmen. Ein Wasser, das vom Sturm gepeitscht wird, spiegelt ein Gesicht nicht klar. Darum: den Geist zur Ruhe kommen lassen auf eine Art und Weise, die einem geläufig ist und hilft, beispielsweise auf den einströmenden und ausströmenden Atem zu lauschen[68],

● die Übung zu machen, wie man es sich vorgenommen hat,

● mit einem Gebet zu schließen.

Übungen in der Dimension des „Haltes"

Es sollen hier eine Reihe von Wegen vorgestellt werden, denen gemeinsam ist, daß sie auf die personale Beziehung ausgerichtet sind. Das heißt nicht, daß dabei nicht die Kleinigkeit und Kleinlichkeiten des Alltags zur Sprache kommen könnten, sondern daß sie – auch sie – bewußt in eine Beziehung hineingenommen sind, wie es dieser tiefsten, personalen Ebene des Haltes entspricht.

(1) „Eine Zeit, um du zu sagen"

In der internationalen GCL-Zeitschrift (Gemeinschaft christlichen Lebens) „Progressio" erschien ein Artikel mit

---

[68] Weitere Hinweise dazu in: „Weisen der Einübung ins schweigende Hinhören", S. 47 ff.

der Überschrift „Der Tägliche Rückblick – eine Chance, ‚du' zu sagen."[69] Dieses Wort kennzeichnet gut das hier Gemeinte: „Gewissenserforschung" als eine Zeit, die man sich nimmt, um „du zu sagen" und sich neu „das Du anbieten" zu lassen. Im folgenden soll diese Weise etwas zusammengefaßt und in freier Übersetzung dargestellt werden.

Sich des göttlichen Du und seiner Anrede bewußt werden
In einem *ersten Schritt* gilt es, sich an Gott zu erinnern. Er ist es, der ein familiäres und freundschaftliches „Du" dem Menschen anbietet, auch mir. Der Mensch ist eingehüllt in diese freundschaftliche, große, grenzenlose Liebe, die durch die ganze Schöpfung ununterbrochen von Gott spricht. Ja, die Schöpfung ist ein Wort Gottes an den Menschen. Sie ist selbst Ausspruch Gottes und lebt von der Anrede, von der Ansprache, von der Beziehung zu Gott.

Das Schöpfungswort, der Logos, ist in Jesus „Geist in Welt" geworden. Der Gott, der auf mancherlei Weise zu den Menschen gesprochen hat, ihnen das Du angeboten hat, den Freundschaftsbund, hat „in diesen Tagen" durch den Sohn zu ihnen gesprochen (vgl. Hebr 1,12). So ist Jesus das fleischgewordene Du Gottes. Durch diesen Jesus Christus ruft Gott mich bei meinem Namen. Wie er von Ewigkeit her mich beim Namen gerufen hat, so ruft er durch Jesus Christus in die Nachfolge, an deren Ende das Wort steht: „Ich nenne euch nicht mehr Knechte, sondern Freunde!" (Joh 15,15).

Also darum geht es: sich zu Beginn dieses Du Gottes bewußt zu werden und der verschiedenen Weisen und Offenbarungen dieses göttlichen Kontaktes.

Antworten auf die Anrede
Das Du, das Gott anbietet und ausspricht, das Wort Gottes wartet auf eine Antwort. Er, der die „Ohren gemacht hat,

---

[69] „L'évaluation – la chance de dire TU." Von Jean-Claude Hollerich, S. 21–23 in Heft 1/81 von „Progressio-Publication de la Fédération Mondiale des Communautés de Vie Chrétienne. Editions anglaise-espagnole-française".

um zu hören", hat auch den Mund gemacht, um Antwort zu geben. Darum geht es in einem *zweiten Schritt*.

Wie die Antwort geben? Wie der Geist es eingibt. Ein großes „Du", das klingt und ausklingt wie der Klang einer Glocke. Oder – wenn es einem danach ums Herz ist – das unaufhörliche Wiederholen des „Du" wie im „chassidischen Dudelelied", das hier angeführt sei, um die Atmosphäre und Weise des betenden Du-Sagens, wie sie sich in einem konkreten Gebet niedergeschlagen hat, anzudeuten:

Herr der Welt, Herr der Welt, Herr der Welt!
Herr der Welt,
Ich will dir ein Dudele singen:
Du, Du, Du …
Wo kann ich ja Dich finden,
Und wo kann ich nicht Dich finden!
Du, Du, Du …
Denn wo ich geh – Du,
Und wo ich steh – Du,
Bloß Du, nur Du,
Aber Du, wieder Du,
Du, Du, Du!
ist's einem gut – Du
Behüte schlimm – ach Du,
Du, Du, Du …
Du, Du, Du …
Osten Du, Westen Du,
Norden Du, Süden Du,
Du, Du, Du!
Himmel Du, Erde Du
Oben Du, Unten Du,
Du, Du, Du:
Wie ich kehr' mich, wie ich wend' mich
– Du …![70]

---

[70] Vgl. dazu die Fassung bei Martin Buber: Die Erzählungen der Chassidim, Zürich 1949, 342.

Hier spricht ein Mensch, der das Du Gottes vernommen hat und der trunken von dieser Anrede, seinerseits das Wort ergreift, von dem er ergriffen ist, und ins Reden kommt. Dieses Anreden findet Worte der Vertrautheit, Lieblingsnamen – Litaneien. Litaneien sind etwas wie aneinandergereihte theologische Lieblingsnamen Gottes. Litaneien sind etwas Kindliches – so wie Kinder und Verliebte oft der Wiederholungen nicht satt werden können. Auch so kann man antworten – wenn es einem danach ist.

Schauen, wie Gottes Du an alle Menschen gesprochen wird und wie das eigene Du-sagen zu den Menschen aussieht
Das Wort Gottes ist an seine ganze Schöpfung gerichtet, an alle Menschen, alle Religionen, alle Gruppierungen, an die ganze Kirche. In all ihren Hoffnungen, Sehnsüchten, Freuden und Gebeten zeigt sich das innerste Angesprochensein durch das ewige Wort und die Suche nach ihm und die Antwort auf die Anrede.

Auch das Du – oder Sie –, das Menschen zueinander sagen, ist ein Weiter-Sagen oder „Ver-Sagen" des ewigen, großen DU, ist Teilnahme an der universalen Christusfreundschaft.

So gilt es in einem *dritten Schritt* zu fragen: Wie ist in den Begegnungen des Tages dieses Du oberflächlich, verletzend, liebend, tief ausgesprochen worden? Nicht das Wort „Du" ist wichtig, sondern die Frage: Wie hat sich die Beziehung ereignet? War es Begegnung oder Flucht oder Vermeidung – wie vermeide ich meinen Nächsten? – oder Berührung oder Konfrontation?

Dies gilt es genau anzuschauen, nachzuspüren, denn da der Mensch frei angenommen ist von Gott, sind wir gerufen, auch einander in der gleichen Freiheit und Sorgsamkeit und Achtsamkeit anzunehmen.Wir sind nicht das Zentrum der Welt, um das die andern Menschen kreisen, wie die Planeten um die Sonne. Wir sind Menschen, freie Wesen zusammen mit anderen „Freigelassenen der Schöpfung". Wir haben unsere Fehler, wie andere ihre Fehler haben, und Stärken, wie andere die ihrigen. Wir können geben und können empfangen. Wir leben voneinander. Nicht vom Brot allein lebt der Mensch, sondern vom Menschen, von dem Menschen, der ein Wort ist, das aus dem Munde Gottes kommt (vgl. Mt 4,4). Dies ist der theologische Grund, warum wir einander etwas zu sagen haben. Warum wir einander Du sagen können als Kinder, als Brüder und Schwestern des einen Vaters, der einen Mutter. „Menschheitsfamilie" ist nicht eine humanistische Sentimentalität, sondern eine theologische Grundaussage über die Menschen.

Du sagen zu den anderen in der Gegenwart Gottes
Wir machen die Erfahrung, daß wir oft im Kreis unseres engen Ichs, seiner Bedürfnisse, seiner Wünsche, seiner Vorstellungen eingesperrt sind, daß die anderen bloß als Spiegel unserer Selbstgefälligkeit, als Echo unserer eigenen Auffassungen, als Mittel zu unserer Selbstbefriedigung dienen, daß wir uns ihnen verweigern, daß wir ihnen das Du, die echte Beziehung, versagen.

In der geistlichen Atmosphäre, die durch den Glaubens-Blick auf Gemeinschaft entstanden ist, kann man – und das wäre ein *vierter Schritt* – auf die anderen hin das „Du" sagen; auf die konkreten Menschen hin, denen man begegnet, wirklich begegnet ist oder auch nur scheinbar. Du! Du, Du: dies vorsichtig oder dankbar, herausfordernd oder voll Freude, hoffnungsvoll oder ermutigend sagen. Du, Dich meine ich. Liebes Du, ängstigendes Du, Dich meine ich, der mich aus mir befreit und dem ich das Geschenk der Gemeinschaft anbieten möchte. Du …

(2) Die persönliche Berufung und das Partikularexamen

Was ich hier kurz vorstellen möchte, sind Gedanken über die persönliche Berufung und das Partikularexamen in Anlehnung an P. H. Alphonso SJ. Sie zeigen vor allem die enge Verbindung von großer Berufung und den kleinen alltäglichen Antworten auf diese Berufung.

Erspüren der eigenen Berufung

Die Voraussetzung für diese Weise der Gewissenserforschung ist, daß jemand bereits ein Gespür für seine Berufung gewonnen hat. „Fürchte dich nicht, denn ich habe dich ausgelöst, ich habe dich beim Namen gerufen, du gehörst mir" (Jes 43,1). Er, der Herr, kennt die Seinen mit Namen. „Als ich noch im Schoß meiner Mutter war, hat er meinen Namen genannt" (Jes 49,1). Der die Seinen kennt, ruft sie beim Namen, und die Seinen kennen seine Stimme (vgl. Joh 10,3ff). Aus diesem Anruf entsteht die Berufung, die Sendung.

Es gilt, den Anruf im eigenen Leben zu erspüren. Oder sich an die ergangene Berufung zu erinnern. Wenn ein Mensch etwa den Ruf für eine bestimmte Aufgabe deutlich erspürt hat, dann kann er sich fragen: Was hat mich eigentlich auf den Weg gebracht? Was waren die Stunden der Entscheidung? Was hat mir Mut gegeben? Was hat mich bewogen, diesen Weg und nicht einen andern zu gehen? Was hilft mir bei Gefährdungen, in Krisen, den Weg weiterzugehen? Wie ist der Klang jener geheimen, leisen Stimme, die mich gelockt und betört hat? Nicht jeder hat diese Stimme gehört wie die großen und kleinen Propheten des Alten Bundes, und doch ist jeder ein kleiner Prophet, einer, der gerufen ist, etwas zu sein und zu sagen. Jeder hat ein Charisma, das es zu entdecken gilt.

Die innere Bewegung, die es Petrus nicht mehr bei den Netzen und Levi nicht mehr am Zolltisch und einen jungen Mann nicht mehr bei der Bundeswehr und einen guten Politiker nicht mehr bei bloßen Stammtischreden aushalten ließ, – dies sind verschiedene Weisen von Berufung. Was ist die tragende Berufung in meinem Leben? Die Stimme, die Grundintuition, die weiterführt wie der Geist das Volk Israel in der Wüste und Abraham auf seinem Weg? Jene Stimme, die weiterführt, so daß die konkrete Ausformung der Berufung vielleicht ihre Gestalt ändern kann, aber doch der ganze Weg Nachfolge ist?

Konfrontation einer Einzelentscheidung mit dem Ruf

Nachdem man sich innerlich in die Atmosphäre versetzt hat, in der der Ruf ergangen ist, in der man eine authentische Entscheidung getroffen hat, gilt es in einem weiteren Schritt, eine einzelne Entscheidung in diese Atmosphäre hineinzubringen und zu erspüren, ob das zusammenpaßt. Dies ist so ähnlich, wie wenn ein Maler, der schon die Grundidee eines Bildes entworfen und auch schon kräftige Farbflächen ausgeführt hat, prüft, ob ein weiteres Detail zu dem Bild paßt, ob er es lieber weglassen oder einen bestimmten Farbton etwas abändern soll.

Es geht – in einem anderen Bild gesprochen – um das Abschmecken. Wenn einmal ein Koch eine Entscheidung für ein bestimmtes Gericht getroffen hat – etwa einen Sauerbraten –, dann kann er mit den Zutaten und den Gewürzen noch variieren, aber es paßt halt nicht mehr alles dazu.

Wenn jemand angefangen hat, einen Lilienstrauß zu binden, dann passen da auch noch wunderbar einige andere Blumen dazu – aber wohl schwerlich Gänseblümchen (die für sich genommen ebenfalls wunderbar sind, aber besser zu roten Kuckucksnelken oder goldenen Schlüsselblumen als zu weißen Lilien passen mögen).

So ähnlich – mit aller Schwächen eines Vergleiches – geht es auch beim Abschmecken von Einzelentscheidungen und einem Ruf: Wenn jemand sich etwa entschieden hat, dem Ruf zum Gemeindepriestertum zu folgen, dann hat er eine Mitte, um die herum sich alles ordnet und vor der sich alles entscheiden muß bis hin zu Kursen, die er besucht oder nicht besucht, zu Besuchen, die er macht oder nicht macht, zu den Zeiten, die er sich fürs Stundengebet nimmt, für Gespräche usw.

Wenn jemand Arzt ist oder Mutter mehrerer Kinder, dann ist das jeweils eine Mitte, um die sich vieles zentriert, zu der vieles paßt – und manches eben nicht.

Bei diesem Abschmecken geht es um ein Gespür. Man weiß irgendwie intuitiv, was zusammenpaßt und was nicht. Warum eine bestimmte Farbe nicht mehr in ein Bild zu den anderen paßt, dafür kann man wenig oder keine rationalen Gründe angeben; man sieht das eben, ob es paßt oder nicht.

Warum einem gerade eine süße Suppe schmeckt und dies für Leute aus anderen Landschaftsstrichen fast ein Greuel ist – das ist Geschmackssache. Darüber kann man hervorragend streiten, aber es lohnt sich bestimmt nicht. Und so lohnt es sich auch nicht, über die verschiedenen Berufungen und Charismen zu streiten, sondern sich an der Vielfalt zu freuen und individuell herauszuspüren, was der eigene Weg ist.

Seine Identität in der Beziehung zu Jesus Christus gewinnen
Wirklichkeit gestaltet sich im Ereignis von Beziehungen. Der Mensch wird Mensch durch den Menschen. Der persönliche Kontakt, die Herausforderung durch Menschen, die Bildung durch Vorbilder kann durch nichts ersetzt werden. Wo es um mehr als gute Manieren geht, braucht es den Menschen.

Selbst der Starkult, der leicht abgetan werden kann, weil man den Fans vielleicht mit Recht Unreife vorwerfen kann, ist doch auch spontaner Ausdruck eines menschlichen Bedürfnisses: eine Identifikationsfigur zu finden. Eine Gestalt, in der eigene Träume Gestalt angenommen haben, einen Menschen, der einem wenigstens auf der Ebene der Gefühle eine erfüllte Beziehung ermöglicht.

Die Heiligenverehrung der Kirche mußte nicht künstlich geschaffen werden, sie konnte anknüpfen an elementare Erziehungs- und Bildungsvorgänge. So ist es nicht verwunderlich, daß die ungestaltete Sehnsucht und der ungeformte Eifer oft an Heiligen eine Form gefunden hat: etwa die Begeisterung des Ignatius für den heiligen Dominikus und den heiligen Franziskus. Sicher war das noch eine Art unreifer Leistungsfrömmigkeit. „Wie wäre es, wenn ich all das täte, was der heilige Franziskus getan hat, oder das, was der heilige Dominikus tat? Solche Überlegungen stellte er über vielerlei an, was ihm gerade gut erschien. Dabei nahm er sich immer schwierige und mühsame Aufgaben vor ... Seine ganze Überlegung bestand darin, daß er zu sich selber sagte: Der heilige Dominikus hat dies getan, also muß auch ich es tun; der heilige Franziskus hat jenes getan, also muß auch ich es tun" (PB 7).

Was bei Ignatius im Blick auf die Heiligen zunächst noch eine Überlegung ist auf der Ebene „Wenn der das kann, dann muß ich das wohl auch können, dann will ich das auch", wird in der Exerzitien zu einer „Imitatio Christi", zu einer Nachahmung und zu einer Nachfolge. Mit dem armen Herrn sein, sein Schicksal teilen, seine Gesinnung haben, das ist es, was ihn bewegt, was er sich ersehnt. Den Herrn kennenlernen und lieben lernen. Bekanntschaft und Freundschaft schließen mit Christus, wie er in der Heiligen Schrift vor Augen gestellt wird und wie er in seiner Auferstehungswirklichkeit nahe ist.

Wochenlang läßt Ignatius in den Großen Exerzitien nur die Gestalt Jesu und die Ereignisse um ihn herum betrachten, unbekümmert – scheinbar – um die konkrete Entscheidung, die ansteht, unbekümmert – scheinbar – um den Reinigungsprozeß. Der geschieht sozusagen im nebenbei, als Frucht der Begegnung mit Jesus. Sich seiner wohltuenden Ausstrahlung aussetzen, seinen Geist, seine Gesinnung verstehen, seine geistige Gestalt, das Profil seiner Persönlichkeit erfassen in einer lebhaften inneren Beziehung – das genügt.

„Damit sie bei ihm seien" (Mk 3,14) – war die Pädagogik Jesu für seine Jünger. Dies soll auch Weg der Wandlung sein für das Gebet der liebenden Aufmerksamkeit. Eine Weise solcher Aufmerksamkeit kann sein: nichts anderes tun, als sich Jesus Christus, seinen Geist, seine Wirklichkeit zu vergegenwärtigen suchen. An eine Schriftstelle denken, durch die sich einem ein Wesenszug Jesu erschlossen hat; ein Wort, das „typisch Er" ist, in sich nachklingen lassen, um ihn dahinter zu erspüren. Schauen, wie er Menschen begegnet ist, und dann vielleicht zu einem inneren Zwiegespräch zu kommen, wie es Ignatius getan hat: „wie ein Freund zu einem anderen spricht oder ein Diener zu seinem Herrn".

In einer anderen Weise kann man den Tag noch einmal

durchgehen in Seiner Gegenwart, so wie die Emmausjünger die Ereignisse um Jesus durchgegangen sind auf ihrem Weg – mit dem unerkannten Herrn in ihrem brennenden Herzen. Oder ihm den Tag erzählten, wie die Jünger es anfingen, als Er sie fragte: „Worüber habt ihr denn unterwegs geredet?" – peinlicherweise fragte er dies ausgerechnet, als sie erzählen mußten, sie hätten über die Ehrenplätze im Reich Gottes gesprochen.

Der heilige Franz von Sales greift in einer von ihm verfaßten Beichtandacht zu einem Vergleich, der zeigen kann, wie im Blick auf die Ehre, die Herrlichkeit Gottes eine Umstimmung des eigenen Inneren sich ereignen kann: „Durch die Kenntnis der Anmutungen der Seele gelangt man zur Kenntnis des Zustandes derselben. Man untersucht diese Anmutungen die eine nach der andern, wie der Saitenspieler seine Laute, deren Saiten er höher oder tiefer stimmt, je nachdem es notwendig ist, um sie in Einklang zu bringen. Ebenso untersucht man die Bewegungen der Seele, wie deren Liebe, Haß, Furcht, Leiden, Traurigkeit und Freude. Finden wir, daß dieselben mit der Ehre Gottes, die wir befördern wollen, nicht im Einklang sind, so können wir sie mittels der Gnade Gottes und durch den Rat unseres Beichtvaters anders stimmen."[71]

Zwar wird hier der Blick mehr auf die zweite Dimension gerichtet, auf die Haltungen und Grundgestimmtheiten, aber die Abstimmung geschieht durch den Blick auf die Ehre Gottes. Durch den Blick auf Jesus, das „Ehrenwort Gottes", kann eine Umstimmung und Harmonisierung des eigenen Inneren geschehen.

(3) Sich der verwandelnden Gegenwart Gottes aussetzen

So seltsam es klingen mag: Eine der besten Weisen der Gewissenserforschung kann es sein, – keine Gewissenserforschung zu machen. Die tiefste Wandlung kann geschehen,

---

[71] Franz von Sales: Theotima oder die Liebe Gottes. Einsiedeln 1980, 440.

– wenn man nichts zu ändern sucht. Warum dies? Und wie soll dies geschehen?

Warum? – Weil unsere Probleme oft daher so schwierig und fast unlösbar sind und erscheinen, weil wir sie zu ernst nehmen und uns in sie hineinverbeißen. Ein östliches Weisheitswort drückt dies so aus: „Die kleine Hand vor den Augen kann die ganze Sonne verdecken!" Ein Problem, direkt vor unsere Augen gehalten, kann die ganze Welt, kann die große Sonne verdecken. Anders gesagt: Oft ist gar nicht das Problem so sehr das Problematische, sondern unsere verbohrte Beziehung dazu. *Das* Problem ist nicht einmal so sehr die Sünde selbst, sondern daß wir an ihr festhalten. Gott wird mit der Sünde fertig. Er wirft sie hinter seinen Rücken, er zertritt sie, er wäscht sie weg – Bilder des Alten Testaments. Er streicht den Schuldschein durch und heftet ihn an das Kreuz – Aussage der frohen Botschaft des Neuen Testaments.

Eine Weise, nicht an uns selber, an unseren Problemen, unseren Sünden festzuhalten, ist es, sich im einfachen Dasein der reinigenden Gegenwart Gottes auszusetzen. Darauf vertrauen, daß die Sonne die Finsternis erleuchtet und die Ruhe die Krankheit heilt. Darauf vertrauen, daß Jesus recht hat mit seiner Verheißung: „Suchet zuerst das Reich Gottes, und alles andere wird euch dazugegeben werden!" (Mt 6,33).

Wie diesen Schritt des Vertrauens tun und geschehen lassen? Auf verschiedene Weisen des einfachen meditierenden Daseins sind wir bereits eingegangen.[72] Mehr kann dazu nicht gesagt werden. Vor Gott da sein, sich anschauen lassen und hoffend, wartend verweilen, bis die Blindheit der eigenen Augen sich immer mehr lichtet. Vertrauen, daß das Morgengebet des Psalmisten sich an mir selber immer mehr erfüllt: „Ich aber will in Gerechtigkeit dein Angesicht schauen, mich satt sehen an deiner Gestalt, wenn ich erwache" (Ps 17,15).

Wichtig bei dieser gottgeschenkten Weise des Betens ist:

---

[72] Vgl. S. 56 ff oder S. 134 ff.

nicht die Probleme verdrängen! Wenn die Gedanken und Sorgen und Ängste kommen: sie kommen lassen, aber sich nicht auf sie fixieren, sich nicht mit ihnen auseinandersetzen: – also genau umgekehrt wie bei den vielen anderen im folgenden dargestellten Weisen, mit dem Negativen in sich selbst umzugehen. Die Formel für den Umgang mit den Problemen – in der Zeit des einfachen Betens! – kann lauten: *entstehen* lassen – *stehen* lassen – *gehen lassen!*

Wer so betend da ist, immer wieder, wird sehen, daß sich in ihm Ruhe und Gelassenheit auszubreiten beginnen und daß sich an ihm zu erfüllen beginnt, was Jesus sagte: „Suchet zuerst das Reich Gottes, und alles andere wird euch dazugegeben werden!" (Mt 6,33). Wie soll Gott unsere Probleme lösen können, wenn wir sie ihm nicht lassen?! Wie soll Gott uns von unserer Ichverhaftung befreien, wenn wir bei der Reinigung unseres Selbst immer noch ängstlich bekümmert um unsere Heiligungsbemühungen kreisen?! Es zulassen, daß Er der Richter ist, der uns richtet. Der uns „richtet", d. h. nicht, der uns hinrichtet oder abrichtet, sondern der uns „richtet", herrichtet – wie eine Mutter ihr schmutziges Kind sauber herrichtet.

Durch diese Weise des Betens geschieht mit unseren Problemen – ohne daß diese ausdrücklich in den Gesichtskreis rücken – zweierlei: Zum einen werden sie stillschweigend akzeptiert als etwas an mir, als etwas im eigen Leben. Erst in dieser Annahme kann Erlösung geschehen. „Was nicht akzeptiert ist, ist nicht erlöst!" (Quid non est acceptum non est redemptum) lautet ein alter Grundsatz der Lehre von der Erlösung.[73] Zum anderen werden die Probleme relativiert und dadurch geheilt bzw. heilbar. Wir brauchen uns nicht mehr von unseren eigenen Problemen terrorisieren zu lassen. Sie sind alle relativ – vor Gott und auf Gott hin.

Helen Keller schreibt einmal: „Als Kind weinte ich, als es mich an den Füßen fror. Da sah ich einen Mann, der keine

---

[73] Der heute von der Psychologie voll bestätigt wird: man denke nur etwa an die Bedeutung der Annahme und Anerkennung der eigenen Gefühlswelt („to own one's feelings") in der Gestalttherapie.

Beine mehr hatte!" Dies ist die deutliche Beschreibung der Relativierung eines Problems. Auf dem Hintergrund eines fremden Leids sieht die eigene Situation anders aus. Auf dem „Hintergrund Gottes" werden alle unsere Fragen an ihren Platz, ihren „Stammplatz" gerückt, an den sie gehören. Wir entfernen unsere Probleme nicht, aber wir können uns von ihnen lösen. Durch den Blick auf den, der gekommen ist, „die Gefangenen zu befreien" (Lk 4,11 f), können wir uns befreien lassen. – „Suchet zuerst das Reich Gottes, und alles andere wird euch dazugegeben werden" (Mt 6,33).

Übungen in der Dimension der „Haltung"

Was kurz zuvor in Franz von Sales, Bild vom Spieler, der sein Saiteninstrument stimmt, angedeutet wurde – der Umgang mit Stimmungen und Haltungen –, soll jetzt etwas ausführlicher angegangen, d.h. Weisen gezeigt werden, wie man die Seiten stimmt. Dabei ist von vornherein klar: So einfach wie bei einem Instrument ist das nicht! Da gibt es keinen Hebel, an dem man nur etwas zu drehen braucht, und schon stimmt es. Sicher, man kann sich eine Schallplatte auflegen, die – vielleicht (!) – eine verärgerte Stimmung etwas wegzaubert; aber man kann sich damit nicht ein Mißtrauen, ein Minderwertigkeitsgefühl, eine eingefleischte Gewohnheit wegspielen. Es sollen im folgenden einige Übungen vorgestellt werden, die alle auf ihre je verschiedene Weise ein wenig mithelfen können, daß wir die Melodie des Lebens nicht mit völlig verstimmten Instrumenten spielen.[74]

---

[74] Vgl. dazu ein ähnliches Bild in dem Gedicht „Anmut und Behagen" von Madeleine Delbrêl, dessen Schluß hier angeführt sei:
„Ein großer Schmerz für uns ist es,
daß wir deine schöne Musik so freudlos spielen,
Herr, der du uns Tag um Tag bewegst.
Daß wir immer noch bei den Tonleitern sind,
bei der Zeit der anmutslosen Bemühungen.

(1) „Das Herz ausschütten"

Was wird normalerweise am stärksten als Wohltat für das innere Leben empfunden? Doch wohl dies, daß ein Mensch einen Menschen findet, dem er seine Freuden, aber auch seine Nöte anvertrauen kann. „Geteiltes Leid ist halbes Leid" – „Geteilte Freud' ist doppelte Freud". Wieviele Situationen sind schon allein dadurch fast bereinigt, daß man sich aussprechen kann, daß man sich im Aussprechen klarer wird über die eigenen Probleme, daß man spürt, wie man von dem, der zuhört, angenommen wird! Wieviele Kindertränen versiegen, wenn der Kleine oder die Kleine bei der Mutter und dem Vater sich die kleine oder große Kindernot vom Herzen reden kann! Und dieses Kind ist in jedem Mann und jeder Frau – wenn das Erwachsen-werden nicht bloß mit Härter-werden gleichgesetzt, sondern auch darin gesehen wird, sich ein kindliches Herz zu bewahren und es zu kultivieren.

Es gibt im 1. Buch Samuel eine Erzählung, die das Gemeinte genau vor Augen führt und zugleich eben diesen Ausdruck gebraucht: „Das Herz ausschütten". Auch hier wird deutlich, daß „Gebetsweise" nicht Methode oder Technik ist, sondern ein ursprünglicher Vorgang: ein Vollzug, der verschüttet sein kann, der nicht ausgeübt und gepflegt wird – so wie zwei Menschen das gegenseitige Gespräch versanden lassen können –, der aber auch immer wieder zum Leben erweckt werden kann. Eine Erklärung in Schritten braucht diese Weise nicht. Es genügt, die Ge-

---

Daß wir zwischen den Menschen hindurchgehen
wie schwerbeladene, ernste, überanstrengte Leute.
Daß wir es nicht fertigbringen, über unserm Winkel der Welt,
während der Arbeit, der Hast, der Ermüdung
etwas auszubreiten wie
Anmut und Behagen der Ewigkeit."
(zit. aus: Madeleine Delbrêl: Gebet in einem weltlichen Leben, Einsiedeln 1974, 199 f).

schichte von Anna nachzuerzählen, d.h. so, wie sie uns überliefert ist:

„Ein Mann namens Elkana ... hatte zwei Frauen; die eine hieß Anna, die andere Peninna. Peninna hatte Kinder, Anna dagegen nicht.

Dieser Mann zog alljährlich aus seiner Ortschaft hinaus, um dem Herrn der Heerscharen zu opfern ... Wenn Elkana opferte, gab er seiner Frau Peninna und all ihren Söhnen und Töchtern Speiseanteile. Der Anna gab er nur einen, aber einen ganz persönlichen Anteil, denn er liebte Anna; doch der Herr hatte ihren Mutterschoß verschlossen. Ihre Gegenspielerin kränkte sie bitterlich, um sie zu demütigen, weil der Herr ihren Mutterschoß verschlossen hatte. So geschah es alljährlich: Sooft er in das Haus des Herrn ging, wurde sie von jener gekränkt. Anna weinte und wollte nicht mehr essen.

Elkana, ihr Mann, sprach zu ihr: ‚Anna warum weinst du? Weshalb willst du nicht essen? Warum ist dein Herz so traurig? Bin ich dir nicht viel mehr wert als zehn Söhne?'

Anna aber stand auf, nachdem man das Opferfleisch gegessen und auch getrunken hatte, und trat hin vor den Herrn. Der Priester Eli saß auf einem Stuhl an den Pfosten des Tempels des Herrn. Mit Kummer im Herzen redete sie zum Herrn und weinte bitterlich ... Lange Zeit betete sie vor dem Herrn, Eli aber beobachtete ihren Mund. Anna nämlich redete in ihrem Herzen, nur ihre Lippen bewegten sich, ihre Stimme aber hörte man nicht. Eli meinte deshalb, sie wäre berauscht. Er sprach zu ihr: ‚Wie lange willst du dich denn noch wie eine Betrunkene benehmen? Schaffe deinen Weinrausch von dir!' Anna entgegnete und sprach: ‚Nicht doch, Herr, ich bin ein hartgeprüftes Weib. Wein und starkes Getränk habe ich nicht getrunken. *Ich schütte mein Herz aus vor dem Herrn.* Halte deine Magd doch nicht für ein liederliches Weib, denn aus der Schwere meines Kummers und meiner Verbitterung habe ich geredet.' Eli antwortete: ‚Geh hin in Frieden! Der Gott Israels gewähre dir deine Bitte, die du an ihn gerichtet hast!' Sie sprach: ‚Möge doch deine Magd Gunst in deinen Augen finden!'

Da ging die Frau ihres Weges dahin, aß, und ihr Antlitz war nicht mehr so traurig" (1 Sam 1,1–18).

Das ist es: mein Herz ausschütten vor dem Herrn. Das Herz mit all seiner Bitterkeit, Verworrenheit, Sehnsucht, Dunkelheit, seinen Rhythmusstörungen, seiner Zerbrochenheit, seinen Belastungen – und mit seinem Jubel, seiner Freude, seinem Jauchzen.

Liegt die Größe und das Geschenk des Alten Testamentes, besonders der Psalmen, nicht gerade in dieser Offenherzigkeit? Geschieht hier nicht kollektiv, was sonst meist nur individuell in einem Beichtstuhl oder auf der Couch eines Psychiaters geschieht: daß ein Mensch da ist als der, der er ist, und als der, der er sein möchte und nicht ist?! Ist nicht der einzelne Beter mit seinem Lebensschicksal und das ganze Volk mit seiner Geschichte offen da vor den Augen des Herrn? Kennzeichnet der Psalm 139 nicht gerade dieses Bewußtsein, daß es keinen Ort gibt, an dem der Herr nicht wäre, daß er jeden Winkel des Herzens kennt und den geheimsten Gedanken, noch bevor dieser mir selber zu Bewußtsein und auf die Zunge gekommen ist? „Herr, du kennst mich und durchschaust mich!" (Ps 139,1).

Wer so betend vor dem liebevollen Auge Gottes ist, dessen Leben gewinnt an Lebendigkeit und Klarheit. Wer sich so über die Angstschwellen seines Herzens hindurchbetet, der kann erfahren, daß die „Wahrheit frei macht" (Joh 8,32), daß die Wahrheit nicht nur eine intellektuelle Größe ist, sondern ein Ferment der Verlebendigung des Lebens.

„Werft all eure Sorgen auf ihn, denn er sorgt für euch!" (Petr 5,7). – Das ist Herzausschütten: alle Sorgen und alle Besorgtheit auf den Herrn werfen. Die Sorgen eines Tages, die genährt sind von den Sorgen des Lebens. Es genügt, die Sorge eines Tages auf den Herrn zu werfen. „Wie könnt ihr denn sagen: heute oder morgen werden wir in diese oder jene Stadt reisen, dort werden wir ein Jahr bleiben, Handel treiben und Gewinne machen. Ihr wißt doch nicht, was morgen mit eurem Leben sein wird" (Jak 4,13–14). Die Sorgen eines jeden Tages loslassen können, schlafen können –

dies ist eine Weise der Gewissenserforschung. Was damit gemeint sein kann, drückt sich in einem Gebet aus, das ein Mann am Abend immer gesprochen hat, wenn er vom Geschäft heimkam. Er zerknüllte das Kalenderblatt des betreffenden Tages, warf es in den Papierkorb und betete: „Lieber Gott, du hast mir diesen Tag gegeben. Ich habe ihn nicht verlangt, doch ich danke dir dafür. Ich habe mit deiner Hilfe das Beste daraus gemacht. Ich habe auch Fehler gemacht, dann nämlich, wenn ich deinen Weg verlassen und deine Ratschläge unbeachtet ließ. Ich bitte dich, mir zu verzeihen. Der Tag brachte mir auch einige Erfolge, und ich danke dir für deine Führung. Jetzt aber ist der Tag vorbei, Erfolg oder Mißerfolg hin oder her. ich bin fertig mit ihm und gebe ihn dir zurück. Amen."[75]

(2) Gären lassen

„Durch Liegenlassen erübrigt sich vieles von selbst." Eine wunderbare Ausrede für Schlamper! Man kann Termine verstreichen lassen, Briefe nicht beantworten, warten, bis jemand anderes die Sache übernimmt und, und. – Aber es liegt auch eine Wahrheit in dieser Volksweisheit. Es erledigt sich vieles durch Liegenlassen von selbst. Es ist nicht so, daß bloß das geschieht, was wir tun. Gottlob geschieht nicht nur das! Wir fühlen uns oft so allverantwortlich, daß wir Ursache und Wirkung verwechseln. So wie der Hahn in seinem Morgengebet:

Vergiß nicht, Herr,
ich lasse die Sonne aufgehen!
Ich bin Dein Diener ...
Aber die Würde meiner Rolle
zwingt mich zu einigem Prunk und Staat.
Adel verpflichtet ...
Trotz alledem,

---

[75] Zit. in N. V. Peale: Die Kraft des positiven Denkens, 157 f.

ich bin Dein Diener ...
Vergiß nicht, Herr,
ich lasse die Sonne aufgehen! Amen.[76]

So ist es! Wir neigen dazu zu glauben, wir ließen die Sonne
aufgehen, wir seien das Zentrum aller Aktivität und auch
die großen Ordner, die „alles wieder in Ordnung bringen".
Wir glauben, wir seien die Putzfrauen, die allen Schmutz
endgültig beseitigen (nach Bernanos[77] ist es die Sünde der
kirchlichen-reinigenden Putzfrauen, „Dreck überhaupt"
beseitigen zu wollen), die alles zur Reife bringen und zwingen könnten.

Und doch ist es in Wirklichkeit anders: Reifen geschieht
wie bei den Früchten: indem man sich der Sonne aussetzt.
Klärung geschieht wie bei einem trüben Wasser, wo man
den Schmutz, die Sandkörnchen sich absetzen läßt. Ist es
nicht oft so, daß wir in unserem Selbstreinigungsprozeß
aufgeregt in dem Glas herumrühren oder mit der Pinzette
die einzelnen Körnchen herauslesen wollen? Ist es nicht
manchmal besser, ein Glas einfach stehenzulassen, bis sich
alles gesetzt hat, und dann einen Schluck zu nehmen? Aber
ist dies nicht doch zu einfach? Kann, darf man es sich so
einfach machen? – Wer es versucht, der wird – zu seiner Beruhigung, wenn er in diesem Falle eine solche Beruhigung
braucht – merken, daß das gar nicht so einfach ist: ruhig zu
bleiben, wenn man davonlaufen möchte; liegen zu bleiben,
wenn man einen schweren, vollen Magen hat, und langsam
zu verdauen.

Verdauen! Dieser Vorgang zeigt auf seine Weise recht gut
das Ineinander von Aktivität und Passivität: Man muß die
Speisen auswählen und zubereiten und klein schneiden

---

[76] In: Carmen Bernos de Gasztold: Gebete aus der Arche. Mainz [10]1976.
[77] George Bernanos: Journal d'un curé de campagne. Librairie Plon,
1936, 13: „ ... Son tort, ça n'a pas été de combattre la saleté, bien sûr, mais
d'avoir voulu l'anéantir, comme si c'était possible ..." (Aus dem Tagebuch eines Landpfarrers: „ ... Ihr Fehler war nicht, daß sie den Schmutz
bekämpfte, sondern daß sie Schmutz überhaupt vernichten wollte").

und gut zerkauen – aber dann geschieht das Entscheidende von selber. Ich brauche nichts dazu zu tun. Ich brauche nur zu schauen, daß ich nicht gleich nach dem Essen einen schnellen 1000-Meterlauf mache oder sonst etwas, wogegen meine Verdauungsorgane revoltieren. Die Verdauung und der Aufbau des Leibes geschehen „von selber".

Dies kann eine gute Weise der Selbstordnung sein: die Zeit, die man sich nimmt, in Ruhe da sein, das Aufgewirbelte, den Wirbel des Tages sich absetzen lassen, das Schwungrad zur Ruhe kommen lassen, auspendeln, den jungen, ungestümen Wein gären lassen – in Ruhe. Das Erstaunliche ist: Man wird nach einige Zeit merken, daß sich da viel mehr tut, als man denkt, daß man sich manchesmal „verzweifelt" um etwas bemüht hat, keinen Schritt vorangekommen ist – und jetzt löst sich etwas „von selber", daß man manchesmal krampfhaft mittels hausgemachter Psychologie um Selbsterkenntnis bemüht ist, und es bräuchte nur dies: die bewegten Wasser der Seele ruhig werden zu lassen, bis sich das eigene Antlitz darin spiegelt. So könnte man das Wort „Durch Liegenlassen erübrigt sich vieles von selbst" abwandeln zu: „Durch Hinliegen, durch Dasitzen ordnet sich vieles von selber."

Also ... Laß dir Zeit und Ruhe! Wie? – Wie es guttut.

(3) Psycho-Bildbetrachtung

„Ich komme einfach nicht davon los!" – Das kann einem oft passieren, daß man von etwas nicht loskommt, daß einem ein Bild vor Augen steht: der Unfall, den man auf dem Heimweg gesehen hat, die Streitszene im Büro am Vormittag. Davon kommt man einfach nicht los. Solche Bilder können einen bis in den Schlaf hinein „verfolgen", wie man sagt. Man kann vor diesen Bildern davonlaufen wollen, aber zumeist nützt das nicht viel, es geht nicht. Man kann sie zu verdrängen suchen, mit anderen Eindrücken und Bildern überlagern. Aber der Erfolg ist meist nicht durchschlagend. Man kann aber auch etwas anderes tun: diese

Bilder anschauen, eine Bildbetrachtung machen, eine „Psycho-Bild-Betrachtung". Warum nicht? Warum soll man nur gemalte Bilder betrachten können? Warum nur die Klangbilder der Musik? Malt nicht auch die Seele Bilder, bildet sie nicht auch ab? Und wie geht diese Psychobildbetrachtung?

Der *erste Schritt* ist vielleicht der einfachste: sich noch einmal an die *Szene*, die man erlebt hat und genauer anschauen möchte, erinnern, sie lebendig werden lassen: sehen, was es zu sehen gibt, hören, was es zu hören gibt, alle Einzelheiten, die einem so kommen: der Raum, die Kleider, die Worte, die Menschen, der Ton der Stimme ...

Und dann in einem *zweiten Schritt* das *Gefühl* dasein lassen, das bei dieser Szene in einem aufgestiegen ist; also etwa – wenn es eine negative Szene war – das Gefühl der Wut, des Ärgers, des Neides, der Eifersucht, der Unruhe, des Ressentiments, der Resignation, der Beschämung, der Rache, des Grolls usw.

Wenn dieses Gefühl da ist: dann nichts anderes mehr tun, als dieses Gefühl innerlich wahrnehmen. Nichts anderes, als aufmerksam wahrnehmen. Nicht verändern! Bei einer Bildbetrachtung geht man ja normalerweise auch nicht hin und übermalt das Bild, so wie man es vielleicht möchte, mit eigenen Farben und Strichen. Keine Manipulation. Anschauen. In Ruhe, soweit das möglich ist. Das Bild nur anschauen, also auch nicht analysieren. Es geht nicht um eine „kunsthistorische" bzw. „lebenskunsthistorische" Analyse und Einordnung des Bildes, sondern ums Anschauen. Dies etwa zehn Minuten lang, wenn es eine Weise der Gewissenserforschung sein soll, oder eine halbe Stunde oder eine Stunde lang, wenn man es als Betrachtung machen will.

Eine *weiterführende* Weise kann sein, wenn man der eigenen Szene eine *Szene des Evangeliums* gegenüberstellt. So ähnlich wie bei einem Flügelaltar mehrere Szenen nebeneinander dargestellt sind. Wenn man z. B. in einer Situation die eigene Machtlosigkeit und die eigenen Rechtfertigungsversuche erfahren hat, dann bieten sich Szenen an wie Jesus vor Pilatus oder eine seiner Auseinandersetzungen mit den Pharisäern. Oder wenn man eigenes Leid erfährt: irgendeine Szene aus dem Kreuzweg Jesu zur eigenen hinzustellen. Auch hierbei geht es darum, diese Szene einfach anzuschauen. Wenn man eine Zeitlang auf diese Evangeliumsszene geschaut hat, kann man wieder zurückschauen auf die Szene des eigenen Lebens. Und so einige Male die Bilder einander näherbringen.

Warum ist diese Weise der *meditativen Gewissenserforschung* so wirksam? Es gibt eine ganze Reihe von Gründen dafür: zunächst einmal, weil es eine voll-wirkliche Beziehung ist, keine bloß ästhetische. Es kann unter Umständen sehr „schön" sein, eine schreckliche Kreuzigungsszene, von einem großen Künstler gemalt, anzuschauen; es kann „erhebend" sein, die Matthäuspassion von Bach zu hören. Aber: Eine wirklichere Kreuzwegbetrachtung ist die, wenn ich das Passionsbild, das sich in meinem eigenen Leiden zeigt, anschaue. Das kann weniger Subjektivismus sein, als wenn ich auf ein „Leidens-Objekt" schaue, ein Kunstwerk, das meinen Geschmack anspricht. Die wirkliche Leidensgeschichte entspricht gar nicht „meinem Geschmack", sie ist meist „geschmacklos", widert mich an, vor der möchte ich davonlaufen. Und genau dies tue ich nicht! Ich versuche, die Flucht der Jünger, die eigene, aufzuhalten. Dies bedeutet: Ich gewinne einen wirklichen, geläuterten Bezug zur Wirklichkeit. Dies ist schon ein entscheidender Schritt zur Befreiung und Erlösung. Ein Schritt zur Erlösung, weil ich im Aushalten solidarisch mit dem Leiden Jesu bin. Die entscheidende Aufgipfelung seines erlösenden Tuns war sein Leiden, der Höhepunkt seiner befreienden Aktivität seine Passivität am Kreuz, als er es verweigert hat herunterzusteigen. Wirkliche Passionsgeschichten anzuschauen heißt, mich in diese aktiv-passive Weise der Erlösung mit einzulassen.

Warum ist diese Weise wirksam, erlösend? Weil es eine Weise der *Begegnung* ist, die auch sonst unter Menschen viel in Bewegung bringt. Was klärt und verändert eine Beziehung mehr, als wenn zwei Menschen *sich anschauen*. Da zeigt sich schnell, ob diese Menschen einander zugetan sind, ob sie sich frei anschauen können, ob sie diskret den Blick senken, weil ein längeres Schauen aufdringlich wäre und mehr sagen würde, als die Beziehung wirklich hergibt, ob verborgene Aggressivität und Angst frei wird usw. Da wird gar nicht „getan", nur geschaut. Aber da geschieht, was Petrus geschehen ist, als Jesus, der gefesselte Jesus, ihn anschaute – „und Petrus ging hinaus und begann bitter zu weinen" (Lk 22,62). Der Blick Jesu hat bei Petrus die Reue in Gang gebracht. So ist es auch, wenn wir aufmerksam auf eine Szene unseres Lebens schauen. Da wird uns erst klar, was sich eigentlich ereignet hat. Da lassen wir uns erst wirklich betreffen. Da kann sich uns in diesem Leiden das geschundene, verborgene Antlitz der Liebe zeigen und uns zur Umkehr locken.

Noch einmal: Warum ist diese Weise der inneren Ausrichtung wirksam? Weil in ihr ausdrücklich geschieht, was in einer gelungenen Begegnung auch geschieht: daß man sich zunächst einmal *annimmt, wie man ist.* Daß man also nicht zuerst sagt: Putz dir die Schuhe ab, kämm dich ordentlich, werde erst ein anderer Mensch, leg deinen Mantel und deine Ungeduld ab – dann erst nehme ich das Gespräch mit dir auf! Nein, es geschieht, daß man sagt: „So, setz dich hin, mach es dir bequem, sei da! Ich bin auch da, ich hab' Zeit für dich." Dieses Annehmen ohne Bedingungen ist Voraussetzung für alles Wachsen, alles Neuwerden. Jemanden anzunehmen, wie er ist, ist die Voraussetzung dafür, daß er werden kann, was er sein kann.[78]

Und eben dies machen wir in einer Betrachtung, die schaut und nicht gleich verändert, die vielmehr *hofft,* daß durch die Veränderung der Augen des eigenen Herzens die

---

[78] Hier wird die Bedeutung menschlicher Vermittlung für die Entfaltung einer lebendigen Gottesbeziehung und -begegnung und damit auch für das Gebet deutlich, aber auch die Rückwirkung von Gebet – soweit es erfahrene Beziehung und Angenommensein von Gott wird – auf die Fähigkeit, voraussetzungslose Annahme von andern entgegenzunehmen und selbst zu geben.

ganze Szene sich *verändert,* ein anderes Gesicht, einen anderen Sinn bekommt. Und darauf kommt es ja an: auf die Veränderung der Augen. Die Kreuzigungsszene ist – äußerlich – für alle gleich. Für die einen aber ist es eine Szene unter hunderten, für andere ist es das Scheitern eines Aufrührers, für andere Anlaß zum Spott, für die Jünger zu Angst und Verzweiflung – für den Hauptmann zur erlösenden Schau: „Wahrhaftig, dieser Mensch war Gottes Sohn" (Mk 15,39). „Selig die Augen, die sehen, was ihr seht!"

(4) Sich umentscheiden

Unser Urteilen, Empfinden, Entscheiden und Handeln hängt ab von früheren Urteilen und Entscheidungen, von Vor-Urteilen und Vor-Entscheidungen. Diese sind oft gut und brauchen nicht revidiert zu werden; oft sind sie aber auch so, daß man wünscht, anders urteilen, anders empfinden, anders entscheiden, anders handeln zu können.

Ein Beispiel: Ein kleiner Bub, der zum erstenmal zum Einkaufen geschickt worden ist, kommt zurück. Leider hat er einen Teil der Milch verschüttet, weil ihn im Gedränge jemand angerempelt hat. Nehmen wir an, die Mutter daheim reagiert aus irgendeinem Grund sehr stark. Sie bekommt einen roten Kopf und schimpft: Das hab, ich mir schon gedacht, daß du das noch nicht kannst. Aus dir wird nie etwas Gescheites. Und lügen tust du auch noch! Du wirst selber gerannt sein!" usw. Es kann nun sein, daß der kleine Bub in dieser Situation (vielleicht auch in Verbindung mit früheren) ohne Worte, aber doch klar

● *Urteile aufstellt* wie: ‚Meine Mutter mag mich gar nicht richtig! Ja, ich kann nichts und werde nie etwas können! Man glaubt mir nicht!'

● und *Entscheidungen fällt* wie: ‚Ich ziehe mich lieber in mich selber zurück und starte keine Initiativen.' Oder: ‚Der bzw. denen werde ich eines Tages zeigen, zu was ich fähig bin.'

● und *Strategien entwirft* wie: ‚Ganz brav sein, immer genau tun, was gesagt wird!' Oder: ‚Ah, so also kann man die großen, mächtigen Erwachsenen mit einer Kleinigkeit auf die Palme bringen – das merke ich mir gut; das ist ja ein gutes Machtmittel für mich!' usw.

So ist es nicht unwahrscheinlich, daß diese Entscheidungen zusammen mit anderen, die in die gleiche Richtung gehen, im späteren Leben sich immer negativer bemerkbar machen: in zu großer Anpassung oder trotziger Protesthaltung, in Minderwertigkeitskomplexen usw. Es kann also der Wunsch entstehen, anders urteilen, entscheiden und handeln zu können.

Hier sollte jedoch – freilich nur mit viel Geduld und oftmaliger Übung – eine gewisse Umorientierung möglich sein. Wie? Erfahrungsgemäß nicht dadurch, daß man einfach sagt: So, und das sehe ich jetzt anders, und da entscheide ich anders! Damit sich wirklich etwas verändert, muß es wohl anders zugehen. Etwa so, wie man es macht, wenn nach einer langen Bahnfahrt eine Anzughose völlig verknittert ist und man statt der Bügelfalte ein ganzes Knittermuster hat. Da hilft nur eines: Die Hose muß feucht gemacht, aufgedämpft und die Bügelfalte neu gebügelt werden. So ähnlich muß man sich das „Ausbügeln" von seelischen Knittermustern vorstellen. – Wie aber kann man dies praktisch anfangen?

● Der *erste Schritt* ist das „Aufdämpfen", d. h. man stellt sich die kritische *Situation* ganz lebhaft vor: sieht, hört, riecht, empfindet, was es alles wahrzunehmen gibt.

● *Zweiter Schritt:* Man versucht zu *erspüren,* was für verschiedene *Urteile, Entscheidungen* und *Strategien* man entwickelt hat. Am besten ist es, diese zu notieren oder von einem Vertrauten, der dabei ist und einem hilft, aufschreiben zu lassen.

● *Dritter Schritt*: Schließlich *formuliert* man die Urteile und Entscheidungen und Strategien, die man als eigentlicher, echter, menschlicher, *entsprechender* ansieht und erspürt.

Auf das erzählte Beispiel angewandt, könnte die Umorientierung vielleicht so aussehen:

● bezüglich der *Urteile:* Auch meine Mutter macht Fehler. Auch Erwachsene haben Grenzen. Einem anderen steht nicht das letzte Urteil über mich zu! usw.

● bezüglich der *Entscheidung:* Ich traue mir etwas zu! Ich darf Fehler machen! usw.

● bezüglich der *Strategien:* Ich erkläre ruhig, was ich zu sagen habe. Ich streite nicht! usw.

Zu beachten ist bei diesem „Dämpfen" und „Ausbügeln" und „Umbügeln", daß das „Seelenwachs" wirklich weich wird, d. h. gefühlsmäßig die kritische Situation deutlich da ist, daß man öfters hinspürt, ob nicht noch andere Urteile und Entscheidungen und Strategien dabei sind, daß man die Situation daher einige Male durchspürt – dann aber auch ruhen läßt.

(5) Sich vom Leibgewissen führen lassen

Ebenso ungewohnt wie der Ausdruck „Leibgewissen" klingen mag, ebenso ungewöhnlich hilfreich kann es sein, sich davon leiten zu lassen. Was meint das Wort „Leibgewissen"? Es sagt, daß der Leib eine eigene Weisheit hat und daß es gut ist, wenn der Geist auf sie hört. Es gibt Menschen, die genau spüren: Jedesmal, wenn ich auf meinen Leib und seine Sprache nicht geachtet habe, ist etwas schief gegangen. Eigentlich habe ich gespürt, daß ich jetzt zu viel Alkohol trinke, – und dann kam der Unfall. Eigentlich habe ich gespürt, wie müde ich bin, und dann bin ich doch noch zwei Stunden am Fernseher sitzengeblieben – und der ganze nächste Tag im Schulunterricht war eine Plage für mich und die Kinder. Und, und, und ... Dabei ist zu sehen, daß der Leib nicht nur auf das reagiert, was direkt gegen ihn unternommen wird, wie etwa zu großer Alkoholgenuß oder brutale Überanstrengung.

Unsere Alltagssprache zeigt, daß der Leib auch auf seelisch-geistige Vorgänge reagiert: Jemand hat eine Wut im

Bauch, ein Kloß steckt im Hals, es schlägt einem ein Streit auf den Magen, es lastet Verantwortung auf den Schultern eines Menschen, er trägt schwer an etwas, ist gebeugt, es sitzt die Angst im Nacken, es zittern jemandem vor Angst die Knie usw. – In dem Satz „Was kränkt, macht krank" ist die Beziehung zwischen Leib und Seele auf einen einfachen Nenner gebracht.[79]

Ob es nun 30, 40 oder 80 Prozent aller leiblichen Krankheiten sind, die von seelisch-geistigen Ursachen herrühren, mag umstritten sein. Sicher ist, daß der menschliche Leib manches auszuleiden hat, was ihm der Wille des Menschen zufügt. Damit ist aber der Leib auch eine Art Warnsystem. Er kann einen darauf aufmerksam machen, daß einiges im eigenen Leben nicht stimmt, daß der Geist schon einige rote Ampeln überfahren hat.

Es gibt eine Geschichte im Alten Testament, die sich auf das Gesagte hin auslegen läßt: Der Ritt Bileams auf seinem Esel (Num 22). Bileam, der Prophet, reitet auf seinem Esel aus, um Israel zu verfluchen. Da tritt ihm unterwegs ein Engel des Herrn entgegen, doch er sieht ihn nicht – wohl aber der Esel. Bileam schlägt darauf den Esel, der dem Engel ausweicht, dreimal mit aller Kraft, bis dieser anfängt, sich zu beschweren: „Bin ich nicht dein Esel, auf dem du seit eh und je bis heute geritten bist? War es etwa je meine Gewohnheit, mich so gegen dich zu benehmen?" Da mußte Bileam zugeben: „Nein." Nun öffnete der Herr dem Bileam die Augen, und er sah den Engel des Herrn auf dem Weg stehen (Num 22,30–31).

Ist es nicht oft so, daß sich der ehrgeizige Wille des Menschen sehr wenig um seinen Leib kümmert – höchstens dann, wenn dieser nicht mehr kann? Ist es nicht so, daß Menschen manchmal unterwegs sind, andere zu verfluchen statt zu segnen, und daß sich ihnen ein Engel in den

---

[79] Vgl. dazu die Überlegungen in: „Sich-ordnen-lassen" – Anstöße zum Umwandlungsprozeß der Exerzitien durch Eutonie-Übungen" von Maria Pollety und Ingeborg v. Grafenstein, in Heft 45 der „Korrespondenz zur Spiritualität der Exerzitien", 21–31.

Weg stellt und der hohe Reiter mit dem Namen „Geist" das gar nicht merkt, der Esel, Bruder Leib, aber schon? Ist es nicht so, daß wir Menschen von heute versucht sind, zwischen dem Geist, der durch die Seele dem Leib vermittelt ist, und diesem Leib eine Barriere aus Chemiepillen und Herzschrittmachern aufzubauen?

Wie soll man es machen, auf die *Stimme des Leibgewissens* zu hören? [80]

● Das erste wird sein, eine ganze Zeit hindurch auf den eigenen Leib aufmerksam zu werden, ihn immer wieder meditativ zu durchspüren in ganzer Achtsamkeit, ein Gespür für den eigenen Leib und seine verschiedenen Zustände zu entwickeln.

● Dann kann ich lernen zu erspüren, wo bei mir die kritischen Punkte liegen. Das wird bei jedem sehr unterschiedlich sein. Und es kann je nach Situation wechseln. Wichtig ist herauszubekommen, ob es regelmäßige Zusammenhänge gibt, etwa zwischen einem Kopfweh und der Tatsache, daß ich wieder einmal „mit dem Kopf durch die Wand will", zwischen einem harten Nacken und einer inneren Hartnäckigkeit usw.

● Wenn man dies einigermaßen klar sieht, welche Zusammenhänge es gibt, dann kann man wacher damit leben und sich fragen: Ah, ist jetzt wieder die oder die Situation da? Ja? Also Vorsicht! Man kann versuchen, seelische Situationen abzulehnen oder aber zu verändern, so wie ich ein Zuviel an Speise oder bestimmte Speisen, die mir nicht guttun, zurückweisen oder sie bekömmlicher zubereiten kann.

In der Genesis steht die Stelle: „Da ward Kain sehr zornig, und sein Angesicht verfinsterte sich. Da sprach der Herr zu Kain: Warum bist du zornig, und warum ist dein Angesicht finster? Ist es nicht so: Wenn du gut bist, so kannst du es frei erheben" (Gen 4,5–7). Jahwe achtet, wie man heute im Psychologendeutsch sagt, auf die nonverbalen Zeichen der Kommunikation: hier auf das finstere Ant-

---

[80] Vgl. ebd S. 23 f und S. 27 ff.

litz, das angsthaft-ausweichend auf den Boden starrt. Gott will durch seinen Dialog Kain wieder die Freiheit geben. Gott will für jeden Menschen, daß sein Antlitz klar und sein Leib elastisch und aufrecht und lebendig wird: „Euer Leib ist ein Tempel Gottes" – „Verherrlicht Gott in eurem Leib!"

(6) Der Blick auf Heilige

Der heilige Bernhard von Clairvaux erzählt einmal, daß er sich in der Anfangszeit seines Ordenslebens, wenn er sich innerlich nicht gut gefühlt hat, einfach an Menschen, an lebende oder schon verstorbene, an Heilige erinnerte und sie sich geistig vorstellte, um sich innerlich umzustimmen.

Kann nicht auch dies eine Weise der Ausrichtung und Ordnung des Lebens sein? Sich geistig in Beziehung setzen zu Menschen, die einem bedeutsam sind. Ist es nicht eine Ermutigung, wenn ich z. B. gerade meinem Bequemlichkeitsbedürfnis allzusehr nachgeben will, daran zu denken, daß zu dieser Stunde eine Mutter Teresa in Kalkutta oder sonstwo ein liebender Mensch einen Sterbenden aufliest, ihn heimträgt, ihm Trost spendet? Ist es nicht eine Stärkung, wenn ich an einem dunklen Tag an die junge Theresia von Lisieux denke, die so kindlich-erwachsen ihre „dunkle Nacht" durchleben mußte? Ist es nicht eine gütige Herausforderung, an das Gesicht und Tun von Dom Helder Camâra zu denken, wenn ich vielleicht gerade große Worte über die Gerechtigkeit verliere, aber vor dem kleinen und konkreten Tun zurückschrecke? Ist es nicht Bestätigung und Hilfe, an das Leben von Paulus zu denken, der im religiösen Eifer die Gemeinde Jesu verfolgte, wenn ich merke, daß ich wieder mal „in bester Absicht" meine eigenen Wege mit denen Gottes verwechselt habe?

Gerade wenn jemand ein paar Lieblingsheilige hat, vielleicht darunter auch seinen Namenspatron, dann kann die Gewissenserforschung eine gute Zeit sein zu einer Begegnung mit dem Geist dieses Menschen: mit den heiligen

Spaßmachern, den heiligen Büßern, den heiligen Denkern, den Heiligen der tätigen Nächstenliebe. Wäre es nicht erstaunlich, wenn von der geistigen Beziehung zu solch einem Menschen nicht eine reinigende Wirkung ausginge? Heilige sind Menschen, so heißt es, die es einem leichter machen zu glauben. Heilige, Christenmenschen, sind Menschen, die es einem leichter machen, christlich zu leben.

(7) Aufmerksamkeit auf die Grundirrtümer des Lebens

Zwar macht man es sich zu einfach, wenn man glaubt, die Einsicht in eine Fehlhaltung würde dies schon fast automatisch beseitigen. Aber es gilt wohl doch: Wenn man den Knoten genau lokalisiert hat, wenn man erkennt, was für ein Seemannsknoten es ist, wenn man merkt, wie blöd diese Haltung eigentlich ist, wenn man am eigenen Leib spürt, daß die Richtung, in die man da lebt, sinnlos ist, – dann kann dies schon eine entscheidende Hilfe zur Umkehr sein. Die Umkehr fängt mit dem Um-denken und Um-wollen an.

Im folgenden möchte ich ein Beispiel vorstellen, wie jemand rät, Grundirrtümern seines Lebens geistig zu Leibe zu rücken. Am Ende seines Büchleins „Zum Teufel mit der Eifersucht" stellt Reinhold Ruthe eine Liste von Grundirrtümern zusammen, die sich hauptsächlich auf Neid, Eifersucht, Konkurrenzzwang beziehen, und zeigt deren Gefährlichkeit auf.

Neun Grundirrtümer des Lebens

„Es lohnt sich, einige immer wiederkehrende Grundirrtümer unseres Lebens aufzuspießen, weil sie die treibende Kraft für tausend menschliche Probleme und seelische Fehlhaltungen sind.

Irrtum Nr. 1: Als erwachsener Mensch muß ich von allen geliebt und anerkannt werden, besonders von bedeutenden Persönlichkeiten meiner Umgebung.

Irrtum Nr. 2: Ich muß unbedingt auf mehreren Gebieten

kompetent, fähig und erfolgreich sein, um als wertvolles Glied der menschlichen Gesellschaft anerkannt zu werden.

Irrtum Nr. 3: Ich empfinde es als Katastrophe, wenn die Dinge nicht so laufen, wie ich sie mir gedacht habe.

Irrtum Nr. 4: Ich bin doch nicht allein für Glück und Zufriedenheit verantwortlich. Mein Glück hängt doch in erster Linie von anderen Menschen ab, von meinen Eltern, von meinem Partner und von meinen ehemaligen Erziehern. Aber auch die Umstände und die Gesellschaft sind für mein Glück verantwortlich.

Irrtum Nr. 5: Es ist leichter für mich, Schwierigkeiten im Leben zu umgehen, als sie eigenverantwortlich ins Auge zu fassen.

Irrtum Nr. 6: Ich finde es gut, wenn man abhängig von anderen Menschen ist, vor allem wenn sie stärker, intelligenter und verläßlicher sind.

Irrtum Nr. 7: Ich bin von meiner Vergangenheit abhängig. Sie hat mein Leben gestaltet, und sie wird unweigerlich immer wieder alle meine Handlungsweisen bestimmen.

Irrtum Nr. 8: Ich finde es menschlich wichtig, sich die Probleme und Schwierigkeiten anderer Menschen zu Herzen zu nehmen und intensiv darüber nachzudenken.

Irrtum Nr. 9: ich kann mich mit Unvollkommenheiten nicht zufriedengeben. Ich empfinde es als eine Katastrophe, wenn eine perfekte Lösung nicht gefunden wird.

Diese Lebensgrundirrtümer können den Menschen stark beeinflussen und unglücklich machen. Er kann sie zu seinen Lebensstilmustern erwählen und sich mit diesen Verhaltensweisen das Leben verbittern. Wer nicht bekommt, was er sich gedacht hat, reagiert enttäuscht, findet das Leben schrecklich und klagt sich und andere an. Er kann alle Nuancen der Resignation bis zur völligen Verzweiflung durchleiden. Entweder produziert er eine nervöse Hektik, verbunden mit einem krankmachenden eifersüchtigen Konkurrenzstreben, oder er wirft die Flinte ins Korn, gibt entmutigt auf und flieht in die Depression. Beide Extreme sind falsch, beide Extreme gehören aber zusammen wie

zwei Seiten einer Münze. Der Mensch hat zwei Lieblings-
beschäftigungen, die viel Leid heraufbeschwören: Er tadelt
sich oder klagt die anderen an.

Unzufriedenheit mit sich selbst, Selbstvorwürfe und
Selbstanklagen – zu Recht oder zu Unrecht – rufen Angst
und Feindseligkeit hervor. Aber auch der Tadel und die
Kritik an andern, das Abschieben der Verantwortung auf
Gott und die Welt, machen unglücklich und produzieren
Feindseligkeit. Der eifersüchtige Mensch kann sich nicht
akzeptieren, wie er ist, das ist sein Grundirrtum. Also
wird er um sich schlagen, die anderen verantwortlich machen und selbst – auf seine Weise – auftrumpfen und sich
in den Mittelpunkt setzen. Die Erfolge sind Scheinerfolge
und die Wege Sackgassen."[81] Die Liste soll ein Beispiel
sein, dem man vielleicht gar nicht in jedem einzelnen
Punkt ganz zustimmen mag. Aber eines kann die Aufzählung zeigen: Spürt man diesen Irrtümern in sich etwas
nach, dann kann man wohl erkennen: Wenn ich von solchen Voraussetzungen her lebe, dann mache ich mich –
und andere kaputt. Und solche Fehlhaltungen als zerstö-
rerisch und als Unsinn erkannt zu haben, kann Weichen
stellen in eine andere Richtung. Vor allem dann, wenn
man schaut, wie sich solche Fehleinstellungen ganz konkret in der eigenen Gefühlswelt, im eigenen Verhalten, in
den eigenen „Sprichworten" wiederfinden und auswirken.

Einige Hilfsfragen können vielleicht zum weitern Umge-
hen mit dieser Liste anregen:
● Wo habe ich gespürt: „Das ist auch mein Irrtum?"
● In welchen Lebenssituationen wirken sich diese Irrtü-
mer aus? Jetzt? In der Vergangenheit?
● Was ist meine eigene Liste ganz spezieller Haupt- und
Nebenirrtümer? Die Lebenshäresien, der Abfall vom Le-
ben?

---

[81] Reinhold Ruthe: Zum Teufel mit der Eifersucht. Freiburg i. Br. ²1979,
128–131.

- Von welchen Irrtümern ist das Zusammenleben der Menschen, mit denen ich lebe (Familie, Kollegen, Freunde, Gemeinschaft), geprägt?
- Wie zeigt sich mir besonders, wie unsinnig diese Irrtümer sind?
- Wie würde ich die gegenteilige „Grundrichtigkeit" kennzeichnen, von der mein Leben leben könnte? (Ich will mir eine Liste von Grundrichtigkeiten aufstellen.)
- Wo sagt das Evangelium etwas von den Grundrichtigkeiten und Grundirrtümern des Lebens?

Darum geht es also bei dieser Übung: *einsehen*, wo „der Hund begraben liegt", wo der „gordische Knoten" zerschlagen oder aufgelöst werden muß. Und dann in Ruhe das *Licht der Wahrheit* in sich eindringen, einsickern lassen, vor dem die Dunkelheit zurückweicht.

(8) Blick auf die Drehpunkte des Lebens

„Worum dreht sich's denn?" fragt man gelegentlich, wenn sich jemand für ein Gespräch angemeldet hat. „Worum dreht sich's denn eigentlich hier?" mag man sich fragen, wenn man vielleicht schon eine Zeit einem fremden Geschehen zugeschaut, es aber noch nicht durchschaut hat. So kann es einem beim Ansehen von Sportarten fremder Länder gehen: Wenn man den Dreh, die Struktur nicht verstanden hat, dann ist einem die Aufmerksamkeit und Spannung der Zuschauer nicht verständlich. Das, worum sich etwas dreht, ist die Achse: die Achse, um die sich ein Rad dreht, oder ein Mensch, um den sich alles dreht, oder wenn ein Mensch aus der Gleichgültigkeit heraustritt und in der Beziehung der Verliebtheit aufgenommen wird bzw. wenn er von ihr überfallen wird, dann dreht sich – zumindest eine Zeitlang – alles um den anderen Menschen: Man denkt oft an ihn, wünscht sich den ganzen Tag, endlich am Abend wieder bei ihm zu sein; alles wird zur Gelegenheit, ihm ein Geschenk auszusuchen: die Blumen auf der Wiese, die Auslage in einem Geschäft usw. Oder es dreht sich alles um einen großen Staatsbesuch oder um die Weltmeisterschaft oder die Papstreise usw.

Durch so eine Mitte wird vieles am Rande Liegende zentriert, zusammengehalten, in eine gegenseitige Nähe gebracht, so verschieden das einzelne auch sein mag: Menschen, Fahnenstangen, Radiosendungen, Zeitungsartikel, Gefühle, Gedanken, Worte – alles dreht sich um das eine Ereignis. Solch eine Mitte hält ein Ganzes in Bewegung, bringt etwas weiter oder wenigstens zum Kreisen um sich selber, wenn der Mittelpunkt selber statisch ist wie bei einem Karussel und nicht dynamisch bewegbar, wie bei einem Wagen. Auch im eigenen Leben gibt es solche Drehpunkte, Achsen, um die vieles kreist: Gedanken, Sorgen, Empfindungen, innere Gespräche, Handlungen. Auch am eigenen Lebenswagen gibt es solche Achsen, die das Ganze in Gang halten – wenn man sich nicht gerade festgefahren hat oder im Leerlauf kreist.

Es kann eine gute Hilfe sein, sich einmal – oder am besten immer wieder – zu fragen: Was sind denn eigentlich in meinem Leben Drehpunkte? Worum kreist denn so vieles? Durch diese Fragestellung wird das zufällige Vielerlei seine Vielheit nicht verlieren, aber doch von der Mitte oder von einigen wenigen Drehpunkten her zentriert werden. Wenn das eigene Bewußtsein diese Mitte mehr herausspürt, dann kann der Mensch sich selber klarer erkennen und handlungsfähiger, bewegungsfähiger, lebensfähiger werden.

Wie soll man das machen, seine Drehpunkte zu entdecken? Man nehme ein großes Blatt und schreibe einmal alles darauf, was irgendwie zum eigenen Leben gehört:

● *Gegenstände:* die alltäglichen, die fast jeder hat, wie Bett und Tisch und Küche und Stühle und Licht, aber auch die mehr speziellen, die man geschenkt bekommen oder sich selber gekauft hat: das Radio, den Hund, die Muschel auf dem Nachttisch, den Aktenordner, den Blumentopf, Bilder, Bücher ...

● *Personen,* mit denen man Beziehungen aufrechterhält:

sei es geschäftlich, sei es privat, nähere, intimere oder entferntere Beziehungen.

● *Gefühle:* die ganze „Tonleiter" von Gefühlen, die man so zur Verfügung hat und aus der immer wieder verschieden gemischte Akkorde zusammengestellt werden.

● *Gedankenabläufe:* Worüber denke ich so nach beim Wachträumen auf dem Weg in die Schule oder ins Geschäft oder bei der Meßfeier ...? Was sind die beliebtesten, spontanen Ablenkungen und Zerstreuungen? Etwa: die nächsten Ferien, das nächste Sportereignis, der Besuch von X, die nächste Prüfung, Krankheit, Sterben usw. Was sind die gezielten Gedankengänge, die Pläne und Vorhaben?

● *Bilder und Informationen:* Was schaue ich spontan oder bewußt an? Wo ertappe ich mich, daß ich stehengeblieben bin und es erst nachher gemerkt habe? Welche Bilder schaue ich besonders gern an? Wo schlage ich die Zeitung zuerst auf? Welche Bücher habe ich? Gibt's da Schwerpunkte? Was sind meine Lieblingsbücher? Welche Filme besuche ich, welche beeindrucken mich? Welche Träume kommen öfters?

● *Worte:* Was sind meine Lieblingsthemen, über die ich rede, wo ich mich ereifere? Wo bin ich interessiert dabei? Wo höre ich gern zu? Wo „muß" ich – vielleicht voll Ärger, aber eben wie unter einem inneren Zwang – zuhören? Habe ich Lieblingsfloskeln? Lieblingsweisheiten? Lieblingswitze? Wann schalte ich Radio und Fernsehen ab? Wann schalte ich es an? Wo schalte ich bei Gesprächen innerlich ab? Welche Worte treffen mich?

● *Handlungen:* Was tue ich viel – gern – gezwungen? Meine verschiedenen Aktionen wie einkaufen, Sport treiben, reisen, Hausarbeit, schlafen, spielen, Kirchenbesuch, ein Instrument spielen ...

● *Begegnungsweisen:* geschäftlich, freundschaftlich, erotisch, politisch usw.

Wenn man das einmal gesammelt hat – und die Fülle der Fragen zeigt, daß man sich mit dem Sammeln wochenlang Zeit lassen kann –, dann kann man ans Hinterfragen, ans *Ordnen,* ans Suchen der Drehpunkte, der Achsen gehen.

Bei der Suche nach Drehpunkten können einige *Fragen* helfen:

● Was nimmt zeitlich besonders viel Raum ein?

● Welche Grundbedürfnisse werden da befriedigt, z. B. Anerkennung, Selbstbehauptung. Genuß auf verschiedenen Ebenen, Geborgenheit, Sicherheit, Kontakt usw.?

● Um welche Achsen dreht sich – vielleicht seltsamerweise – fast nichts, wo ich doch weiß, daß sich bei anderen einiges darum dreht? Wo ich vielleicht meine, es müsse sich bei mir selber auch einiges drehen?

● Wo wird das Drehen als Schwung, als Weiterführen empfunden? Und wo ist der „Drehwurm" drin, d. h. wo wiederholt sich dauernd dasselbe, ohne daß etwas weitergeht oder sich vertieft?

● Was wird mir klarer, wenn ich die Achsen meines Lebenswagens anschaue?

● Gibt es einige Hauptachsen? Und einige Nebenachsen?

● Gibt es eine geheime oder offenkundige Mitte, um die sich alles dreht? Bin ich das? Sind das andere? Bin ich das *und* andere – so wie eine Ellipse zwei Brennpunkte hat, von denen her die Bahn bestimmt ist?

● Spüre ich eine Mitte der Mitte, eine göttliche Mitte, eine geheimnisvolle dynamische Mitte des Universums? Oder spüre ich bloß einen Sog ins Leere? Das „Losgekettetsein von der Sonne", wie Nietzsche es bezeichnet?

(9) Metaphermeditation

Eine andere, in manchen Gruppen schon durch zu viel Üben fast abgenutzte Möglichkeit der Tagesauswertung bietet die Metaphermeditation. Weil sie aber ein so ursprüngliches Geschehen ist, kann sie dennoch immer wieder eine Hilfe sein.

Wenn wir uns über uns und unsere Beziehung zur Welt, zu uns selber, zu den Mitmenschen, zu Gott klarer zu werden versuchen, drücken wir uns in Bildern aus – jedenfalls in der alltäglichen Sprache: Ich fühle mich hundsmüde, wie gerädert, high, mir dreht sich der Kopf wie ein Karussell, ich schwimme in einem Meer von Seligkeit usw. Wie in dieser Weise Augenblicksstimmungen beschrieben werden, kann man auch ganze Tage, ganze Zeiten, ein ganzes Leben mit Bildern zum Ausdruck zu bringen versuchen.

Vor allem im Alten Testament werden Bilder und Vergleiche gebraucht, um eine Lebenssituation zur Sprache zu bringen. Der Mensch in seiner Vergänglichkeit ist z. B. „wie Gras", das am Morgen aufblüht und am Abend verbrannt wird. Auf diese Weise kann man bewußt für sich selber und sein Leben Bilder suchen: Bilder, die eine weitergehendere Aussagekraft haben können als ein paar schnelle Auskünfte, die wir über uns selbst geben.

Wie kann man dabei vorgehen? Zunächst, wie immer, gilt es, sich etwas Zeit fürs Ruhig-werden zu nehmen. Dann läßt man einige Bilder aufsteigen, angeregt durch die Frage: „Mein Tag war wie …" (oder: dieses Jahr, diese Party, dieses Gespräch, mein Leben ist wie …).

Es geht darum, diese Bilder spontan aufsteigen zu lassen, also nicht darum, für eine fertige Theorie über das eigene Leben nur noch eine bildliche Verkleidung zu suchen. Wenn ein, zwei, drei Bilder aufgestiegen sind, dann mag man sich in Ruhe einem dieser Bilder zuwenden und hinspüren, aus welcher Tiefe es kommt, was es einem sagen will – oder das Bild einfach anschauen.

Ist damit nicht schon der Grund für einen eigenen Psalm gelegt? Ist damit nicht ein Bild gegeben, um das man denkend, fühlend, suchend, tastend, betend kreisen kann? Etwa, wenn jemand sich entfremdet vorkommt, wie in der Fremde – vielleicht mitten in seiner Heimat – ist das nicht ein Psalm 137, zweieinhalb Jahrtausende nachdem ein Jude gebetet hat: „An Babels Strömen saßen wir und weinten, wenn wir Sions gedachten."

Severin Schneider paraphrasiert diese Empfindung von Heimatlosigkeit in einer Weise, die zeigen kann, wie ein solch ursprünglich erfühltes Bild für die eigene Situation umdacht und in Andacht ausgearbeitet werden kann:

„Ich habe eine Heimat.
Ich kenne die Fremde.
Ich lebe in der Fremde
und suche die Heimat.
Dinge und Menschen:
sie ziehen an mir vorüber
wie die Landschaft am Fenster des Wagens.
Meine Umgebung – ich verstehe sie nicht,
ihr Lebensstil – ich begreife ihn nicht.
Mein Unvermögen, überall zu Hause zu sein.
Die Heimat wird mir zur Fremde,
ich suche eine neue Heimat.
Ich will nicht verachten, vorübergehen.
Ich will verstehen und helfen.
Doch ich kann mich nicht anpassen.
Es muß vieles mir fremd sein –
die Heimat liegt jenseits der Welt –
und vieles mir unbegreiflich –
der Glaube gibt keine Erklärung.
Ich lebe in der Fremde
und suche die Heimat.
Ich glaube an die Heimat
und liebe sie.
Ich bejahe die Fremde,
sie hält mich nicht fest,
denn ich wandere zur Heimat."[82]

Sicher, dieser Text ist bereits Ergebnis eines zur Veröffentlichung bearbeiteten und bedachten Bilderlebens. Wenn dieses Erspüren des Bildes nur für den eigenen privaten Gebrauch geschieht und zum Gebetswort wird, dann ist manches ungeschliffener, weniger in Maß gesetzt – aber der eigentliche Vorgang ist der gleiche, wie er an diesem Psalmgebet deutlich wird: ein Stück Lebensgefühl erspü-

[82] Severin Schneider: „Ich habe eine Heimat" in: Dich suchen wir. Psalmengebete. Würzburg ³1973, 123.

ren, es sich im Bild ausdrücken und dann das Bild aus dem schweigenden Anschauen heraus sprechen lassen.

In diesem Sprechen und im Versuch, mittels Metaphern sich selber besser verstehen zu wollen, mögen die Worte und Bilder manches verstellen, aber es kann doch auch immer wieder geschehen, was Paul Celan in einem seiner Gedichte sagt:

> „EIN DRÖHNEN: es ist
> die Wahrheit selbst
> unter die Menschen
> getreten,
> mitten ins
> Metapherngestöber."

(10) Blick auf das Zentrum: Gottesliebe – Nächstenliebe – Selbstliebe

Gott aus ganzem Herzen und mit allen Kräften zu lieben und den Nächsten wie sich selber – dies wird im Neuen Testament als die Mitte des Glaubens und des Lebens aus dem Glauben verstanden (Mt 19,19). Sich auf diese Mitte einzulassen kann manches Licht auf unser Leben werfen. Dies geschieht dann, wenn wir von der Vermutung ausgehen, die uns das Evangelium nahelegt und die durch die Erfahrungen des Lebens bestätigt wird: Aufs Ganze gesehen trägt unser Verhalten uns selbst und unseren Mitmenschen gegenüber die gleichen Züge wie unser Verhalten Gott gegenüber. Es ist unwahrscheinlich bzw. unmöglich, daß man im Ernst sagen kann: „Die anderen liebe ich *wirklich*, aber mich selber kann ich nicht ausstehen!" – Oder: „Mit Gott stehe ich auf bestem Fuß, aber den und den kann ich nicht riechen!" Wenn dies so gesagt wird, dann dürfte wohl eher die Vermutung zutreffen, daß da in der Selbstwahrnehmung und in der Fremdwahrnehmung einige Lücken sind bzw. einiges vermischt wird. Wie kann ich mich von einem andern wirklich geliebt erfahren, wenn ich zugleich miterfahre, daß er sich selber ablehnt? Was für eine Art von Güte ist es, die ich erfahre, wenn einer im unguten Sinn hart zu sich selbst ist? Wird nicht einer, der dauernd an anderen herumkritisiert, auch ewig mit sich selber unzufrieden sein oder nur eine Art komischer Selbstzufriedenheit pflegen können, weil er gesunde, liebevolle Selbstkritik ablehnt und seinen Kritiküberschuß nach außen abläßt und projiziert? Oder biblisch gesagt: „Vergib uns unsere Schuld, wie auch wir vergeben unseren Schuldigern ..." (Mt 6,12): „Wer seinen Bruder, den er sieht, nicht liebt, kann Gott nicht lieben, den er nicht sieht" (1 Joh 4,20).

Wie kann man sich diese Zusammenhänge etwas bewußter machen? Man zeichne drei Kreise auf ein Papier und fülle diese dann mit Beziehungspfeilen aus. In den einen die Ausrichtung auf sich selber hin: Wie sehen meine gefühlsmäßigen Beziehungen zu mir selber aus (Zufriedenheit, Härte usw. usw.)? In den nächsten Kreis kommen die Beziehungspfeile auf den Nächsten hin (die „Amor-Pfeile" und die Haßpfeile und alles, was es an Nuancen dazwischen gibt). Und in den dritten Kreis zeichnet man ein, wie man sich in seinem Beten, in seinen Sehnsuchts- und Fluchtbeziehungen auf Gott hin oder von ihm weg erfährt.

Wenn so die Kreise ausgefüllt sind, kann man sich die Fragen stellen:

- Gleichen sich die Beziehungen?
- Wenn große Ungleichheiten sind: Wie kommt das? Habe ich da nicht etwas unbewußt ausgeblendet? Kann ich das annehmen, daß da auf einer tiefen Ebene eine Gleichheit der Beziehungsausstrahlung besteht?
- Wie sehen die Kreise aus, wenn ich frage, wie ich die Beziehungen von den anderen her erspüre? Ijob hat die „Pfeile des Allmächtigen" erspürt (Ijob 6,4). Waren es aber wirklich die Pfeile des Allmächtigen? Oder wer hat da „geschossen"?
- Liegt in dem, was ich erkannt habe, ein Impuls, eine Richtung für mein Weitergehen?

(11) Das imaginäre Gespräch mit sich selber und anderen

Paul Rabbow hat ein interessantes Buch über die Seelenführung in der Antike geschrieben. In ihm finden sich Zeugnisse des Umgangs von Menschen mit sich selber und mit ihrem Leben. Ein Zeugnis von Seneca soll zeigen, wie er im Gespräch mit sich selber zu innerer Wahrhaftigkeit zu kommen suchte und wie er die Welt seines Fühlens, aus der heraus das Tun bestimmt wird, zu gestalten versucht. Dieser Text Senecas zeigt sein Verständnis und seine Härte sich selber gegenüber und auch die Eigenart und Grenzen dieses Mannes:

„Gibt es denn etwas Schöneres als die Gewohnheit, seinen ganzen Tag so durch und durch zu prüfen? Wie ruhig ist der Schlaf, wie tief und frei, der auf die Selbstmusterung folgt! Täglich verantworte ich mich vor meinem Richterstuhl. Wenn fortgetragen ist das Licht und meine Frau verstummt, die meine Sitte kennt, durchstöbr' ich meinen ganzen Tag und nehme meine Taten und Worte wieder vor; gar nichts verhehle ich, nichts übergehe ich. Warum denn sollt' ich mich auch fürchten wegen irgendeiner von meinen Verfehlungen, da ich doch sagen kann: ,Sieh, daß du das nicht wieder tust! Für jetzt verzeih' ich dir, in jener Disputation hast du gereizt und aggressiv geredet: laß künftig dich nicht mehr mit unwissenden Menschen ein, nicht lernen wollen sie, die niemals lernten. – Den hast du, weil du zürntest, mit mehr Freimut als recht war, ermahnt, ihn daher nicht gebessert, sondern nur geärgert; beachte künftig nicht nur, ob es wahr ist, was du sagst, sondern ob der, dem du's sagst, Wahrheit vertragen kann. – Beim Gastmahl haben dich Witzworte von gewissen Leuten und Anzüglichkeiten leicht gereizt: gedenke, Jedermannsgesellschaft zu meiden; – losgelassen ist die Ausgelassenheit, wenn sie getrunken haben, da nicht mal, wenn sie nüchtern sind, sie Scheu und Sitte kennen … Weil du auf einem weniger honorigen Tischplatz saßest, hat Zorn dich angewandelt gegen deinen Wirt, den Kartenausträger, ja gegen den, der höher saß als du: Unsinniger, was macht es, welchen Sofateil du drückst? Kannst ehrenhafter oder ehrloser du werden durch ein Kissen? – Mit unfreundlichen Blicken sahst du einen Jemand an, weil er von deinem Schriftstellergenie schlecht redete: soll das Gesetz sein? So könnte Ennius dich nicht leiden, weil du keine Freude an ihm hast, und Cicero wäre dein Feind, wenn du dich über seine Dichtungen belustigst! Wirst du wohl, wenn du dich um die Gunst des Publikums bewirbst, dir auch ein Votum gleichmütig gefallen lassen!"[83] So ist dies also eine Möglichkeit des inneren Gesprächs, daß man sich selber bewußt gegenübersetzt, sich gut zuredet und sagt: „Mal vernünftig jetzt! Wie war das heut? Was steckt denn da dahinter? Willst du wirklich so weitermachen? Siehst du nicht, daß dies Unsinn ist? Also …"

Und es gibt die Möglichkeit, sich einem anderen gegenüberzusetzen, mit dem man eine Klärung sucht. Das kann ein Mensch sein, mit dem man gerade einen Tageskonflikt auszufechten hat, aber auch jemand, mit dem man schon seit langem eine ungeklärte Beziehung lebt: etwa mit den eigenen Eltern und Geschwistern.

Wie ein solches Gespräch gestalten?

● Man setzt sich geistig seinem Partner gegenüber auf einen Stuhl (der Stuhl soll wirklich sein, nicht nur geistig vorgestellt);

● Dann bringt man alles vor, was man innerlich spürt und schon lang einmal sagen wollte. Der Vorteil dieses Vorbringens ist, daß man die Worte nicht so abzuwägen braucht wie in einem wirklichen Gespräch, wo man doch mehr darauf achtet, daß der andere nicht zu sehr verletzt wird.

● Wenn man alles ausgesprochen hat, was man aussprechen wollte, dann kann man den Stuhl tauschen und aus dem Blickwinkel des anderen sich anhören, was man gesagt hat, und versuchen, als der andere darauf zu reagieren, d.h. zu reden, wie der andere aus seiner Sicht die Si-

---

[83] Paul Robbow: Seelenführung in der Antike, 186.

tuation vermutlich empfunden hat. Wenn der Konflikt davon bestimmt wird, daß der eine sich vom anderen unterdrückt fühlt, so kann es eine gute Hilfsvorstellung sein, wenn man für dieses Spiel ein inneres Bild gebraucht: Man stellt sich den Konfliktpartner, von dem man sich unterdrückt erlebt, auf einer Schaukel oben in der Luft vor, während man selber am Boden steht. Dann kann man von unten herauf alles sagen, was man sagen will. Danach die Position wechseln, oben sitzen, und sich vom anderen alles sagen lassen, was der sagen will.

Ebenso kann es eine Hilfe sein, mit jemandem geistigerweise einen Spaziergang zu machen; etwa mit den eigenen Eltern. Man geht eine halbe Stunde und sagt dem andern innerlich, was man ihm sagen möchte. Dann, auf dem Heimweg, hört man auf das, was der andere sagen will. – Weil der Phantasie keine Grenzen gesetzt sind: Man kann so einen stummen Weg auch mit einem wirklichen Gegenüber machen! Der eine hört, der andere lauscht auf das nur innerlich Gesagte, und beim Rückweg werden die Rollen getauscht. Und dann kann man sich mit lauten Worten über das stumme Gespräch unterhalten.

Bei diesen vielleicht seltsam anmutenden Spielen zeigt sich wieder wie bei den anderen Übungen, daß sie im Grunde eine bewußte, ausgestaltete Weise von spontanen Vorgängen sind: Natürlich redet man innerlich mit anderen – gelegentlich fast ununterbrochen! – Natürlich versucht man im verstehenden Gespräch, sich in den anderen hineinzufühlen und seinen Standpunkt, seine Weise des Erlebens, ihn selber und seine Reaktionen zu erahnen.

Natürlich ist auch, daß eine solche Übung oft als eine Vorbereitung zu sehen ist, als ein Vorspiel für ein wirkliches Gesprächsspiel zwischen den beiden Beteiligten. Die direkte Begegnung soll, kann und darf nicht durch die Imagination ersetzt werden. [84] Aber auch wenn ein direktes Ge-

---

[84] Für das Gelingen eines solchen direkten Gesprächs wird oft – besonders wenn es erst spät zustandekommt – ein „unparteiischer Dritter"

spräch aus vernünftigen Gründen nicht erfolgen kann, wird das imaginäre Gespräch klärend wirken. Um es mit einem Vergleich zu sagen: Die Wirklichkeit ist oft so dicht und schnell vorbeigleitend, daß viel mehr aufgenommen wird, als bewußt wahrgenommen. Alles Aufgenommene aber ist in uns wie in einem Film, der nicht entwickelt wurde. In der Dunkelkammer der Meditation oder auch im Licht des inneren Gesprächs kann eine Lebenssituation entwickelt werden: Die Umrisse und Farben werden deutlicher, und man vermag dann mehr auf die wirkliche Situation zu reagieren, statt sich bloß in einem Schattenkabinett zu bewegen.

(12) Den Grundformen der eigenen Angst begegnen

Frère Roger berichtet von einem jungen Vietnamesen, der zu Gott gebet hat um Befreiung von seiner „Angst vor der Angst."[85] Ängste und Angst vor der Angst prägen weitgehend unser Leben. „In der Welt habt ihr Angst, aber seid getrost, ich habe die Welt überwunden!" (Joh 16,33). Zum Überwinden der Angst gehört als erster Schritt, aus einem tieferen Vertrauen und Mut heraus der Angst ins Auge zu schauen, den einzelnen Ängsten und den Grundängsten.

Im folgenden sollen vier Formen der Angst vorgestellt werden und als Spiegel dienen, in dem man sich und seine Ängste erkennen kann. Ausgangspunkt und Einteilung dieser Ängste ist die Darstellung von Fritz Riemann über die Grundformen der Angst.[86] Riemann glaubt auf-

---

notwendig sein, von dem sich jeder der beiden Partner bzw. jeder in der Gruppe angenommen fühlt. Aber auch beim imaginären Gespräch wird die Kontrollfunktion eines wirklichen Gesprächspartners (sei es ein Therapeut, ein geistlicher Begleiter oder ein guter Freund) nötig sein, damit die Realitätsnähe der eigenen Wahrnehmungen und Phantasien zutreffender eingeschätzt und verbessert werden kann.

[85] Roger Schutz: Einer Liebe Staunen. Tagebuch, Freiburg i. Br. ³1985.
[86] Fritz Riemann: Grundformen der Angst. Eine tiefenpsychologische Studie, München-Basel ⁹1975.

grund seiner Erfahrungen als Psychoanalytiker, die folgende Einteilung vieler Ängste in ein brauchbares Schema gefunden zu haben. Danach gibt es vier Grundformen der Angst:

● die Angst vor der *Selbsthingabe*, die als Ich-Verlust und als Abhängigkeit erlebt wird. Ins Bild gesetzt, ist es die Angst, durch die Rotation um die Sonne die Eigenrotation, die Eigenheit, ja sich selbst zu verlieren;

● die Angst vor der *Selbstwerdung*, die als Ungeborgenheit und Isolierung erlebt wird. Ins Bild gesetzt: die Angst, durch die Eigenrotation um sich selber aus bergenden Zusammenhängen herausgerissen zu werden;

● die Angst vor der *Wandlung*, die als Vergänglichkeit und Unsicherheit erlebt wird. Im Bild wiederum: die Angst, daß die Fliehkräfte zu stark sind und man weggerissen wird von der Mitte, zu der die Schwerkraft zieht.

● die Angst vor der *Bindung*, die als Notwendigkeit, als Endgültigkeit und Unfreiheit erlebt wird. Im Bild: die Angst, durch eine übermächtige Schwerkraft festgehalten zu werden und in seiner Fliehkraft behindert zu werden.

Um diese Ängste noch verständlicher und für das Üben „griffiger" zu machen, seien einige Beispiele angeführt. Diese Beispiele zeigen auch die ganze Zweideutigkeit unserer Ängste: Man hat nicht nur *Angst* vor etwas, sondern oft gleichzeitig auch *Sehnsucht* danach.

Die Angst vor der Selbsthingabe

Ich habe Angst vor der Selbsthingabe, denn:

– Wenn ich mich hingebe, wo bleibe ich dann selber?

– Wenn ich gehorche, wo bleibt dann meine Freiheit?

– Wenn ich mich in Zusammenhänge einordne, gehe ich dann nicht unter?

– Wenn ich jemandem die Hand gebe, kann er mich festhalten.

– Wenn ich auf den anderen zugehe, kann er mich zurückstoßen.

– Wenn ich jemandem recht gebe, kann er es als Schwäche auffassen.

- Wenn ich sage: „wie du willst", kann er das ausnützen.
- Wenn mir jemand zu nahe kommt, habe ich keinen Lebensraum mehr.
- Wenn ich spontan, emotional reagiere, ist Persönliches bedroht.

Und doch habe ich unausrottbare Sehnsucht nach dem andern:
- weil nur der andere aus der Einsamkeit erlöst,
- weil nur ein anderer das Gefühl von Geborgenheit geben kann,
- weil nur der andere sagen kann, wie er mich fühlt und sieht,
- weil nur der andere mir aus dem Ichgefängnis heraushelfen kann.

Die Angst vor der Selbstwerdung
Ich habe Angst vor der Selbstwerdung,
- weil ich dann allein dastehe,
- weil ich dann eine Auffassung anderen gegenüber durchkämpfen muß,
- weil ich dann nicht mehr sagen kann: „An dem Entschluß waren noch andere beteiligt" oder mich auf andere zurückziehen kann,
- weil ich mich dann nicht mehr auf Normen, Befehle, Konventionen, Gesetze, Vorbilder, Tagesordnungen herausreden kann,
- weil mein Leben auf eigenes Risiko läuft,
- weil ich dann Trennung von Menschen in Kauf nehmen muß.

Und doch habe ich eine unausrottbare Sehnsucht nach Selbstwerdung.
- weil ich sonst immer eine Kopie bleibe,
- weil ich sonst nur Rollen spiele, die mir andere vorschreiben,
- weil ich einmalig, unverwechselbar sein will,
- weil ich im Innersten kein „Man", sondern ein „Ich" bin,

– weil ich sonst erpreßbar werde mit meiner Sehnsucht nach Nähe.

Die Angst vor der Wandlung
Ich habe Angst vor der Wandlung,
– weil ich mich dann immer neu in Frage stellen muß,
– weil ich nicht einfach sagen kann: „Das war immer schon so",
– weil ich nicht ehrlich sagen kann: „Es steht geschrieben …",
– weil ich die Situation nicht mag: „Ich weiß nicht genau",
– weil dann das Morgen das Heute relativiert,
– weil ich dann um die Endlichkeit meiner Pläne, Vorschläge, Erfahrungen, Meinungen schon weiß, bevor sie ausgeführt sind.

Und doch hat jeder eine unausrottbare Sehnsucht nach Wandlung,
– weil Leben und Bewegung und Wachstum und Wandlung zusammenhängen,
– weil sich sonst Langeweile, Wiederholung, Stagnation ausbreiten,
– weil man spürt, daß alle Systeme die Wirklichkeit nie ganz erfassen.

Die Angst vor Bindung
Ich habe Angst vor der Bindung, denn:
– Wenn ich jemandem zusage, habe ich mich gebunden.
– Wenn ich entschieden habe, meine ich, nicht mehr frei zu sein.
– Weil ich fürchte, daß mich so vieles festlegt, fesselt: Gesetze, Institutionen, Rollen, Urteile, Wertungen, Konventionen, Normen, Programme, Bräuche, Erfahrungsweisheiten, Unterschriften, Terminkalender, Sprachregelungen, Tagesordnungspunkte …
– Weil dann der ständige Reiz des Neuen verlorengeht.

294

Und doch gibt es die tief wurzelnde Sehnsucht nach Dauer,
– weil man sich nur dann auf jemanden verlassen kann,
– weil Heimat, Ruhe, Ordnung, Kausalzusammenhänge
  eine eigene Ausstrahlung und Anziehung haben …

Wenn man sich auf eine Gewissenserforschung der Ängste
einläßt, schreibe man in einem ersten Schritt einmal wahllos
alle Ängste, die einem bewußt sind, auf. Alles also, wovor
man Angst hat, wie und in welchen Situationen sich das
auch ausdrückt. Ein Stichwort genügt da zum Notieren.

Dann spüre man sich in die einzelnen Fragmente der
Angst hinein und schaue, ob da eine Grundangst vorherr-
schend ist, auch wenn es kaum je so sein wird, daß man nur
vor der Selbsthingabe usw. Angst hat und nicht auch andere Ängste. Aber es gibt eben doch oft eine vorherr-
schende Angstrichtung.

Es kann dies dazu helfen, daß man so gezielter auf der
Ebene der „Haltungen" und Grundeinstellungen an sich
arbeiten, beten, meditieren und durch liebevolle Aufmerksamkeit in den Lebenssituationen intensiver leben und die
darin verborgene heilende Kraft mehr erfahren kann.

Übungen in der Dimension des „Verhaltens"

Es ist klar, daß das Verhalten von den inneren Haltungen
und von der Beziehung zum innersten Halt getragen, beeinflußt und gesteuert ist. Dies bedeutet aber nicht, daß sich
Wandlung nur vom Innersten her ereignet. Man kann und
darf auch von der äußeren Peripherie her ansetzen. Freilich,
wenn die Veränderung nicht von innen getragen ist, dann
baut man nur Fassaden und Konventionen auf und lebt folg-
lich in einer dauernden Spannung zwischen Innen und Außen, d. h. in einer dauernden Unechtheit. Nur von außen an
sich zu arbeiten, das gibt dann die wohlerzogenen Jungen,
die sich urplötzlich in wilde Buben verwandeln, sobald die
elterliche Aufsicht weg ist. Das erzeugt marionettenhaftes
Verhalten, nicht menschlichen Ausdruck und Beziehung.

Und doch gibt es auch ein sinnvolles, gewinnbringendes Mitarbeiten von außen, – dann, wenn dies von innen her gewollt ist. Schon die Diagnose setzt sehr wohl im Äußeren und mit Äußerem an, indem man eine ganze Zeitlang sein Verhalten beobachtet, die Situation, in der es sich abspielt, die Signalreize, die ein bestimmtes Verhalten und eine innere Reaktion auslösen usw. Da ist auch der Ort, wo man wie Ignatius den Stift in die Hand nimmt und sich Notizen macht, wo man Vorsätze faßt, woman sich Rechenschaft gibt, wie oft, wann, wie usw ...

(1) Die Arbeit an der Sprache

„Die Sprache ist die Quelle der Mißverständnisse", sagt der Fuchs zum Kleinen Prinzen in Saint-Exupérys Märchen. Dies stimmt, und man kann es allzu oft erfahren. Aber umgekehrt gilt auch, daß durch die Sprache Verstehen geschieht und sich Gemeinschaft ereignet. Darum ist es gut, sehr sorgsam auf dieses Instrument, dieses Mittel der Begegnung zu achten. Wie dies geschehen kann sollen einige *Beispiele* erläutern.

● Vielleicht tust du dich schwer, deine Meinung noch zu äußern, wenn zuvor jemand die seine sehr deutlich und vielleicht sogar klotzig oder stark aggressiv geäußert hat. Du sitzt dann womöglich gelähmt und mit einem Kloß im Hals da. du weißt nicht, was du sagen sollst. – Da kann eine einfache *Formel*, die du dir in einer ruhigen Zeit zurechtgelegt hast, weiterhelfen: „Ah, so siehst du das. Ich sehe das ganz anders ..." Das muß man natürlich einige Male einüben, aber es kann eine erstaunlich wirksame Hilfe sein! Nimm dir vor: Immer wenn diese Situation kommt, immer wenn ich dieses Lähmunsgefühl habe, werde ich sagen: „Ich sehe das ganz anders; nämlich so ..." Es kann sein, daß man einige Zeit experimentieren muß, bis man die geeignete Formel gefunden hat, aber sie wird dann fast so etwas wie eine Zauberformel sein.

● Oder: In einem Gespräch prallen die verschiedenen

Meinungen hart aufeinander. Jeder versucht zu beweisen, warum er recht hat. Es scheint dann, daß das Gespräch nicht mehr sinnvoll weitergeht. Gar nicht selten hilft da eine *Frage* wie: „Kannst du mir erzählen, wie du zu dieser Auffassung gekommen bist?" oder: „Kannst du mir sagen, welche Erfahrungen du gemacht hast, die dich zu dieser Ansicht gebracht haben?" Durch diese Frage kommt der menschlich-lebensgeschichtliche Hintergrund zur Sprache, durch den man den andern besser verstehen lernt. Denn gerade wenn einer mit Klauen und Zähnen seine Auffassung verteidigt, ist zu vermuten, daß da ein Stück seines Lebens dranhängt, das er bedroht sieht und verteidigen zu müssen glaubt.

● Oder es mag sein, daß man bei einem Gespräch den Eindruck hat, es spiele sich auf einer Ebene ab, die viel zu hoch ist, wo man den Anschluß nicht finden kann. Warum nicht sagen: „Entschuldigung, ich komme da nicht mehr ganz mit. Könntest du das mir nochmals sagen?" Was ohne diese Frage zu einer Quälerei ausarten könnte, kann so zu einer guten Gesprächsbeziehung werden.

● Versuche, deine persönlichen Schwierigkeiten nicht hinter „Man" zu verstecken! Sag ruhig „ich", wenn du „ich" meinst. Du hast das Recht darauf, du selber zu sein, eine eigene Ansicht zu haben, deiner eigenen Meinung zu sein und sie auch zu äußern! Also, warum nicht die Anonymität fallenlassen?

● Ein weiteres Beispiel: Wie sehr können Formulierungen wie „man müßte bloß", „wenn du wolltest, könntest du schon" usw. blockieren! Wenn jemand der gute Wille abgesprochen wird oder wenn das Problem des anderen gerade das ist, daß er nicht wollen kann, daß er entscheidungsschwach ist, – dann wird die Situation durch solche Bemerkungen nur noch verschlimmert. Darum ist es gut zu schauen: Wo sind verunglückte Situationen? Was habe ich gesagt, bevor der andere explodiert, weggelaufen ist, das Gesicht hängen ließ oder sich ins Schweigen zurückzog? Und dann spüre heraus, was in den Worten drinlag!

● „Wieviel Uhr ist es denn?" – „Höchste Zeit, daß du

endlich fertig wirst!" Wumm! Das stellt die Situation „schimpfende Eltern – kleines Kind" her. Da läuft die nächsten fünf Minuten nichts mehr – oder nur ein Krach. Die Sprache als Instrument zum Kampf, als Schlag-wort, oder zur Versöhnung und Mitteilung?! – Wer da mit offenen Augen lange Zeit mal zuschaut, der wird eine Menge entdekken. Die Transaktionsanalyse bietet dafür ein gutes Instrumentarium, weil sie eine Reihe Spiele entdeckt und für jeden, der aufgeschlossen ist für eigene Veränderung, greifbar gemacht hat. Es wird dabei aufgedeckt, was unter einer oft harmlosen Wortoberfläche alles brodelt und braust und wühlt und zischt.

Einige solcher *Sprachspiele*[87] zur empfohlenen Nachdenklichkeit:

> Da hab ich dich erwischt!
> Wenn du nicht wärst …!
> Wofür halten Sie mich eigentlich?
> Sieh bloß, was du angerichtet hast!
> Ich wollte dir doch nur helfen!
> Ich bin ja so froh, daß ich helfen kann!
> Was würdest du nur ohne mich anfangen!
> Die werden sich noch mal glücklich schätzen, daß sie
>   jemand wie mich gekannt haben!
> Versetz mir eins!
> Ja aber …
> Meins ist besser als deins!
> Ich Ärmster!
> Das werde ich doch nie begreifen!
> Warum muß das ausgerechnet immer mir passieren?
> Das ist doch jedesmal dasselbe!
> Das hat man von seiner Gutmütigkeit!
> Hab ich das nicht schon 1000 mal gesagt – aber was ich
>   sage, hat keinen Wert!

---

[87] Werner Rautenberg/Rüdiger Rogoll: Werde, der du werden kannst. Anstöße zur Persönlichkeitsentfaltung mit Hilfe der Transaktionsanalyse, Freiburg i. Br. ⁵1995.

Es würde zu weit führen zu zeigen, was da alles läuft, was unter der Oberfläche der Formulierungen steckt. Da muß man sich schon etwas in entsprechende Bücher einlesen[88], aber vielleicht läßt manche der angeführten Formulierungen auch so erahnen, daß damit ein unfruchtbarer seelischer Prozeß mit dem Wort gedeckt werden soll.

Erkennbar sind solche unfruchtbaren Prozesse vor allem daran, daß bestimmte Wortfiguren sich immer wieder wiederholen, daß durch sie nichts bewirkt und weitergebracht wird und bei den Beteiligten ein ungutes Gefühl bleibt. – Wenn man so etwas bei sich wahrnimmt, dann lohnt es sich, immer wieder zu schauen, was da eigentlich läuft. Bereits durch die Entlarvung und die Abgewöhnung einer solchen unfruchtbaren Formel kann einiges weitergehen. Ist es nicht ein Unterschied, ob man sich angewöhnt zu sagen: *„So* scheint das nicht zu gehen, aber vielleicht müßte ich es mal anders probieren" – oder ob man stereotyp bei der Feststellung landet: „Da ist halt nichts zu machen!" Ist es nicht ein Unterschied, ob man innerlich zu sich selber sagt: „Ich bin ja doch nichts wert" oder „Ja, ich habe meine Fehler – und auch meine Stärken"; „Ich darf Grenzen und Schwächen haben." – Je nachdem, was ständig mit oder ohne Worte wiederholt wird, sieht auch das seelische Klima aus.

Vor allem die Erkenntnis der Wiederholungen ist fruchtbar. Und da sollte man es machen wie mit einer Schallplatte, die einen Sprung hat; die Platte abhören, bis zu der Stelle, wo sie hängt, wo der Riß eben einen ewigen Umlauf in der gleichen Rille zur Folge hat. Was wird denn da gespielt – immer wieder, ohne daß die Musik weitergeht? Etwa: „Ach, das macht doch gar nichts aus, ach, das macht doch gar nichts aus, ach ..." – Macht es wirklich gar nichts aus? oder: „Ich kann eh nichts ändern, ich kann eh nichts än-

[88] Vgl. auch: Rüdiger Rogoll: Nimm dich, wie du bist. Wie man mit sich selbst einig werden kann. Eine Einführung in die Transaktionsanalyse – oder: Thomas A. Harris: Ich bin o.k. – Du bist o.k., Freiburg i. Br. [6]1995, Hamburg 1975.

dern, ich …" – Gibt es wirklich gar nichts, was du ändern kannst? Du brauchst ja nur das zu ändern, was du ändern kannst!" Und dann? Die unbrauchbaren Schallplatten nicht mehr auflegen. Die bloßen Wiederholungen befragen, ob sie wirklich etwas bringen. Schauen, wovor man sich durch sie zu drücken sucht. Ihre geheime Psycho-Logik durchschauen. Und: Neue Platten zu spielen versuchen. Es braucht nicht immer „das alte Lied" zu bleiben. Sing ein neues Lied!

(2) Die eigene Vorsehung spielen

Am 2. August 1640 sagte der heilige Vinzenz von Paul zu seinen „Töchtern der Liebe" unter anderem:

„Ich muß Ihnen sagen, wie sehr mich dieser Tage bewegte, was mir ein Gerichtspräsident sagte, der vor ungefähr einem Jahr bei uns seine Exerzitien machte. Er sprach mit mir über das kleine Examen, das er über seine Lebensordnung abgehalten habe, und sagte mir, er glaube, mit Gottes Gnade nicht zweimal sein Morgengebet vergessen zu haben: ‚Aber wissen Sie, Monsieur, wie ich mein Gebet bete? Ich überblicke das, was ich im Verlaufe des Tages zu tun habe, und fasse, von hier ausgehend, meine Entschlüsse: Ich werde jetzt zum Justizpalast gehen. Ich habe dort diese und jene Sache zu führen und finde vielleicht irgendeine Persönlichkeit der Gesellschaft, die mich auf Grund ihrer Empfehlung zu bestechen gedenkt. Mit Gottes Gnade hüte ich mich wohl davor. Vielleicht wird man mir irgendein sehr ansprechendes Geschenk machen: o ja, – aber ich nehme es nicht an. Wenn ich entschlossen bin, irgendwelche Parteilichkeit von der Hand zu weisen, spreche ich ruhig und herzlich mit ihm.' Nun also! Was halten Sie von dieser Art Morgengebet?"[89] „Was halten Sie von dieser Art Morgengebet?" Vinzenz von Paul hielt offensichtlich viel

---

[89] Vinzenz von Paul. Übertragen und eingeleitet von Hans Kühner. Einsiedeln 1951, 258.

davon, weil er wiederholt nachfragte, ob man der Praxis des Gerichtspräsidenten nachgefolgt sei.

Was soll man von dieser Art Morgengebet halten? Ich meine, daß sich Ignatius so etwas Ähnliches vorgestellt hat, wenn er sagt, man solle sich am Morgen beim Aufstehen an den Fehler erinnern, den man meiden solle. Hier wird auf eine bestimmte Weise ernst gemacht mit der Definition des Denkens als eines „Probehandelns". Die Vorstellung des Tages und der Weise, wie man sich in einer bestimmten Situation verhalten will, ist ein Probehandeln. Man probiert im voraus, spielt die Situation sozusagen im Simulator des eigenen Herzens durch, bis man sich eingespielt hat, und kann sie dann in der Ernstfallsituation leichter gut durchspielen. Denken als Probehandeln, die Weltraumsimulatoren, die Sandkastenspiele, die Utopien, die Pläne, die gelenkten Wachträume, der Vorsatz – dies alles sind verschiedene Weisen, sich vorbereitend auf eine Zukunft einzustellen, dem entgegenzugehen, was mir begegnet. Man könnte auch sagen, daß man auf diese Weise für sich selber ein wenig Vorsehung, Vorher-sehung spielt. Freiheit entwirft sich in ihre eigene Utopie hinein.

So kannst du dir beispielsweise vornehmen: „Ich werde heute zu dem gehen, wovor ich mich schon lange gedrückt habe, und werde sagen: ..." Und dann spiel die Situation genau durch! Schau, wie du auf die Zimmertür zugehst, wie du dir noch einmal sagst, worauf es ankommt, wie du klopfst, wie du sagst: „Ich möchte heute gerne mit Ihnen dieses Problem ansprechen ... usw." Stell dir alles genau vor. Spiel es durch!

Wer dies macht, wer also ganz bewußt eine Situation am Morgen durchspielt, wird bald merken, wie ihm dies hilft, das, was er innerlich will, auch in der äußeren Wirklichkeit besser zu leben. Freilich gilt auch hier für die „Kinder des Lichtes", nicht dümmer zu sein als die „Weltmenschen", d. h.: Ein einmaliges Trockentraining genügt nicht zur Vorbereitung für den Ernstfall, sondern nur ein oftmaliges Einüben.

(3) Ein Fragesieb machen für die „dicken Fische"

Manches unserer Alltagsprobleme würde sich lösen, wenn
wir die gleiche Sorgfalt auf sie verwenden würden wie früher an der Schule für einen umfangreichen Hausaufsatz.
Wenn wir einfach hingingen und alle wichtigen *Zusammenhänge* und hereinspielenden *Fragen* uns *bewußt machen* würden.

Stellen wir uns vor, wir hätten das Aufsatzthema bekommen: Wie verliere ich Zeit? Wie kann ich Zeit gewinnen?
Dann müßte man einfach hingehen und sich alle möglichen Gesichtspunkte einfallen lassen. Was es da für Gesichtspunkte gibt, sei dem Beitrag „Zeit zum Leben, zum
Leben Zeit" [90] entnommen:

„Liste A von Zeitfressern (Interne Faktoren):
Ich will zu viel auf einmal.
Ich schätze die zur Verfügung stehende Zeit unrealistisch
ein.
Ich kann nicht gut zuhören.
Ich kann nicht gut planen und organisieren.
Ich will alle beteiligen.
Ich delegiere Aufgaben, ohne auch die Verantwortung da-
für zu übertragen.
Ich will vieles/alles selber machen.
Ich kann nicht nein sagen.
Ich leide an Konzentrationsschwäche.
Ich übergehe Zuständigkeiten.
Ich treffe Spontanentscheidungen.
Ich gebe gern andern die Schuld.
Ich bin weitschweifig.
ich fühle mich nicht kompetent.

Liste B von Zeitfressern (Externe Faktoren):
Unvollständige Informationen, die zur Lösung von Aufgaben und Problemen nicht ausreichen

---

[90] „zeit zum leben, zum leben zeit". Das Thema, Heft 23. München 1980
19 f.

Telefon-Belästigung
Routine-Aufgaben
Mitarbeiter, die für mich „Problemfälle" darstellen
Sitzungen und andere Termine
Mangel an Prioritätensetzung in der gesamten Organisation
Unklare Ziele in der Organisation
Unklare Arbeitsaufträge
Unterbrechungen verschiedenster Art
Schlechte Kommunikation zwischen den Mitarbeitern
Krisenmanagement als Führungsstil.

Wenn man sich solch eine Liste aufgestellt hat – über jede beliebige Frage, die einen bewegt – und dann einmal die Fragen durchgeht, dann wird man sehen, wo's bei einem liegt. Wenn das Fragesieb nicht allzu weitmaschig ist, dann bleiben jedenfalls die dicken Brocken hängen.

Noch ein anderes *Fragespiel* kann eine hermeneutische Funktion haben und einem voll zu Bewußtsein bringen, was man unterschwellig schon gewußt hat: Geh' hin und nimm dir etwas Zeit, folgende *Sätze zu vollenden:*

Vielleicht sollte ich mehr ...
Vielleicht sollte ich etwas weniger ...
Vielleicht sollte ich bald ...
Vielleicht sollte ich einmal wieder ...
Vielleicht sollte ich einmal ...
Vielleicht – nein sicher, wenn man sich einige Zeit lang an das hält, was man „vielleicht sollte" , kommt dann etwas in Bewegung.

Ein weiteres *Frageschema* sei ebenfalls empfohlen, wenn man ein Problem hat, das man nicht um-*gehen* möchte, sondern mit dem man wirklich *um*-gehen will. Die Fragen sind so allgemein gehalten, daß sie auf verschiedenste Situationen anzuwenden sind. Sie können auf jeden Fall dazu helfen, nicht wie gelähmt dazustehen wie „der Ochs vor dem Berg" oder das „Kaninchen vor der Schlange", sondern sich auf das hin „disponiert", was weiterführen kann in Richtung einer Lösung:

Worum geht es denn?

Was fällt mir spontan alles dazu ein?

Wie sieht die Oberflächenbeschreibung aus? (Symptome)

Worum geht es im Grunde eigentlich? (Ursachen)

Wie lange ist das schon?

Wann hat das angefangen?

Wie schwerwiegend empfinde ich das Ganze?

Was spielt alles mit herein? (Menschen, Umstände)

Wie häufig kommt das vor?

Wie spiegelt sich das Problem in mir selber?

Wie zeigt sich das Problem in den Beziehungen
    mit anderen?

Wie kommt das Problem in meinem Beten vor?

Was ist ganz besonders kennzeichnend?

Wie hängt das Problem mit meiner Vergangenheit
    zusammen?

Wie hängt das Problem mit meinen Zukunftsabsichten
    zusammen?

Was sagen Bekannte und Freunde dazu?

Welche Lösungsmöglichkeiten habe ich bisher versucht?

Wie könnten Lösungsmöglichkeiten aussehen?

Was ist sicher kein Weg?

Wie lange kann ich/soll ich mit Lösungen noch warten?

Was müßte ich „bloß" tun?

Was wäre der nächste konkrete Schritt?

Wann würde ich sagen, daß dieses Problem gelöst ist?

Wie kann ich den Lösungsweg in Teilschritte unterteilen?

Was „möchte" ich bloß, was will ich wirklich, wonach habe
    ich eine tiefe Sehnsucht?

Wobei möchte ich mir besonders helfen lassen?

Wer könnte mir helfen?

Was kann und was muß ich und was will ich allein tun,
    weil das niemand sonst übernehmen kann?

Was fällt vom Evangelium her für ein Licht auf mein
    Problem?[91]

---

[91] Hier wird deutlich, wie Austausch und Gespräch in einer Gruppe eine
wesentliche Hilfe zur Auswertung und zum Leben sein kann. Ein beson-

Damit man sieht, wie der Phantasie keine Grenzen gesetzt sind, sei noch ein kleiner *Auszug* von Fragen aus einem barocken *Fragespiel* von Friedrich Spee von Langenfeld SJ (1591–1635) vorgestellt. Friedrich Spee stellt eine lange Liste von 140 Fragen zusammen und gibt Anweisungen, „mit etwan einer feder oder messerlein" solle der Leser „mit abgewendtem angesicht" sich im Losverfahren eine Nummer und damit das betreffende Liebeswerk wählen:

● „Wie, wan ich zukünftigen Feirtag einmahl umb die Stadt innerhalb der mauren spazieren ginge, ob ich vielleicht allda arme ode krancke fünde, denen ich trost oder hilf leisten köndte?

● Es wär wohl nit bös, wan ich heut oder den nächsten Feirtag einen korb voll weißbrots kaufte, zum Spital gienge und jeglichem kranken etwas brächte.

● Wie, wann ich heut einem oder mehreren studenten für dieses Jahr seine bücher oder papier bezahlte? Was könnte es mir schaden?

● Ich will erstes tags in meiner Pfarrkirchen zum Catechismus bilder und Rosenkräntz kaufen, sie dem Pfarrherrn geben, daß ers under die kinder auftheile und sie damit aufmuntere die christliche lehr gern anzunehmen.

● O Gott, dencke ich auch an die arme gefangene? Wie lange habe ich in den kercker nichts geschickt, von essen oder trincken oder kohlen, holtz etc.

● Laß heut ein gutes esser fleisch oder fisch kauffen und schicke es der armen frawen."[92]

---

ders geeignetes Mittel ist dabei die Form der „Révision de vie" oder Lebensbetrachtung, wie sie ursprünglich innerhalb der CAJ entwickelt und von verschiedenen Gruppierungen in der Kirche – etwa den Charles-de-Foucauld-Gemeinschaften oder auch der Gemeinschaft Christlichen Lebens – übernommen und weiterentfaltet wurde. Vgl. dazu Heft 22 der „Korrespondenz zur Spiritualität der Exerzitien": Hören – Unterscheiden – Antworten – Zur Methode der Lebensbetrachtung. Mit Beiträgen von Franz-Reinhard Daffner und Michael Meßner SJ.

[92] Friedrich Spee: Güldenes Tugendbuch. Zitiert nach: Balthasar Fischer: „Friedrich Spee von Langenfeld SJ. Ein Zugang zu seiner Persönlichkeit". In: Trierer Theologische Zeitschrift, 1976, 108.

Bei diesem Fragespiel spricht der aufmerksame Blick für die Nöte des Lebens nicht nur aus den Fragen selbst, sondern auch aus der wirklichkeitsnahen Bemerkung Spees, die mit den Grenzen und Schwierigkeiten des Übenden rechnet: „Da solches vielleicht ihme nicht bequem werde, neme er des nechts folgende, so ihme am bequemsten zu sein scheint." Wenn man also etwas gezogen hat, was gerade zu schwierig wäre, kann man ausweichen. Besser das Zweitbeste zu tun, als das Beste zu verschieben und nichts zu tun. Eine Spielerei der Phantasie? Ist es nicht eine liebevolle Phantasie? Und ein Losen, wo man immer ein großes Los zieht? – Man kann es ja auch ohne Losen machen: Die Aufmerksamkeit auf Nöte genügt und die Antwort auf den Anruf.

(4) Differenzierte Gewissensspiegel: z. B. die Abwehrmechanismen

Auch so könnte man das Gebet der liebenden Aufmerksamkeit verstehen: Es geht darum zu erkennen, was wahres Leben und Lieben in mir hemmt; den Schlichen, den Taktiken der Lieblosigkeit – Ignatius, der Offizier, spricht von der „Taktik" des Bösen – auf die Spur zu kommen. Etwa der Einschleichtaktik: Es fängt alles gut an, und dann kommt es immer mehr zu einer Krümmung der geraden Ausrichtung, bis die Krümmung sich schließlich zum egoistischen Kreis schließt. Darum rät Ignatius, genau auf die Folge der Gedanken zu achten und auf das Ende, das Ziel:

„Ist der Feind der menschlichen Natur an seinem schlangenartigen Schwanz und an dem schlechten Ziel, zu dem er hinführt, aufgespürt und erkannt worden, so ist es der Person, die von ihm versucht wurde, nützlich, sofort den Verlauf der guten Gedanken, die er eingab, zu betrachten, und zwar deren Anfang, und wie er dann Schritt für Schritt dafür sorgte, daß sie aus der geistlichen Armut und Freude, darin sie sich befand, sich herabziehen ließ, bis er sie schließlich zu seiner verderblichen Absicht verführte. Auf Grund einer solch erkannten und festgehaltenen Erfahrung soll sie sich in Zukunft vor seinen üblichen Betrügereien hüten" (EB 334).

Ignatius gibt, wie schon oben erwähnt, eine Reihe ausführlicher Regeln für einen fruchtbaren Umgang mit einem skrupulösen Gemüt, das unter dem Anschein des Guten die ganze Persönlichkeit in Beschlag nehmen, ja zerstören kann.[93]

Schließlich lohnt es sich, noch eine andere Form, wie das Egoistisch-Negative im Menschen sich durchsetzen und bestimmend werden kann, genauer anzusehen, um besser damit „arbeiten" zu können: die verschiedenen *Abwehrmechanismen.*

Abwehrmechanismen sind so alt wie die Menchen: „Die Frau hat mir angeboten zu essen" (Gen 3,12) – also die ist schuld, nicht ich! – Das Verstecken hinter den Büschen! (Gen 3,8): „Bin ich denn der Hüter meines Bruders?" (Gen 4,9): „Den Splitter im Auge des Nächsten seht ihr! Zieht zuerst den Balken aus eurem eigenen!" (Mt 7,3f); „Jesus, dieser Fresser und Säufer; der Sünder Kumpane!" (Mt 11,19).

Im folgenden soll eine Reihe von Abwehrmechanismen, so wie sie in der heutigen Seelenkunde benannt und beschrieben werden, kurz vorgestellt werden. Inwieweit es sich dabei um moralische Bewertungen handelt, inwieweit um vormoralische, das soll hier keine Rolle spielen. Abwehrmechanismen können auch ein gutes Stück als positive Auslesemethoden verstanden werden: Das Ich kann nicht alles aufnehmen und muß eine Auswahl treffen. So sehr damit der Aufbau von Abwehrmechanismen auch eine wichtige Funktion in der menschlichen Entwicklung erfüllen mag, so sehr ist doch allen diesen Mechanismen gemeinsam, daß sie ein Stück Lebensentfaltung behindern

---

[93] Vgl. EB 345–351, sowie das oben zur „Unterscheidung der Geister" Gesagte (S. 223 f). Als Beispiel für die zerstörerische Wirkung der Skrupel können die Erfahrungen von Ignatius selbst gelten, die er in seiner Autobiografie schildert (PB 22–25).

und den Wirklichkeitskontext einschränken.[94] Das heißt auch, daß sie auf verschiedene Weise und unterschiedlich massiv oder raffiniert einer echten Begegnung mit einem oder den anderen, mit Gott, mit der Wirklichkeit des eigenen Lebens ausweichen lassen.

Auf die eigenen Abwehrmechanismen zu achten kann entdecken lassen, daß und wie man auch aus egoistischen Motiven, zum eigenen Schaden und zum Schaden anderer Wirklichkeit ausblendet. Es kann zur Entdeckung führen, daß wir voller und direkter leben können, als wir es tatsächlich tun.

In unserem Rahmen kann es sich nur um eine kurze Andeutung handeln, mit der vermutlich nur der etwas anfangen kann, der um diese Zusammenhänge weiß und sich ihnen schon gestellt hat. Für diesen mag diese Erinnerung deutlich machen, daß sich im Psychologie-Buch Gelerntes sehr wohl in die praktische Seelenhygiene einbauen läßt. Für den anderen soll es ein Anreiz sein, ob er sich diesem Aspekt seines Lebens nicht mehr zuwenden sollte als bisher.

Richten wir nun zum Schluß den Blick auf *die wichtigsten dieser Abwehrmechanismen*:

● Die *Verleugnung* ist die offenkundigste Weise der Abwehr: „Ich kenne diesen Menschen nicht!" Sie geschieht oft vollbewußt, wenn das Lügen oder Sich-etwas-Vormachen nicht schon zu einer Gewohnheit geworden ist. Weil sie bewußt geschieht, wird sie auch von vielen nicht unter die Abwehrmechanismen gezählt, die meist nur halbbewußt oder unbewußt geschehen. Eine Verleugnung der Wirklichkeit ist die Lüge jedenfalls, und zwar in einer vollen und ausdrücklichen Weise.

---

[94] Vgl. dazu die Beiträge von Willi Lambert SJ: „Zur geistlichen Atmosphäre der Krisenphase" und von Alex Lefrank SJ: „Schritte zur Heilung – Zum Umgang mit Symptomen und Erfahrungen eigenen Unheils", in Heft 43/44 der „Korrespondenz zur Spiritualität der Exerzitien", 98–106 bzw. 120–125.

● Die *Verdrängung* versucht einer Konfliktverarbeitung dadurch aus dem Weg zu gehen, daß sie unbewußte Antriebe und unangenehme Erinnerungen aus dem Bewußtsein fernzuhalten versucht: der furchtbare Schreck, den man erfahren hat, als man sich zum erstenmal als Kind allein wußte; die sexuellen Wünsche, die man glaubt, nicht spüren zu dürfen; eine zur Verantwortung rufende leise Gewissensfrage, – dies alles kann verdrängt werden ins Unbewußte, wo es dann seine eigene Dynamik entfaltet.

● Die *Rationalisierung* ersetzt aus dem Unbewußten stammende Impulse, die aber vom Über-Ich verurteilt werden, durch existentiell unwahre, aber rational gültige Motive: wenn jemand z. B. „nur um der Sache willen" meint, „hart durchgreifen" zu müssen, ohne sich auf seine eigenen Machtgelüste hin zu prüfen, oder ein anderer etwa einen Pornofilm besucht und nicht zugibt, daß ihn auch das Triebhafte reizt, sondern „nur wegen einer moraltheologischen Seminarbeit zum Thema Pornographie", – dann ist zumindest zu fragen, warum der Autor unter zehn möglichen Themen ausgerechnet dieses Thema gewählt hat. Aber es ist klar: Das Motiv ist sehr honorig und rational, – und man hat es vermieden, sich mit der eigenen Innenwelt zu konfrontieren.

● Die *Regression* bedeutet ein Zurückgehen auf frühere, nicht mehr altersspezifische Wachstumsstufen: wenn sich beispielsweise ein Erwachsener wie ein trotziges Kind benimmt oder sich von einem anderen völlig abhängig macht, wenn er etwa unter Ausschaltung seines kritischen „Erwachsenen-Ichs" einem Guru oder einem „Führer" oder einem Beichtvater blindlings folgt. Man hängt sich wie beim Radfahren an das Rücklicht des Vordermanns und strampelt drauf los, ohne sich um Richtung und Landschaft zu kümmern.

● Der *Rückzug* ist die individuelle Variante dessen, was auf kollektiver Ebene nach einer verlorenen Schlacht geschieht. Meist ist die „Heimat" dann irgendein Schmollwinkel oder Resignationsloch, wo man dann vor sich hinweint, trotzt und „rotzt", sich mit Theorien für den

Fehlschlag zerquält, sich und andere beschuldigt – aber nicht mehr herauskommt, um nochmals anzufangen.

● Die *Verkehrung ins Gegenteil* kehrt einen Impuls in seine Gegenrichtung. Aggressivität kann sich hinter einer Überfreundlichkeit, Hang zur Schlamperei hinter Pefektionismus und Zuneigung hinter Agressivität (um sich nicht die Liebe zu jemandem eingestehen zu müssen) verbergen.

● Die *Projektion* verlagert unbewußte eigene Fehler, Wünsche, Schuld, Triebimpulse auf andere. Sie ereignet sich überall, wo man Sündenböcke sucht und findet, auf die alle Schuld abgeladen wird, wo man sich von allen verfolgt fühlt, während es die uneingestandene eigene Aggressivität ist, die einen nicht losläßt, wo der chronische Pechvogel alle anderen immer für die eigenen Schwierigkeiten verantwortlich macht!

● Die *Verschiebung* ersetzt das ursprüngliche Objekt durch ein anderes. Dies geschieht, wenn z. B. der Mann am Feierabend seinen Ärger, den er mit dem Chef gehabt hat, an seinem Sohn daheim abreagiert. Auch der Haß auf sich selber kann gegen ein anderes Objekt gewendet werden, oder der Haß auf ein äußeres Objekt gegen sich selber (Reversion).

● Das *Ungeschehen-Machen* will unangenehme, beängstigende Ereignisse im nachhinein wegwischen. Wenn Pilatus nicht nur bei der Verurteilung Jesu die Hände gewaschen, sondern noch als alter Mann einen Waschzwang gehabt hätte, so wäre dies der magisch-symbolische Versuch, ein Tun ungeschehen zu machen.

● Die *Kompensierung* versucht, die Schwächen auf einem Gebiet durch besondere Anstrengung auf einem anderen auszugleichen. Etwa, wenn Eltern sich eigentlich Zeit nehmen sollten für ihr Kind, dies aber nicht tun und dafür das Kind mit teuren Geschenken überhäufen.

● Die *Identifikation* sucht frustrierte Bedürfnisse durch Introjektion auszugleichen. „Wie er sich räuspert und wie er spuckt – das hat er ihm schon abgeguckt", läßt Friedrich Schiller einmal eine seiner Figuren sagen. Die eigene Ichschwäche sucht eine Stärkung, indem sie – im negativen

Fall unkritisch und unfrei – Verhaltensweisen und Stärken eines anderen abschaut und kopiert: Nachahmung eines andern, letztlich als eine Weise des Selbstmords.

● Die *Konversion* versucht, das Ich vor Angst zu schützen, indem sie verdrängte Wünsche und Konflikte in körperlichen Symptomen zum Ausdruck bringt, deren Behandlung zum Teil auch vor der Beschäftigung mit den eigentlichen Ursachen schützt: das Herz, das jemandem bricht, die Gastritis nach einer Überbelastung, die Kopfschmerzen nach einer verdrängten Wut usw. – das ganze Feld psychosomatischer Krankheiten.

● Der *Autismus* sucht die als bedrohlich empfundene Umwelt und die Kommunikation mit ihr immer mehr abzublenden. Die Aufmerksamkeit des Autisten ist ganz gefangen von seinen eigenen Wünschen, Bedürfnissen und Wachträumen.

Am besten ist es, wenn man eine solche Liste von Abwehrmechanismen nicht aufnimmt, um daran ebensoviele verschiedene Schuldgefühl-Spielarten zu entwickeln, sondern zunächst einmal mit der Neugier eines Kindes. Das will heißen: Gewissenserforschung darf auch „interessant" sein, wenn man sich selber und seine unbewußten Logiken und Taktiken etwas genauer kennenlernt. Schauen, wie das bei einem selber steht, wie man selber der harten Wirklichkeit ausweicht durch Wachträume, Projektionen, Vorurteile usw. Dann wird man schon spüren, wo man ganz einfach nachsichtig mit sich sein muß und wo dann jene „heilige Ungeduld" angebracht ist, die sich als Wunsch nach einem tieferen, freieren, lebendigeren Leben ausdrükken kann: „Ich bin gekommen, daß sie das Leben haben und es in Fülle haben" (Jch 10,10)

Im Vertrauen auf den Herrn, der das sagt, der uns dies zusagt, wird beides erst möglich: das Annehmen meiner selbst, wie ich jetzt bin, und das Mich-Ausstrecken und Zugehen auf die noch größere Fülle des Lebens, die mir angeboten ist, zu der Er ruft!

Literatur zum Thema

Aus der Fülle der Literatur zum Thema Gebet, Weisen des Betens, ignatianische Gebetsweisen sei hier eine Auswahl zusammengestellt: einige Ignatiana (z. T. auch schon im Buch genannt), einige Standardwerke, die – wenn auch schon vor einigen Jahren erschienen – heute noch zum Grundbestand einer Hinführung zu den verschiedenen Weisen und Formen des Betens zählen dürfen.

Schriften von Ignatius

Ignatius von Loyola, Bericht des Pilgers. Übersetzt v. Peter Knauer. Benno Verlag, Leipzig 1990

Ignatius von Loyola, Der Bericht des Pilgers. Übersetzt und erläutert von Burkhart Schneider. Herder Verlag, Freiburg [6]1988 (=PB)

Ignatius von Loyola, Deutsche Werkausgabe. Bd. I: Briefe und Unterweisungen. Echter Verlag, Würzburg 1993

Ignatius von Loyola, Die Exerzitien und aus dem Tagebuch. Zeichn. v. Federico Barocci, aus d. Span. v. F. Weinhandl. Matthes & Seitz Verlag, München 1991

Ignatius von Loyola, Geistliche Übungen und erläuternde Texte. Übersetzt und erläutert von Peter Knauer. Styria Verlag, Graz/Köln 1978

Außerdem liegt das Exerzitienbuch auch noch in zwei anderen Übersetzungen vor: *Ignatius von Loyola*, Geistliche Übungen. Übertragung aus d. span. Urtext, mit Erklärung der zwanzig Anweisungen v. Adolf Haas, Vorw. v. Karl Rahner. Herder Verlag, Freiburg [10]1991 (=EB)

Ignatius von Loyola, Die Exerzitien. In der Übertragung von

Hans Urs von Balthasar. Johannes Verlag, Einsiedeln/
Freiburg [5]1954

Ignatius von Loyola, Das Geistliche Tagebuch. Herausgegeben von Adolf Haas und Peter Knauer. Herder Verlag,
Freiburg 1961

Ignatius von Loyola, Geistliche Briefe. Eingeführt von Hugo
Rahner. Benziger Verlag, Einsiedeln 1956

Ignatius von Loyola. Gott sucher in allen Dingen. Hrsg. von
Josef Stierli. Walter Verlag, Solothurn [2]1985

Ignatius von Loyola, Trost und Weisung. Geistliche Briefe.
Benziger Verlag, Zürich [2]1989

Schriften über Ignatius

Leo Bakker, Freiheit und Erfahrung – Ignatius von Loyola.
Echter Verlag, Würzburg 1970

Hans Urs von Balthasar, Texte zum ignatianischen Exerzitienbuch. Hrsg. v. Jacques Servais. Johannes Verlag Einsiedeln, Freiburg 1993

Heinrich Boehmer, Ignatius von Loyola. Hrsg. v. Hans Leube.
K. F. Koehler Verlag, Stuttgart 1951

Ladislaus Boros, Befreiung zum Leben. Die Exerzitien des
Ignatius von Loyola als Wegweisung für heute. Herder
Verlag, Freiburg [2]1979

Cándido de Dalmases, Ignatius von Loyola. Versuch einer
Gesamtbiographie des Gründers der Jesuiten, aus d.
Span. v. Pia Fessler. Neue Stadt Verlag, München [2]1991

Barbara Hallensleben, Theologie der Sendung. Die Ur-
sprünge bei Ignatius von Loyola und Mary Ward. Josef
Knecht Verlag, Frankfurt/M. 1994

Annegret Henkel, Geistliche Erfahrung und geistliche Übungen bei Ignatius von Loyola und Martin Luther. Peter
Lang Verlag, Frankfurt 1995

Anton Huonder, Ignatius von Loyola. Beiträge zu seinem
Charakterbild. Katholische Tat-Verlag, Köln 1932

Ignatius von Loyola. Bildband von Leonhard Matt und
Hugo Rahner. Echter Verlag, Würzburg 1956

Ignatius von Loyola. Seine Geistliche Gestalt und sein Ver-
mächtnis. Herausgegeben von Friedrich Wulf unter Mit-
arbeit von Hugo Rahner, Hubert Becher, Hans Wolter, Josef Stierli, Adolf Haas, Heinrich Bacht, Lambert Classen
und Karl Rahner. Echter Verlag, Würzburg 1956

Stefan Kiechle, Kreuzesnachfolge. Eine theologisch-anthro-
pologische Studie zur ignatianischen Spiritualität. Echter
Verlag, Würzburg 1996

Ursula König, Ignatius von Loyola. Studien zur Entwicklung einer neuen Heiligen-Ikonographie im Rahmen einer Kanonisationskampagne um 1600. Gebrüder Mann
Verlag, Berlin 1982

Willi Lambert, Aus Liebe zur Wirklichkeit. Grundworte
ignatianischer Spiritualität. Matthias-Grünewald-Verlag,
Mainz [2]1993

Willi Lambert, Gebet der liebenden Aufmerksamkeit. Johan-
nes-Verlag, Leutesdorf [6]1994

Lothar Lies, Ignatius von Loyola – Die Exerzitien. Theologie,
Struktur, Dynamik. Tyrolia Verlag, Innsbruck 1983

Erika Lorenz, Das Vaterunser der Teresa von Avila. Anleitung zur Kontemplation. Verlag Herder, Freiburg [4]1990

Hugo Rahner, Ignatius von Loyola als Mensch und Theologe. Herder Verlag, Freiburg 1964

Karl Rahner/Paul Imhof, Ignatius von Loyola. Mit Bildern
von Helmuth Nils Loose. Herder Verlag, Freiburg [9]1978

José R. de Rivera, Kommunikationsstrukturen in den geistlichen Exerzitien des Ignatius von Loyola. Helmut Buske
Verlag, Hamburg 1978

Michael Schneider, Unterscheidung der Geister. Die Ignatianischen Exerzitien in der Deutung von Erich Przywara,
Karl Rahner und Gaston Fessard, Hrsg. v. Emerich Co-
reth/Walter Kern/Hans Rotter. Tyrolia Verlag, Innsbruck [2]1987

Josef Stierli, Ignatius von Loyola. Auf der Suche nach dem
Willen Gottes. Matthias-Grünewald-Verlag, Mainz 1990

Günter Switek, In Armut predigen. Echter Verlag, Würzburg 1972

Ignacio Tellechea, Ignatius von Loyola – Allein und zu Fuß.

Eine Biographie, übersetzt von Georg Eickhoff. Benziger Verlag, Zürich ²1995

Klaus Thomas, Meditation in Forschung und Erfahrung. J. F. Steinkopf Verlag, Stuttgart 1973

Martha Zechmeister, Mystik und Sendung. Ignatius von Loyola erfährt Gott. Echter Verlag, Würzburg 1985

In der Zeitschrift „Korrespondenz zur Spiritualität der Exerzitien", die zweimal jährlich erscheint, werden regelmäßig Beiträge zur ignatianischen Exerzitien-Spiritualität veröffentlicht. Sekretariat SJ für die GCL (Gemeinschaft Christlichen Lebens), Sterngasse 3, 86150 Augsburg.

Werke über Gebet und Gebetsweisen

Reinhard Abeln/Anton Kner, Beten lernt man nur durch Beten. Franz Sales Verlag, Eichstätt 1994

Hans U. von Balthasar, Das betrachtende Gebet. Johannes Verlag Einsiedeln/Freiburg ⁴1977

Alexander Brou SJ, Gebetsschule des Heiligen Ignatius. Übersetzt und eingeleitet von Otto Pies. Butzon & Bercker Verlag, Kevelaer 1953

Romano Guardini, Werke. Vorschule des Betens. Matthias-Grünewald-Verlag, Mainz/Schöningh Verlag, Paderborn ²1990

Ole Hallesby, Vom Beten. Eine kleine Schule des Gebets. R. Brockhaus Verlag, Haan ²⁷1996

Herders Hausbuch der Gebete. Ausgew. v. Werner Schaube. Herder Verlag, Freiburg 1994

Franz Jalics, Lernen wir beten. Verlag J. Pfeiffer, München 1981

Henri Nouwen, Gebete aus der Stille. Den Weg der Hoffnung gehen, aus d. Engl. v. Mathilde Wiemann. Herder Verlag, Freiburg ³1996

Francisco de Osuna, ABC des kontemplativen Betens. Ausgew., übers. u. eingel. v. Erika Lorenz. Erw. Neuausg., Herder Verlag, Freiburg 1994

Josef Pichler, Gott einatmen. Eine Schule des Gebets, aus d. Engl. v. Barbara Kinzner. Herder Verlag, Freiburg 1995

Constantin Pohlmann, Beten ist wie Atmen. Bernward Verlag, Hildesheim 1985

Karl Rahner, Von der Not und dem Segen des Gebetes. Neuausgabe, Herder Verlag, Freiburg [2]1992

Werner Schaube, Rufsäule. Versuche zu beten. Herder Verlag, Freiburg [8]1995

Mutter Teresa/Frère Roger, Gebet. Quelle der Liebe, Hrsg. aus d. Engl. u. Franz. von der Communauté de Taizé. Herder Verlag, Freiburg [4]1996

Wege zu erfülltem Beten

Henri Nouwen
Gebete aus der Stille
Den Weg der Hoffnung gehen
Aus dem Engl. von M. Wiemann
3. Auflage, 94 Seiten,
Herderbücherei Band 1668
ISBN 3-451-08668-9

Francisco de Osuna
ABC des kontemplativen Betens
Ausgewählt, übersetzt und eingeleitet von E. Lorenz
Erweiterte Neuausgabe
Herderbücherei Band 8827
ISBN 3-451-08827-4

Josef Pichler
Gott einatmen
Eine Schule des Gebets
Aus dem Engl. von B. Kinzner
176 Seiten, Paperback
ISBN 3-451-23568-4

Verlag Herder
Freiburg · Basel · Wien

Werner Schaube
Rufsäule
Versuche zu beten
8. Auflage, 142 Seiten
mit 11 s/w Fotos, Paperback
ISBN 3-451-20757-5

Mutter Teresa / Frère Roger
Gebet
Quelle der Liebe
Hrsg. und übersetzt von
der Communauté de Taizé
4. Auflage, 96 Seiten, Paperback
ISBN 3-451-22454-2

Leo Karrer
Der große Atem des Lebens
Wie wir heute beten können
192 Seiten, Paperback
ISBN 3-451-22772-X

Herders Hausbuch der Gebete
Ausgewählt von Werner Schaube
256 Seiten, gebunden
ISBN 3-451-23312-6

Verlag Herder
Freiburg · Basel · Wien